■ 현대성서주석

# 히브리서

목회자와 설교자를 위한 주석

# Hebrews

INTERPRETATION

토마스 G. 롱
(Thomas G. Long)

2006

한국장로교출판사

# 히브리서

## 목회자와 설교자를 위한 주석

**총편집자** 제임스 루터 메이스
**구약 편집자** 패트릭 D. 밀러
**신약 편집자** 폴 J. 악트마이어

### 히브리서

저자 : **토마스 G. 롱**(Thomas G. Long)

- Erskine College(B. A.)
- Erskine Theological Seminary(M. Div.)
- Princeton Theological Seminary(Ph. D.)
- Columbia Theological Seminary 교수
- Princeton Theological Seminary 교수
- 현 Emory University Candler School of Theology의 밴디 설교학 석좌교수
- 「증언으로서의 설교」(*The Witness of Preaching*)
- 「성서의 문학 유형과 설교」(*Preaching and the Literary Forms of the Bible*)
- 「설교가 살아야 교회가 산다」(*The Sense of Preaching*)
- Beyond the Worship Wars 등의 저서와 다수의 논문

### 한·미 공동 주석편집 / 번역위원회 편

번역위원 : **김운용**

- 장로회신학대학교 신학대학원(M. Div.)
- 장로회신학대학교 대학원(Th. M.)
- Columbia Theological Seminary(Th. M.)
- Union Theological Seminary and PSCE(Ph. D.)
- 현 장로회신학대학교 예배 · 설교학 교수
- 현 서울 충신교회 협동목사
- 「설교의 새로운 패러다임」
- 「새롭게 설교하기」 등의 저서와 다수의 논문

이 책은
미국장로교출판사인 Westminster/John Knox Press와의
정식 계약에 의해 번역, 출판되었다.

Thomas G. Long

# Hebrews

INTERPRETATION

A Bible Commentary
for Teaching and Preaching
*tr., by Publishing House of the PCK*

INTERPRETATION / 현대성서주석

# 히브리서

초판발행 2006년 4월 20일 / 2012년 1월 20일 3쇄인쇄
저자 : 토마스 G. 롱(Thomas G. Long)
번역 : 한·미 공동 주석편집 / 번역위원 김운용

**기획 · 편집**
기획 · 편집인 : 박노원
미국장로교총회(PCUSA) 한국어자료개발실 김춘자
Rev. Grace Choon Kim
Curriculum and Resource Development, Korean Adult, CMD
100 Witherspoon St. Louisvill, KY 40202-1396, USA
Tel : (502)569-5478, 5484 / Fax : (502)569-8329, 8263

**발행**
**한국장로교출판사**
발행인 : 채형욱
주소 : 110-470 / 서울특별시 종로구 연지동 135
한국교회100주년기념관(별관)
전화 : (02) 741-4381 / 팩스 : (02)741-7886
등록 / No.1-84(1951. 8. 3.)

ISBN 978-89-398-0245-2 / 978-89-398-0231-5(세트)
Printed in Korea

값 15,000원

# 한국어판 발간사

새로운 천년이 시작되는 첫해인 2000년 아침에, 한국교회는 현대성서주석시리즈라는 뜻깊은 축복의 선물을 받게 되었다.

한국장로교출판사는 새로운 천년을 맞아 수년 간의 준비와 노력 끝에, Westminster/John Knox 출판사에서 절찬리에 발간되고 있는 Interpretation/현대성서주석시리즈를 번역하여 출간하게 된 것을 자랑스럽게 생각하며, 그 기쁨을 여러분과 함께 나누고 싶다. 이 주석 시리즈는 교회에서 성경을 해석하는 이들에게는 훌륭한 안내자로서, 성경을 가르치고 설교하는 이들에게는 풍부한 말씀의 샘으로써 큰 기여를 하게 될 것으로 믿는다.

이 주석 시리즈의 특징은 역사적 연구와 신학적 이해를 결합시키고, 이를 오늘날의 삶과 신앙에 다양한 방식으로 접근시키는 데에 있다. "21세기 성서해석의 결정판"이라고 불려질 현대성서주석시리즈는 한국교회뿐만 아니라 해외에서 목회하는 한인교회를 위해서도 크게 공헌할 것으로 확신한다.

전 43권으로 발행되는 방대한 주석서를 번역함에 있어서 한국장로교출판사는 먼저 저자들과 상의하여 역자를 선정하기도 하였고, 전문적으로 성서신학을 공부한 분들을 중심으로 번역위원을 구성하였다. 번역작업에 있어서 원서의 어떤 부분은 한국장로교출판사의 신학적 견해와 일치하지 않는 내용이 있음에도 불구하고, 원문에는 충실하였음을 밝힌다. 이렇게 함은 저자들과 Westminster/John Knox 출판사와의 약속에 의한 것이다.

또한 내용에 있어서는 신학적 흐름이 한국의 그것과 다를 수 있으며, 전통적인 입장과는 차이를 보이는 학자들의 견해라도 하나의 학문적인 자료로서 소개되고 있다는 점을 염두에 두기 바란다. 그럼에도 불구하고 이런 학자들의 연구 결과는 목회자들의 설교강단을 풍요롭게 하는 데 적지 않은 도움을 줄 것으로 기대한다.

이 귀중한 작업은 한국장로교출판사 전임 사장 김봉익 목사와 미국장로교총회 회중사역부 김춘자 목사의 노고가 없었다면 이루어질 수 없는 일이었기에 두 분에게 깊은 사의를 표한다.

이 현대성서주석시리즈를 통해서 교회사역의 주요 부분인 설교와 성경공부를 성공적으로 이끌어 갈 수 있기를 기대한다. 또한 새로운 천년을 맞은 한국교회의 강단에, 그리고 선교 21세기의 복음사역에 큰 공헌이 될 수 있기를 간절히 소망한다.

한국장로교출판사<br>
사장 **채형욱** 목사

# 한국어판 기획 · 편집에 즈음하여

Interpretation / 현대성서주석은 현재 미국의 교회와 신학계를 대표하는 세계 유수의 성서학자들이 오늘의 교회와 목회자들을 위해 각고의 노력을 기울여 집필한 주석 시리즈이다. 이처럼 큰 연구 성과를 오랜 준비 기간을 거쳐 번역, 출간하게 된 기쁨을 한국의 교회와 모든 목회자들과 함께 나누고 싶다.

이 새로운 주석 시리즈는 성경본문의 각 구절들과 낱말들을 일일이 다루기보다는 성경을 가르치고 설교하는 데 사용되는 본문 덩어리들을 차례대로 다룸으로써, 설교와 성경공부를 중심으로 하는 목회사역을 성공적으로 준비하는 데 많은 도움을 줄 것이다. 아울러 이 주석은 성경본문이 말하고자 하는 것이 무엇인지를 잘 이해하게 함과 동시에, 그러한 이해를 가지고서 오늘날의 삶과 신앙이 안고 있는 비판적인 문제들과 더불어 대화를 나눌 수 있게 해 줄 것이다. 이로 인하여 오늘날의 교회와 그리스도인들은 성경본문이 오늘의 신앙과 삶에 어떤 의미를 주는지를 분명하게 깨달을 수 있을 것이며, 그것을 자신의 일상적인 삶에 적용하는 데 큰 도움을 얻을 수 있을 것이다.

바라기는 이 주석 시리즈로 인하여 한국교회 강단의 영적인 깊이가 더해지고, 말씀이 더욱 풍성하게 되기를 소원한다. 그리하여 강단마다 교회마다 생수의 강이 흐르고, 생명의 떡을 배설하는 잔치 자리가 되기를 희망한다. 또한 이 성서주석이 한국교회는 물론이고 전 세계에 흩어져 있는 한국 이민목회자들과 그들의 설교와 성경공부 사역에 생명력을 불어 넣을 것을 기대한다.

이 번역서는 성서원문에 충실하고자 했으며, 우리말 성경은 한글개역판을 사용하였다. 그리고 때로는 시대적 요청에 맞추어 개역개정판을 사용하기도 하였다. 이 주석의 번역위원들은 국내외의 탁월한 번역가들인 동시에 전문적인 성서학자들이다.

이 주석 시리즈의 번역과 출판은 한국장로교출판사가 1992년에 미국장로교출판사인 Westminster/John Knox Press와 정식으로 계약하여 오늘에 이르렀다. 이 주석의 기획과 편집은 미국장로교총회(PCUSA) 회중사역부 내의 한국어자료개발실 김춘자 목사와 한국장로교출판사 전임사장 김봉익 목사가 공동으로 추진하였으며, 모든 실무 작업은 한국장로교출판사 편집부에서 수고해 주었다.

그리고 무엇보다도 이 시리즈의 번역사업을 추진함에 있어서, 미국장로교총회 교육부에서 수고하시다가 은퇴하여 지금은 '카이로스 연구원'의 책임을 맡으신 최창욱 목사와 역시 미국장로교총회 한미목회 총무로 계시는 김선배 목사의 도움이 컸다. 이 두 분의 도움에 힘입어 한국장로교출판사는 미국장로교총회 회중사역부 한국어자료개발실과 공동으로 이 주석 시리즈를 기획, 편집, 번역, 출판하기로 협의하여 이제까지 그 작업을 진행하여 왔다. 그동안 협력해 주신 번역위원들과 수고하신 모든 분들께 마음 깊이 감사를 드린다.

2000년 1월 일

Interpretation / 현대성서주석 한·미 공동기획·편집인

**박노원·김춘자**

# 한국어판을 위한 서문

Interpretation 주석 시리즈(*Interpretation : a Bible Commentary for Teaching and Preaching*)를 한국 독자들에게 소개하게 된 것을 영광스러운 특권으로 생각한다. 본 주석 시리즈의 편집자들과 저자들은 한국장로교출판사가 본 주석 시리즈에 대해 관심을 갖고 한국어판을 출판하기 위해 기울인 헌신적인 작업을 감사히 여기고 있다.

이 주석의 한국어판이 한국장로교출판사에 의해 준비되는 것은 적절한 일이다. 이 주석은 원래 미국장로교(PCUSA) 안에서 계획하고 준비되었다. 비록 본 주석의 저자들은 다양한 교단의 배경을 갖고 있으나 그 성격과 의도는 전적으로 장로교단이 결정했다. 이 주석은 교회의 예배와 성경공부 모임에서 설교하고 가르치는 일에 성경이 얼마나 중요한 비중을 차지하는지를 단적으로 입증하고 있다. 이 주석은 성경이 우리에게 하나님의 백성이 무엇을 믿어야 하며, 하나님은 당신의 백성들이 어떻게 살기 원하는지를 가르친다는 확신을 바탕으로 준비되었다.

성경에 대한 이러한 확신과 성경의 가르침에 대한 신뢰는 한국장로교회의 특성이다. 이러한 확신은 한국과 미국의 장로교회를 공부하는 교회로 만들 것이다. 미국교회에서 이미 그 유용성이 입증된 본 주석이 한국에서도 성경공부에 공헌할 수 있기를 간절히 소망한다. 각 주석의 저자들은 디모데후서 3 : 16 이하의 말씀이 얼마나 옳은 말씀인지를 보여 주려고 노력했다 : "모든 성경은 하나님의 감동으로 된 것으로 교훈과 책망과 바르게 함과 의로 교육하기에 유익하니 이는 하나님의 사람으로 온전케 하며 모든 선한 일을 행하기에 온전케 하려 함이니라" 이러한 의도가 한국에서 본 주석을 통하여 이루어지기를 기도한다.

**제임스 루터 메이스**
총편집자
사이러스 맥코믹 히브리어/구약학 명예교수
버지니아 유니온신학교

# PREFACE FOR THE KOREAN EDITION

It is an honor and a privilege to present *Interpretation : a Bible Commentary for Teaching and Preaching* to Korean readers. The editors and authors of the commentary series are grateful to the editors of the Publishing House of the Presbyterian Church of Korea for their enthusiastic interest in Interpretation and for their devoted work in producing a Korean version.

It is fitting that the Interpretation commentary should be sponsored in Korea by the Publishing House of the Presbyterian Church. The series was planned and developed in the context of the Presbyterian Church in the United States of America. Though its authors come from different churches, it is a thoroughly Presbyterian project in character and purpose. The commentary is a witness to the vital importance of the Holy Scriptures for the gathering and instruction of the Church of Jesus Christ through preaching and teaching. The foundation of the series is the conviction that the Bible provides the knowledge of what the people of God are to believe about God and what kind of life God requires his people to live.

This confidence in the Bible and reliance on its illumination is characteristic of the Presbyterian Church in Korea. It is a confidence that binds the Churches in Korea and in America into a community of study. I earnestly hope that these volumes, which have proved so useful in the American Church, will also prove fruitful for the study of the Bible in Korea. The authors of the individual commentaries have sought to show how the Scripture is "profitable for teaching, for reproof, for correction, and for training in righteousness that the man of God may be complete, equipped for every good work"(2 Timothy 3 : 16f.). I pray that this purpose will be fulfilled in the use of the commentary in Korea.

James Luther Mays
General Editor
Cyrus McCormick Professor Emeritus
of Hebrew and the Old Testament
Union Theological Seminary in Virginia

# 히브리서

INTERPRETATION / 현대성서주석

# 히브리서

차 례

# 시리즈 서문

이 주석 시리즈는 성경 각 권들에 대한 해석을 담고 있다. 이 시리즈는 현대적인 강해 주석을 원하는 학생과 교사, 목회자, 사제 등의 필요에 부응하고자 만들어진 것이다. 이 책들이 역사비평적인 주석이나 설교학적인 보조 자료들을 대신할 수는 없을 것이다. 오히려 이 시리즈의 목적은 제3의 자료－곧 성경본문들에 대한 역사적이고도 신학적인 작업의 통합된 결과를 보여 주는 주석－를 제공하는 데에 있다.

본래적인 의미에서 볼 때 해석 작업이라는 것은 본문, 해석자, 그리고 해석을 필요로 하는 사람 등을 포함한다. 여기서 말하는 본문은 '예언자들과 사도들'의 시대 이후로 전해 내려오는 성경의 기록을 가리킨다. 본문은 신앙생활을 가르치고, 그것에 생기를 불어넣고, 또 그것을 인도하려는 목적으로 읽혀진다. 해석자는 본문에 충실하면서도 교회에 유익한 해석을 만들어 내려고 애쓰는 사람이다. 이 시리즈는 성경을 신앙 공동체에서 가르치고, 설교하고, 연구하려는 사람들을 위해 쓰여진 것이다.

이 시리즈의 주석은 일반적으로 강해적인 에세이의 형태를 취하고 있다. 그것은 성경을 사용할 때 생겨나는 여러 필요들과 질문들에 비추어 기획되고 쓰여진 것이다. 본 주석 시리즈는 효과적인 강해를 위해 현대적인 학문 연구의 통찰들과 결과들을 충분히 활용하였다. 해석자들은 주석가들로서, 그리고 신학자들로서 이 시리즈를 집필하였다. 그들의 작업은 본문이 말하고자 하는 것을 취급함과 동시에, 그것이 신앙과 생활에 주는 의미를 분별하려는 목적을 가지고 있다. 그러므로 강해는 한 해석자의 통일된 작업의 결과이다.

본 시리즈는 표준 개역성경(Revised Standard Version)을 주석의 기초로 삼고자 한다(한글판에서는 '개역한글판'을 사용하였다 – 편집위원회 주). 이 영문 번역판의 일반적인 용이성으로 번역본문을 다시금 반복할 필요가 없게 되었으며, 주석 공간을 확보하는 데에도 도움을 주었다. 본 주석은 해당되는 책의 특성에 맞게끔 각각의 본문을 세분하였다. 이 시리즈의 주석은 낱말이나 구절의 의미를 낱낱이 밝히는 방법보다는 모든 본문들을 전체로 취급하는 방법을 취하고 있다.

이 시리즈의 저자들은 자신에게 맡겨진 책들을 강해하는 데 필요한 것들에 맞추어 본 주석서를 기획하였다. 성경의 각 책들은 그 성격이나 내용, 배열 등에 있어서 서로 다르다. 그들은 또한 나름대로 교회의 예전(lit-urgy)이나 사상, 경건 등에서 사용하는 방식에 있어서도 서로 다르다. 저자들은 주석방법이나 강조점, 주석 공간의 활용 등에 대한 결정을 내림에 있어서 개개 책들의 독특성이나 용례를 고려하였다. 이 주석 시리즈는 저자들로 하여금 그들의 해석 결과를 가장 잘 드러나게 하는 형식을 개발하도록 허용하였다.

저자들과 편집자들은 이 시리즈가 성경본문들을 바르게 설명하고 적용하는 주석이기를 바라며, 또한 성경본문들의 의미와 중요성을 제대로 다루는 훌륭한 해설서이기를 희망한다. 물론 성경 각 권들에 대한 모든 주석은 집필자 자신의 방법론과 그의 독특한 교회관과 세계관을 반영한다. 그것은 달리 집필될 수도 있고, 또 마땅히 그러해야 할 것이다. 따라서 이 시리즈에 있는 해석은 그것이 어떤 종류의 것이든 간에 개별적인(각각의 독특성을 갖고 있다 – 편집위원회 주) 것이다. 그것은 어디까지나 본문에 대한 다양한 해석들 중의 하나에 지나지 않는다. 그러나 교회 안에서 성경을 해석하는 일에 종사하는 모든 이들은 다른 사람들이 성경본문을 어떻게 읽고, 어떻게 해석하는가를 통해서 그들 나름의 도움과 자극을 받을 필요가 있다. 만일에 이 주석 시리즈가 그런 식의 해석 작업에 이바지하고 또 그것을 자극한다면, 이 시리즈를 준비하고 출판하는 그 목적을 충분히 이루었다고 볼 수 있겠다.

**편집자 일동**

# 감사의 글

이 주석서는 히브리서 연구에 있어서 많은 전문가들의 저작들에 도움을 받았다. 그들의 주석과 단행본들을 대하면서 나는 더 많은 것을 알게 되었고 감탄하게 되었다. 특별히 해롤드 아트리지(Harold W. Attridge), 윌리엄 래인(William L. Lane), 폴 엘링워스(Paul Ellingworth), 맥 윌슨(R. McL. Wilson)과 L. D. 허스트(L. D. Hurst) 등에게서 많은 도움을 받았다.

허메네이아 시리즈(Hermeneia series)로 발간된 아트리지의 주석은 히브리서 주석들 가운데 가히 에베레스트 산과 같은 뛰어난 저작이다. 오르기도 어렵지만 꼭대기에서 바라보는 광경이 실로 장엄하여 최고의 산을 오른 것과 같은 감동을 그 책을 읽으면서 맛볼 수 있었다. 그리고 래인의 저작을 읽을 때마다 풍부한 메시지로 가득 차 있는 히브리서라는 생각이 들었고, 바위로 뒤덮인 땅에서 한낮의 빛을 받으며 탐사해 가는 것과 같은 마음을 느낄 수 있었다. 래인은 이른 새벽 동이 트기 전부터 나와서 충실하게 일하는 일꾼과 같이 그 돌멩이로 가득한 땅에 작은 돌멩이 하나도 남겨 놓지 않은 채 잘 일구어 놓았다고 생각이 들었다.

엘링워스는 히브리서 연구에 있어서 훌륭한 주석가이다. 그는 특별히 탁월한 유머 감각을 가지고 성경 본문에 나타난 여러 내용들에 대한 깊은 이해를 잘 연합해 준 학자이다. 그는 대학의 채플에서 만난 학생 청중들에 대한 이야기와 함께 그의 주석을 시작하고 있다. 그들은 미로와 같이 복잡하게만 느껴지는 멜기세덱의 중요성에 대해 장황한 논의들을 담고 있는 히브리서의 말씀들을 기다랗게 읽어 가고 있는 예배의 현장에 서 있는 학생들이다. "……한 제사장이 일어난 것을 보니 더욱 분명하도다"(7 : 15)라는 말씀으로 시작되는 본문을 봉독하기 위해 예배 인도자가 강단에 올라갈 때, 엘링워스는 윙크를 보내며 혼자서 터져 나오는 감격스런 웃음을 전하고 있다.

윌슨은 사람들이 히브리서를 대하면서 제기할 수 있는 질문들에 대해서 매우 분명하고도 합리적인 답변을 제시함으로써, 신비할 정도로 느껴지는 기교를 통해 선명하게 그의 설명을 풀어 나가고 있다. 허스트는 히브리서 연구에 있어서 주의 깊고 능력 있는 연구의 결실들을 제시해 줄 뿐만 아니라 분별력과 어느 한쪽으로 치우치지 않은 건전함의 미덕을 보여 주고 있다. 요한계시록과 같이 히브리서는 풍부한 상징을 담고 있으며, 이해하기 어려운 구절들을 담고 있다. 히브리서는 상징적인 사색이나 해석학적 타법, 그리고 예배를 위한 동일한 유의 야영지를 발견하게 된다. 또한 이것은 매우 기묘한 해석 등을 제시함으로써 사람의 관심을 끄는 경향이 있다. 허스트는 추측을 통해 극적으로 전환시키는 뛰어난 제시를 하고 있으며, 난해한 히브리서 신학을 설명하는 데 있어서 뛰어난 감각을 보여 주고 있다.

또한 나의 좋은 동료들이었던 여섯 사람에게도 감사의 말을 전하고자 한다. 그들 중 세 사람, 김은주, 캐롤 안타블린 마일즈(Carol Antablin Miles), 스티븐 퀸랜(Stephen J. Quinlan)은 나의 박사과정 학생들이었는데, 그들은 나와 함께 히브리서의 본문들을 꾸준히 연구했던 사람들이다. 히브리서 설교자가 그 자신을 거기에 내던졌던 것처럼, 그들은 히브리서를 연구하기 위해서 '고난받는 것을 통해서 시험을 받았던' 사람들이었다. 다른 세 사람은 본 시리즈의 편집자들인 폴 악트마이어(Paul Achtemeier)와 패트릭 밀러(Patrick D. Miller), 그리고 제임스 메이스(James L. Mays)이다. 그들은 본 서가 집필되는 동안 말로 다 표현할 수 없을 정도의 인내심을 가지고 깊은 협력을 아끼지 않았다. 히브리서를 통해 다시 하나님의 말씀을 전해 주는 설교자의 말이 메아리처럼 귓가에 맴들듯이 그들은 '끝까지 견뎠던' 분들이었다. 이러한 여러 동료의 도움이 없었다면 나는 이 작업을 마무리할 수 없었을 것이다. 본 서가 가지고 있는 강점은 모두 그들의 도움 덕분에 가질 수 있었으며, 그들의 수고와 도움에 비하면 오히려 그것은 작은 결실이라고 할 수 있다.

놀라운 히브리서의 말씀을 탐구할 수 있었던 것은 나 자신의 믿음을 다시 한번 점검할 수 있었던 기회였음을 감안할 때, 그것은 나에게 분명히 놀라운 특권이었으며 나 자신을 새롭게 세울 수 있는 토대가 되었다. 여기에서 그들의 이름을 언급하기도 했고, 그렇지 못한 분들도 많이 있지만, 나의 손을 잡아 이끌어 주었고 그 길을 따라갈 수 있도록 이끌어 주었던 나의 모든 친구들과 동료들에게 심심한 감사의 마음을 전한다.

토마스 G. 롱
프린스턴 신학대학원

# 한국어판 저자 서문

우리가 히브리서라고 부르는 신약의 서신서를 통해 하나님의 말씀을 전하고 있는 저자는 깊은 기독교적 상상력을 가진 아주 뛰어난 설교자였음을 알 수 있다. 그는 하늘과 땅의 모든 영역을 넘나들며 복음의 영역을 묘사하고 있는데, 태초부터 시작하여 종말의 때까지 역사의 전 영역을 통하여 복음을 전하고 있다. 그는 모든 영역과 역사를 넘어서 행진하고 있는 거룩한 성도들이 큰 군대를 이루고 있는 모습을 보고 있으며, 아벨과 노아와 아브라함으로부터 시작하여 오늘 역사의 한 지점에서 하나님을 섬기며 예배하고 있는 사람들에 이르기까지 하나님의 신실한 성도들의 모든 세대를 바라보고 있었다. 이러한 그의 상상력 가운데서 예수 그리스도에 대한 메시지는 거대한 규모와 영역을 가질 수밖에 없다.

이렇게 성경의 하나의 위대한 책을 해설하고 있는 이 작은 주석서가 독자들로 하여금 히브리서의 설교자가 보여 주고자 했던 세계를 발견할 수 있는 지름길을 제공하고 있음은 분명한 것 같다. 내가 생각하기에 전세계 교회들이 주님 안에서 부흥하며, 특별히 한국교회와 미국교회 그리스도인들이 특별한 관계와 우정, 그리고 신실한 연합의 정신을 가지는 것을 히브리서 설교자도 기뻐할 것이다. 나는 특별히 장로회신학대학교의 김운용 교수에게 감사한 마음을 갖는다. 그는 8년 전에 미국에서 출판된 이 주석서를 한국 독자들이 읽을 수 있도록 번역하여 소개하는 데 있어 그의 많은 시간과 에너지, 그리고 재능들을 쏟아 부었다. 이 일을 위해 잘 준비된 분이 감당해 주셔서 얼마나 감사한지 모른다.

가끔 설교자들은 히브리인들에게 보낸 서신서인 히브리서의 본문을 택해 설교하는 일을 피하고 싶어한다. 종종 히브리서의 언어들이 애매하고, 그 안에 담고 있는 신학들이 너무 난해하고 추상적이라고 느끼기 때문인 것 같다. 그러나 이 책을 집필하기 위해 히브리서를 깊이 연구하였을 때 이 말씀이 오늘날 교회의 필요에 대해 얼마나 적절하게 말씀해 주고 있으며, 놀라운 주제들과 신학 사상들, 그리고 신학적 이미지들을 통해 메시지를 전하고 있음을 발견하고 기쁨과 놀라움을 감출 수 없었다. 히브리서는 한 편의 강력한 설교이며, 그것은 다시금 오늘의 성도들에게 선포된 말씀으로 다가오고 있음을 알 수 있었다. 우리가 히브리서를 바로 이해할 수 있다면 설교자들에게는 기쁨 넘치는 자료들이 될 것임을 확신한다.

지난 몇 년 동안 이 주석서에 대해 설교자들이 나에게 들려준 반응들 중에 가장 감명 깊은 것은 이 책을 통해 그들이 전에 행하지 못한 것들을 이제 행할 수 있게 되었으며, 히브리서를 설교 본문으로 택하여 그 깊은 복음의 메시지를 전할 수 있게 되었다는 것이다. 이 번역서가 한국교회의 설교자들에게도 똑같은 효과가 있기를 바라는 것이 나의 기도이다. 이 놀라운 신약의 한 책이 지니고 있는 복음의 능력과 힘이 한국교회에 전혀 새로운 방식으로 느껴질 수 있기를 기도한다.

토머스 G. 롱
미국 조지아 주 애틀랜타
애모리 대학교 캔들러 신학부
밴디 석좌 설교학 교수

# Preface to the Korean Edition

The preacher who preached the sermon we now call the New Testament letter to the Hebrews was remarkable for his breadth of Christian imagination. He could envision the gospel embracing all of space, from heaven to earth, and the whole sweep of history, from before the beginning of time all the way to the end of time. And he could see the great army of the saints marching across that space and that history, the generations of God's faithful people all the way from Abel, Noah, and Abraham up to those who worship today. In his imagination, the message about Jesus Christ had immense size and scope.

It seems fitting, then, that this little commentary on that great book of the Bible should find a new readership half way around the world. It would delight the preacher of Hebrews, I think, to realize that the church thrives around the globe and to know of the special relationships, friendships, and the spirit of faithful cooperation between Korean and American Christians. I am especially grateful to Professor Unyong Kim for his discipline, his generous expenditure of time and energy, and his gifts as a translator in making Hebrews, which was published in the United States eight years ago, now available to a Korean readership.

Sometimes preachers are tempted to avoid texts from the letter to the Hebrews. The language of Hebrews often seems obscure and its theology difficult and abstract. However, when I studied Hebrews deeply in preparation for writing this commentary, I was pleased and a bit surprised to find that its themes, ideas, and images spoke so well to the needs of the church today. Hebrews, I found, had once been a powerful sermon, and it cried out to be preached again. When Hebrews is understood, it becomes a joyful resource for today's preachers.

Perhaps the most gratifying response over the years to this commentary has been from those preachers who have said that this volume encouraged them to do what they had not done before, to preach on texts from Hebrews. It is my prayer that this translation will have that same effect for Korean preachers, and that the power of this wonderful New Testament book will be felt in a new way in the Korean church.

Thomas G. Long
Bandy Professor of Preaching
Emory University Candler School of Theology
Atlanta, Georgia, USA

# 역자 서문

본격적으로 설교학을 연구한 지 20년 가까이 되어 가는 지금, 시간이 지나면 지날수록 가슴속 깊이 고백하게 되는 것은 데이빗 버트릭(David Buttrick)이 했던 정의대로, 설교는 “하나님의 신비의 가장자리에서 춤추는 것”(Dancing the edge of God's mystery)이라는 사실이다. 설교는 이 세상에 하나님의 신비와 그 세계가 펼쳐진다는 점에서 ‘신비’일 수밖에 없다. 설교가 행해질 때 하나님이 모인 백성들 한 사람 한 사람에게 말을 걸어 오신다는 점에서 그 자체가 신비임에 틀림없다. 도무지 용납받을 수 없는 죄인이 하나님의 말씀을 전할 수 있다는 것도 신비이고, 하나님의 진노 앞에 서 있던 사람들이 복음을 통해 하나님의 사랑의 대상으로 바뀌어져 그 은혜 앞에서 춤추게 되며, 마음속 깊은 곳까지 점령해 버린 어두움의 그림자와 혼동으로 점철된 삶의 편린들이 일순간에 사라지면서 질서의 세계가 되고, 빛을 보게 된다는 점에서도 신비의 사역이다. 넘어졌던 심령들을 일어서게 하고, 잘못된 길에서 방황하던 심령들을 돌아서게 하며, 희미했던 영혼들에게 확고한 믿음이 전해지고, 회복과 영적 부흥을 경험할 수 있게 한다는 점에서 설교는 주님 오시는 그날까지 가장 유용하게 사용될 소중한 사역임을 고백하게 된다. 설교는 이러한 확신과 감격 속에서 행해지는 것이기에 하나님의 진리의 세계 한 모퉁이에서 춤추는 사역임이 분명하다.

실로 교회의 역사는 설교의 역사였고, 하나님의 교회는 언제나 설교를 통해 새로운 영적 자양분을 공급받아 왔다. 그 중에서도 특별히 우리 한국 교회는 설교 사역을 중요하게 생각해 왔다. 흔히 설교를 통해서 영적 활력소를 얻게 되면 실로 모든 것이 다 용납되지만, 그렇지 못할 경우에는 모든 것이 다 용납되어도 결코 만족하지 못하는 것이 현실이었다. 개혁자들이 고백하는 대로 교회는 말씀에 의해서 세워지고 자라 왔기 때문일 것이다. 그래서 설교 사역은 어려울 수밖에 없다. 그냥 해서도 안 되고, 아무렇게나 감당해서도 안 되는 사역이다. 실로 설교는 설교자의 시간과 땀, 그리고 눈물을 요구하는 사역이다.

설교 사역을 바로 감당하기 위해서 설교자에게 필요한 것이 여러 가지 있지만 그 중에서도 가장 깊이 고려해야 할 요소는 설교의 '본문성'(textuality)과 '구두성'(orality)이라고 할 수 있을 것이다. 설교는 나의 말을 전하는 것이 아니라 하나님의 말씀을 전하는 것이기에, 설교의 핵심인 본문을 깊이 연구하여 거기에서 말씀하시는 하나님의 음성을 명확하게 듣지 못한다면 온전히 설교 사역을 감당할 수 없게 된다는 점에서 '본문성'이 중요하다. 이것은 설교자가 전할 메시지를 발견하는 단계이다. 여기에서 설교자는 본문의 석의 단계를 통해 말씀의 세계로 깊이 나아갈 수 있어야 하며, 오늘도 성경을 통해서 말씀하시는 하나님의 음성을 분명하게 확인할 수 있어야 한다. 여기에서 설교자는 성경해석, 본문 석의 등의 단계를 필요로 한다. 이렇게 준비된 설교자는 그 다음 단계를 고려해야 하는데, 그것은 설교의 '구두성'이다. 이것은 설교 형태에 따라서 어떻게 전할 것인가를 고려하는 단계이며, 설교의 형태론과 커뮤니케이션, 현대 문화와 청중 이해 등 다양한 요소들과 함께 엮어지는 단계라고 할 수 있다. 이 두 요소는 어느 것이 더 중요하다고 우위를 가릴 수 없는, 설교 사역에 있어서는 반드시 고려되어야 할 요소라고 할 수 있다.

본 서는 설교자에게 '본문성'의 중요성을 알려 주며, 설교자가 말씀을 탐사하는 여정을 어떻게 가져야 할지를 구체적으로 도와주는 책이다. 히브리서를 연구하는 것뿐만 아니라 성경의 다른 책들을 연구하는 데도 중요한 탐구 방법을 알려 준다는 점에서 아주 유용한 책이라고 할 수 있다.

본 서는 목회자들에게 설교와 말씀 교육을 위한 학문적이면서도 실제적인 도움을 주기 위해 기획된 *Interpretation* 시리즈의 하나로서, 히브리서 연구에 있어서 중요한 지침을 제공해 주고 있다. 저자인 토마스 G. 롱 박사는 콜럼비아 신학대학원과 프린스턴 신학대학원의 교수를 역임한 바 있고, 현재는 대표적인 설교학자인 프래드 크래독의 후임으로 에모리 대학 설교학교수로 있는 분이다. 그는 10여 년 전 「뉴스위크지」가 선정한 영어권의 12대 설교자 가운데 한 분으로 선정될 만큼 영향력 있는 설교자일 뿐만 아니라 설교학자로서도 널리 알려진 분이다. 또한 한스 가다머의 해석학을 깊이 연구하여 성서해석학에도 권위를 가지고 있는 분이다.

한국교회 설교자들은 세계 어느 지역 교회의 설교자들보다 설교와 목회 사역에 대한 뛰어난 열정을 가지고 있고 설교 사역을 중요하게 생각해 왔다. 그러나 그렇게 소중하게 생각하는 설교 사역에 있어서 '본문성'이 약하고, 말씀의 깊이를 드러내는 일에 약하였음을 부인할 수 없다. 현재 한국교회는 선교 2세기를 살아가면서 안팎으로 많은 도전 가운데 서 있다. 교회가 새롭게 되고 강건케 되는 것은 언제나 하나님의 말씀에 있다. 하나님의 말씀이 열쇠이며, 능력이다. 설교자는 하나님의 말씀을 바로 선포해야 할 책임과 위임을 받았기에 가장 깊이 관심을 기울여야 할 일은 바로 말씀의 깊은 세계 가운데로 들어가서 이 시대 가운데 말씀하시는 하나님의 음성을 명확하게 듣는 일이며 이런 생각에서 본 서의 번역을 시작하게 되었다. 나는 영어권에서 가장 대표적으로 사용되고 있는 토마스 G. 롱 박사의 대표적인 설교학 교과서 「증언으로서의 설교」(*The Witness of Preaching*)를 일찍이 번역하여 소개한 바가 있어서, 설교에 있어 '본문성'의 중요성을 깨우쳐 주는 본 서를 번역하는 것이 본인의 임무라고 생각했다. 또한 *Interpretation* 시리즈는 본인이 박사과정을 공부했던 모교의 교수들이 책임 편집을 했고, 많은 부분을 집필한 책이기에 더욱 그런 사명감을 가지고 뛰어들었다. 특별히 본 서를 번역, 출판할 수 있도록 허락해 주신 한국장로교출판사와 사장 박노원 목사님께 감사를 드린다. 또한 교정을 위해 많은 수고를 아끼지 않은 연구조교 임병호 전도사와 안성국 전도사에게 깊은 감사를 드린다.

이 책을 사용하는 모든 분들이, 하늘과 땅을 넘나들며 예수 그리스도의 왕 되심과 구주 되심을 떨리는 목소리로 선포하고 있는 히브리서 설교자의 음성을 새롭게 듣게 되고, 그를 통해 들려주시는 하나님의 말씀을 선포하는 그곳에서 하나님의 영광과 그분의 세계의 신비가 놀랍게 드러날 수 있기를 기도한다. 설교자가 말씀에 취하지 않고서는 도무지 아무런 말씀의 역사도 이룰 수 없을 것이다.

말씀 앞에서 함께 드릴 고백은 이것이다.

"왕이신 나의 하나님, 내가 주를 높이고 영원히 주의 이름을 송축하리이다."

2006년 3월
광나루 아차산 기슭의 연구실에서
역자 김운용

# 서 론

신약성경의 책들 가운데 히브리서는 기묘하면서도 감격적인 말씀을 담고 있는 책이다. 그 스타일과 내용에 있어서 독특할 뿐만 아니라 문학적으로도 다른 서신서와는 상이한 책이다. 히브리서의 어떤 구절들은 신약성경에서 널리 인용되고 있지만, 많은 현대의 그리스도인들은 히브리서 전체에 대해 그렇게 익숙하지 않을 수도 있다. 구불구불 이어지는 말씀의 진행방향과 정교하게 제시되는 신학적 논의에 대해서 자신도 모르게 길을 잃어버린 것을 발견하게 된다.

이제 로프와 스파이크, 횃불을 들고 히브리서의 어두운 동굴로 들어가는 사람들을 위해서 우리가 발견할 수 있기를 바라는 마음으로 히브리서 연구를 시작하려고 한다. 그러나 우리의 역사적 초롱(historical lanterns)은 너무 희미하기만 하다. 우리는 이 호기심 많은 서신서를 누가 기록했는지에 대해서 알기 원한다. 아볼로, 바나바, 누가, 로마의 클레멘트, 브리스길라, 실라, 그 밖에 더 언급할 수 있는 사람들을 제시할 수도 있지만, 이러한 저자에 대한 논의들은 단순하게 끝낼 수 있는 내용의 것이 아니다. 우리는 실제로 "누가 그것을 기록했는가?"보다는 "누가 그것을 기록하지 않았는가?"에 대해서만 확고한 이해를 가지고 있다. 그 문체의 특성에 근거하여 사도 바울이 이 서신서를 기록하지 않았다는 점은 확실하게 드러난 사실이다. "그렇다면 누가 히브리서를 기록했을까?" 이 질문에 대한 가장 최상의 대답은 3세기경 오리겐(origen)의 설명에서 찾아볼 수 있다 : "누가 히브리서를 기록했는지에 대해서는 진실로 하나님만 아신다."

우리는 이 서신서 최초의 수신자들, 즉 첫 번째 독자들이 누구였는지에 대해서 보다 더 상세하게 알기를 원했다. 그들은 로마에 있었을까, 아니면 예루살렘이나 골로새에 있었을까? 그들은 이방인 공동체였을까, 아니면 유대인 공동체였을까? 그것도 아니면 이방인과 유대인들이 함께 섞여있던 공동체였을까? 우리는 이 질문에 대해서 추측할 수 있을 뿐이다. 히브리서에 대한 최근의 성서지리에 관한 문헌에서는 이탈리아도 언급하고 있지만 그것 역시 모호하다.[1] 초창기에는 히브리서의 타이틀에 나타나 있는 대로 그것은 히브리인들에게 보낸 편지로 이해되었다. 그러나 히브리서의 원독자들에 관해 사색적으로 서술한 것임을 알 수 있고, 우리가 그러하듯이 그들도 깊은 어두움 가운데 있던 사람들이었음이 분명하다.

히브리서가 언제 기록되었는지에 대해서도 정확하게 설명할 수 있게 되기를 바라겠지만, 우리는 대략적인 연대에 관해서만 언급할 수 있을 뿐이다. 로마의 클레멘트(Clement of Rome)가 1세기 말경에 기록한 그의 편지에서 히브리서를 인용하고 있는 것으로 나타나고 있다. 그렇다면 그것이 1세기 말보다 더 이전에 기록되었다는 사실은 분명하다. 또한 대부분의 학자들은 히브리서의 정교한 기독론이 하루 저녁에 발전시킬 수 있는 내용의 것이 아니라는 사실을 확신하고 있다. 여기에는 예수님 이후 2, 3세대에 걸친 그리스도의 신학적 행동들을 반영하고 있음을 알 수 있다. 이러한 생각들과 몇 가지의 다른 증거들을 함께 묶어 볼 때, 대부분의 학자들은 히브리서가 기록된 시기를 AD 60년에서 100년 사이로 추측하고 있다.

그래서 우리는 누가 그것을 기록했는지, 언제, 어디에서 기록했는지, 그리고 누구에게 보내기 위해서 기록했는지에 대해서 확실치 않은 상황

---

1. 이에 대한 보다 자세한 설명은 13 : 24에 대한 주석을 참조하라.

가운데 가능하면 본문의 깊숙한 곳으로 들어가려고 한다. "여기 한 책을 보냅니다. 이 책을 한번 읽어 보십시오. 그것은 미국, 러시아 혹은 프랑스에서 기록되었습니다. 그것을 기록한 사람이 유대인인지, 이방인인지 그것은 잘 모르겠습니다. 아무튼 그것은 1920년에서 1970년대 사이에 기록된 것이 분명합니다. 부디 그 말씀을 즐기도록 하십시오." 만약 누군가가 이런 메모와 함께 건네주는 한 권의 책을 받았다고 상상해 보라. 룩 존슨(Luke Johnson)이 관찰한 것과 같이 "멜기세덱에 대해 설명해 주고 있는 것처럼(7 : 3) 히브리서는 '아버지도 없고, 어머니도 없으며, 족보와 같은 혈통도 없는' 정경으로 우리에게 남아 있다."[2)]

우리가 히브리서에 대해서 알기 원하는 모든 것을 다 알 수는 없을지라도 그 안에 담겨 있는 말씀들을 통해 볼 수 있고 배울 수 있는 많은 것이 여전히 그곳에 담겨 있다. 히브리서의 윤곽을 탐사하고 그 구조와 그 안에 담고 있는 것들을 받아들이면서, 우리는 놀라운 말씀의 세계를 연구해 갈 것이다.

첫째, 우리가 히브리서를 읽을 때 당시에 기록된 다른 문헌들과 그것을 비교하면 히브리인들에게 보내는 서신서로 알려진 히브리서가 사실은 전혀 서신이 아니라는 것을 분명히 알게 될 것이다. 적어도 습관적인 의미에서 그렇게 불린 것일 뿐이라는 점을 분명히 해야 할 것이다. 끝부분(13 : 22-25)에는 서신의 형식과 표현이 많이 사용되고 있지만, 히브리서의 중심 부분은 초기 그리스도 설교의 형식을 담고 있다. 히브리서 저자는 그것을 "권면의 말"(word of exhortation, 13 : 22)이라고 표현하고 있는데, 그것은 분명히 초대교회의 많은 그리스도인들에게 선포되었던 설교였음이 분명하다. 초기 기독교 설교는 회당에서 행해진 설교에 크게 영향을 받았다. 성경 해석의 구조와 방법이라는 측면에서 보면, 히브리서는 그 디자인에 있어서는 히브리 랍비들의 가르침의 형태를 따르고, 내용에 있어서는 기독교적이며, 그 정도에 있어서는 웅대한 설교의 표본으로

---

2. Luke T. Johnson, *The Writings of the New Testament : An Interpretation* (Philadelphia : Fortress Press, 1986), p. 412.

나타나고 있다.

히브리서를 기록한 저자, 즉 이 말씀을 기록하여 하나님의 말씀을 전하고 있는 히브리서 설교자(the Preacher)[3]에 대해서는 어떠한가? 그것이 절대적으로 분명하지는 않지만, 이 말씀의 저자가 남성이었다는 것은 그럴듯한 주장이다. 11 : 32에서 자신을 드러내면서 남성적인 표현을 사용하고 있기 때문에, 우리는 그러한 사실을 추정할 수 있다.[4] 아마도 그는 70인역을 사용했을 텐데 그 성경으로부터 중요한 명령을 간직하고 있었으며, 고전적인 수사학과 헬라어를 능숙하게 사용했던 사람으로 추정할 수 있다.[5] 몇 가지를 더 강조하면, 그의 사상의 기본적인 형태는 유대적인 특성을 가지고 있음에도 불구하고 그는 역시 신플라톤 철학의 범주를 도입하고 있다. 요약하면 히브리서를 기록한 설교자는 잘 교육받은 유대 그리스도인이었으며, 헬라 사상으로 폭넓게 훈련받은 존재였음이 분명하다.

히브리서를 기록한 이 설교자에 대한 다른 몇 가지 파편적인 증거들이 있다. 그는 디모데를 잘 알고 있었는데(13 : 23), 그 디모데가 신약성경의 여기저기에서 나타나고 있는 디모데와 동일 인물이라면, 히브리서 저자는 바울이 살던 세계에서 선교 활동을 했던 인물로 추정해 볼 수 있다. 역시 그는 이 히브리서의 말씀을 그가 잘 알고 있는 회중들에게 보냈으며, 그도 이 공동체의 일원이었을 것이다. 그는 지금 그들과 떨어져 있지만 곧 그들에게 되돌아올 계획을 갖고 있었다(13 : 19, 23). 바울과 같이 그도 선교 활동을 위해 고대 근동의 세계를 이곳저곳으로 순회했던 설교자였다.

---

3. 역주 – 여기에서 토마스 롱(Thomas G. Long)은 '히브리서 저자'는 '설교자'를 뜻하는 'the Preacher'라는 단어를 사용하고 있고, '히브리서'는 '한 편의 설교'를 의미하는 단어인 'a sermon'을 사용하고 있다. 그래서 여기에서는 '저자'와 '설교자'를 같은 의미로 번역했다. 또한 히브리서 저자를 가리키는 이 단어는 주로 '히브리서 설교자' 또는 '설교자'로 번역했다.
4. 편리성을 위해 우리는 히브리서 저자를 '남성'과 '설교자'로 규정하면서 이 주석을 써 내려가려고 한다.
5. 히브리서의 헬라어는 신약성경 중에서 가장 고급스러운 형태를 사용하고 있다.

이 저자(설교자)는 아무것도 없는 진공 상태에서 설교하고 있었던 것이 아니었다. 그는 지금 실제적이고 시급한 목회적인 문제에 관해 언급하고 있으며, 어떤 것은 오늘날에도 여전히 일어날 수 있는 깜짝 놀랄 만한 일이었다. 그의 회중들은 그때 매우 지쳐 있었다. 그들은 몹시 피곤해 있으며, 세상을 섬기는 일에 지쳐 있었다. 예배에 있어서도 별다른 감격 없이 서 있었으며, 말씀을 배우는 일에도 그러했다. 그들이 살고 있는 사회에서 독특한 존재로 살아간다는 것에 대해서도 지쳐 있었고, 영적 전쟁에 있어서도 이제 시들해 있었다. 그들의 기도생활을 계속해 가는 일에도 지쳐 있었고, 심지어는 예수 그리스도에 대해서도 지쳐 있었다. 그들의 두 손은 축 늘어져 있었고, 그들의 무릎은 약해져 있었다(12 : 12). 교회의 출석률도 뚝 떨어져 있었다(10 : 25). 그리고 확신도 점점 잃어가고 있었다. 회중들에 대한 이러한 위협은 그들이 지금 잘못된 방향으로 나아가고 있기 때문이라고 탓할 수 있는 성격의 것이 아니었다. 그들은 다른 방향으로 나아갈 충분한 여력을 가지고 있었던 것도 아니었다. 여기에서 그들이 경험하고 있는 위협은 그들이 굳게 잡고 있었던 줄을 놓아버렸다는 것이며, 그것이 점점 닳아져서 희미해지고 있다는 데 있었다. 그들은 걸음걸이가 몹시 지쳐 있었고, 그들 중 많은 사람들은 이제 공동체를 떠나 다른 삶의 길을 걸어가야겠다는 마음을 갖고 있었다. 그리고 믿음을 버리고 멀리 떠나려 하고 있었다.

여기에서 우리는 큰 문제점을 발견하게 되는데, 이에 대한 히브리서 설교자의 응답은 우리를 깜짝 놀라게 하는 것이었다. 히브리서에서 가장 현저하게 드러나는 것은 그 설교자는 지금 영적 권태감에 빠져 있는 사람들에 대한 문제와 직면해 있었지만 그는 매우 담대하였다. 그리고 그리스도에 대한 기독론과 설교가 그 해답이라고 생각하고 있다. 히브리서 설교자는 소그룹의 역동성을 증대시키는 방안을 연구하지 않았고, 교회 내의 갈등에 대한 해소 방안을 고려하지 않았다. 또한 선교의 구조를 재정비하려고 하거나 활발한 예배를 기획하려고 하지도 않았다. 그보다는 히브리서 저자는 설교하고 있다. 그리스도의 본성과 의미에 대해 복잡한 신학적 용어를 사용하여 회중들에게 설교하고 있다.

히브리서 설교자는 사람들이 바라는 것이 일시적으로 열중하는 것으로 나타나는 것에 대하여 피상적으로 그의 생각들을 개진하지 않는다. 오히려 그 문제의 깊은 곳으로 들어가서 복잡한 상징들이 종교적 상상력을 통해 나타나는 놀람과 경외감, 감사, 결국에는 복종에 이르게 하는 깊은 곳으로 나아간다. 이러한 전략들이 진행되는 동안 목양에 대한 히브리서 설교자의 접근 방법은 문제의 본질로부터 상당히 벗어난 것으로 보인다. 그래서 직관적이지 못하고, 회중들이 중요한 신학적 사유들에 대해 신경과민이 걸리게 하는 방식으로 나아감으로써 역기능적으로 나타나게 한다. 그것은 오히려 신선하고 혁명적인 방법으로 보인다.

# 마지막이며 처음 말씀이신 예수님

## 히브리서 1 : 1~4

히브리서는 하나의 사상으로부터 시작되는 것이 아니라, 확실하면서도 확고한 설교자의 목소리와 함께 시작된다. 히브리서의 첫 구절을 헬라어로 크게 읽어 보면, 단지 눈으로 본다면 쉽게 놓쳐 버릴 수 있는 것을 귀를 통해 들을 수 있을 것이다. 풍부한 성량과 리듬감 있게 오르내리는 멜로디가 바로 그것이다. 말씀의 리듬과 울림이 퍼져 나오는 것을 느끼게 된다. 히브리서를 시작하는 바로 첫 문장에서부터 히브리서의 독자들은 언급되고 있는 복잡한 신학적 개념들과 상징들을 담고 있음에도 불구하고, 이것은 강의나 에세이 또는 철학적 규약들이 아니라 명백한 소리로 들려지는 '설교'였음을 인식하고 있다.

히브리서를 읽다 보면 마치 히브리서를 기록한 설교자가 강단에 있는 설교 노트를 이곳저곳에 보내는 것처럼 보인다. 그 설교자는 그의 회중들을 바라보고 있다. 극적인 긴장감 속에서 잠시 휴지기를 가진 후, 이어서 말씀이 쏟아져 나온다. 인간의 심장 박동 소리와 같이 우아하고도 리드미컬하게 말씀을 시작한다 : "폴리메로스 카이 폴리트로포스 팔라이……" ("옛적에…… 여러 부분과 여러 모양으로……", 1 : 1). "지금으로부터 87년

전에……"라고 시작되는 아브라함 링컨 대통령의 게티즈버그 연설의 서두에서와 같이, 히브리서의 이 서두 말씀은 운율(cadence)과 두운법(alliteration), 아름다운 언어들을 음악처럼 흘러 내보내는 훌륭한 인식을 가지고 전해진다. 그것은 정교하고 시적으로 정제된 언어적인 사건을 신호화한 것처럼 시작되고 있다. 물론 이러한 스타일은 히브리서 전체에 나타나는 특징이기도 하다. 기록된 페이지에는 흰 종이와 검은 글씨가 박혀 있는데, 이 기록된 말씀인 히브리서는 서신서 또은 신학적 논문처럼 보여진다. 그러나 그것이 귀에 들려질 때 우리는 도서관에서 어떤 에세이를 읽는 것이 아님을 알게 된다. 오히려 그것은 회중석에 잔잔하게 울려 퍼지는 설교임을 알 수 있게 된다.

히브리서에 나타나는 웅변은 매우 현저해서 수년 동안 많은 사람들은 초대교회의 유명한 설교자였던 아볼로가 기록한 것이 틀림없다고 추측했다. 사도행전에서는 아볼로를 '학문이 많고 성경에 능한 자'라고 소개하면서, 열심으로 예수에 관한 것을 자세히 말했다고 설명하고 있다(행 18 : 24-25). 이러한 추측을 해 보지만, 누가 히브리서를 기록했는지에 대해서 명확히 알려진 바는 없다.[1] 그러나 히브리서 저자로서 가능성 있는 사람들의 이름을 작성한 명단 중에서 왜 아볼로가 가장 크게 주목받는지에 대해서는 그 이유를 분명히 알 수 있다. 누가 히브리서를 기록했든지간에 그는 말에 능통한 웅변가였으며, 주님에 대한 뜨거운 열정을 가지고 있었던 사람이었음을 알 수 있다.

누가 히브리서를 기록했는지에 대해 명확하게 밝힐 수 없다고는 하지만, 다른 여러 방언들에서 사용되는 언어 표현을 통해서 잘 정제된 설교문과 같이 히브리서를 기록해 가고 있는 저자의 목적에 대해서 우리는 경이감을 갖게 된다. 히브리서는 문어적인 특성보다는 강렬한 구두적인 특성을 가지고 있는데, 그것은 회중들의 예배 중에 큰 소리로 선포되기 위해 기록된 형태를 가진 것을 보면 알 수 있다. 또한 본 서의 저자는 뛰어난 저술가이

1. 이에 대해서는 "서론"을 참조하라.

며, 통찰력이 있고 선천적으로 뛰어난 설교자였음을 알 수 있다. 예배의 자리에 함께 모인 청중들에게 큰 소리로 말씀이 선포되고, 그 말씀으로 인해 청중들은 깊은 감동을 받고 있는 현장에서, 한 능력 있는 설교자가 일반적으로 행한 것처럼 그러한 형식을 도입하여 기록되었음을 알 수 있다. 다시 말해 본 서는 어느 지역에서 말씀을 선포했던 히브리서 설교자가 다른 지역에서 사역하고 있는 설교자를 위해 기록되어 보내진 설교 원고였을 가능성이 있다. 이것이 사실이 아니라 단지 추측이거나, 어느 교회당에서 예배를 위해 모인 자리에서 읽어 주기 위해 쓰인 것이 아니라고 할지라도, 상상력을 통해서 알 수 있는 것은 본 서가 예배를 위해서 기록된 말씀이라는 사실은 분명하다. 이렇게 기록된 본 서가 언제 어디에서 읽혀졌는지, 그리고 그것이 수많은 회중들 앞에서 큰 소리로 읽혀졌는지, 아니면 어느 개인이 혼자서 조용히 읽었던 서신서였는지는 그렇게 중요한 사실이 아니다. 다만 본 서는 우리를 예배당 안으로 이끌고 들어가 찬양하게 하고, 설교의 말씀을 듣게 하는 선포된 말씀이다. 히브리서가 청중들을 사로잡는 것은 어떤 예배자가 되어야 할지를 강하게 들려주시는 예배의 에토스(the ethos of worship)를 불러일으키는 말씀이기 때문이다. 또한 말씀이 선포될 때와 유사한 템포로 행해진다. 이것은 적어도 세 가지 측면에서 신학적인 중요성을 가진다.

### 1. 무엇인가를 환기시키는 본문(The Evocative Text)

모든 효과적인 설교가 그렇듯이 히브리서는 비록 어렵게 만들고 어떤 도전을 가져다 준다 할지라도, 그것은 맛을 내고 즐기도록 정교하게 꾸며져 있다. 세련된 표현을 담고 있는 히브리서 말씀을 읽고 듣다 보면 우리들 속에서 일어나는 기쁨이 있다. 처음부터 독자들(또는 설교를 듣는 청중들)은 정교한 설교의 리듬을 인식하게 되며, 그로 인해 기대감을 갖게 된다. 사도 바울이 기록한 대로 "믿음은 들음에서 난다."는 말씀을(롬 10 : 17) 히브리서 기자도 명확하게 동의하고 있다(2 : 1, 3 참조).

미국의 대공황기의 암담하던 시절에 프랭클린 D. 루스벨트 대통령은

널리 애용되고 있는 기억에 남을 만한 말을 한 적이 있다 : "우리가 두려워해야 할 유일한 한 가지는 두려움 그 자체이다." 이것은 단지 용기에 '관한' 중요한 말이 아니라 용기를 '불러일으키는' 말이다. 그러한 말을 듣는 것은 단지 공포에 대한 두려움에 직면하여 자신감을 갖도록 해 주는 어떤 정보를 전달하는 것이 아니다. 이러한 말을 듣는 것은 담대함을 가지고 나아갈 때 가능한 세상을 창조할 수 있는 자신감을 부여해 준다. 루스벨트 대통령의 이 말은 '즐거움을 가져다 줄 수 있는' 말이 되는데, 그 말을 듣는 청중들로 하여금 제한되고 두려움이 가득한 이 세상을 약속과 희망의 장소로 바꾸어 준다. 그와 같이 히브리서의 '정신이 번쩍 나게 해 주는 연설'은 깜짝 놀라게 하며 숨을 멎게 하는 수사학적인 산등성이와 계곡을 담고 있다. 전해 주는 말씀은 청중들에게 날카로우면서도 기쁨이 넘치게 해 준다. 말씀의 윤곽은 이것이 단순한 연설이 아니라는 사실을 알려 준다. 히브리서는 복음의 말씀이 무지개 빛깔과 같이 여러 색조의 생생함을 볼 수 있도록 해 주는 풍경을 제시해 주는데, 그 배경은 그다지 중요해 보이지 않는 회색의 배경을 담고 있어서 그 생생함이 더 놀랍게 느껴지게 한다. 그것을 바라보면 바라볼수록 독자들에게는 기쁨이 넘치게 하고, 자신감을 갖게 하며, 생명력을 더해 주는 믿음의 사건으로 다가온다.

### 2. 공동의 본문(The Communal Text)

히브리서의 '언어구사 어조'(oral tone)는 독자가 개인적인 읽기를 위해 주어진 것이 아니라 회중이 공동으로 함께 말씀을 듣는 사건을 재창조하고 있다. 선포된 말씀의 중요성을 강조하는 월터 옹(Walter Ong)은 "선포된 말씀은 인간 존재로 하여금 잘 구성된 공동체의 구성원이 만들어 준다. 선포자가 청중들에게 말씀을 전할 때 청중들은 일반적으로 모두 함께 일체감을 갖게 된다."라고 했다. 그러나 연설자가 배포된 유인물에 관해 청중들에게 질문을 던지면서 어떤 주제를 선명하게 하려고 결정했다면, 그 결과는 각 사람으로 하여금 "각기 개인적인 독서의 세계로 들어가게 하며, 청중들의 화합은 흩어지게 된다. 그러나 구두로 전하는 메시지가 선포될 때는 화합의 재창조가 일어나게 된다."[2)]

히브리서 설교자는 기록된 설교를 제시하지만, 구두적인 사건의 표지와 함께 행하고 있다. 이와 같이 그는 지금 별개로 서 있는 개개인에게 말씀을 전하고 있는 것이 아니라, 함께 하늘의 부르심을 입은 거룩한 형제와 자매들에게 말씀을 전하고 있다(3 : 1).

3. 대화적인 본문(The Dialogical Text)

다른 뛰어난 설교문과 같이 히브리서는 독백적인 형식을 따라 전해지는 대화적인 사건을 담고 있다. 히브리서 설교자는 독자들을 타깃(target)으로 생각하면서 어떤 교리에 대한 정보나 논쟁을 던지고 있는 것이 아니다. 오히려 히브리서는 대화를 가능하게 하며, 참여를 불러일으키고, 독자들의 신실한 기억들을 불러일으키기 위해서 쓰였다. 히브리서를 시작하는 첫 문장으로부터 '우리'라는 언어가 자주 사용되고 있다. 또한 히브리서 설교자는 청중들의 목소리가 울려 퍼지도록 하기 위해 종종 수사학적인 질문을 도입하고 있다.[3)] 진행이 느릴 때는 설교단을 두드리는 것과 같은 분위기도 나온다(5 : 11). 가끔은 주의를 기울이지 않거나 졸고 있는 사람을 깨워서 그들이 중심 내용을 놓치지 않도록 하기 위해서 그것을 다시 진술하기도 한다(8 : 1 참조). 또한 히브리서 설교자는 청중들이 이미 알고 있는 사실에 대해서는 '각주'로 처리해서 일부러 번잡하게 만들지 않는다.[4)] 히브리서 설교자는 어떤 부분에서는 계속해서 분명한 언어적 표현을 통해 청중들과의 접촉을 시도하면서(예를 들어 3 : 12과 6 : 9 참조), 그들이 이 설교를 듣고 있을 뿐만 아니라 그 말씀대로 살아가야 할 것을 권면하고 있다. 히브리서를 여는 말씀들이 상승하기도 하고 추락하는 것을 경험하자

2. Walter Ong, *Orality and Literacy : The Technologizing of the Word* (London : Methuen, 1982), p. 74.
3. 예를 들어 1 : 5과 1 : 14을 참조하라.
4. 예를 들어 2 : 6의 "어떤 이가 성경 어딘가에서 이렇게 증언했습니다."와 같은 히브리서 설교자가 즐겨 쓰는 표현들을 참조하라.

마자, 청중들은 수사학의 궤도에서 마치 롤러코스터가 서로 충돌하는 현상을 주시하고 있는 것이 아니라는 사실을 인식하게 된다. 그들은 선도차에 타고 있다. 히브리서에서 복음은 지적인 고찰(intellectual consideration)을 위해 제시된 하나의 아이디어가 아니라 바로 행동으로 연결될 것을 요청하는 요구에 직면하게 되는데, 사실 그것은 평생 동안 껴안아야 할 요구 사항이기도 하다.

무엇인가를 불러일으키고, 공동적이며, 대화적인 본문이라는 특징을 가지고 있는 히브리서는 마치 유리의 한 면을 날카롭게 잘라 내는 다이아몬드와 같이 단단하면서도 빈틈없는 논증(argument)으로 되어 있지는 않다. 대신에 그것은 개방된 짜임새를 가지고 청중들의 참여를 적극 권장하고 있는 설교와 같은 권면들이다(13 : 22). 히브리서는 결국 그것이 가진 단순화하기 어려운 논리 위에서가 아니라, 믿음의 사건이 그것을 읽는 사람들의 상상력을 통해서 성숙하게 될 토양이 되어질 능력 위에서 서기도 하고 하락하기도 할 것이다. 독자들은 히브리서 끝 부분에 이르러서 "드디어 그것을 끝냈구나!"라고 외칠 수 있게 되기보다는, 오히려 "아멘! 나는 이것을 듣고 있으며, 믿음의 눈으로 보게 됩니다. 이것을 믿으며, 이 믿음을 따라 살 것입니다!"라고 외칠 수 있게 되기를 바란다. 믿음의 소리가 우리 귀에 들려올 때 우리의 가슴속에 다시 메아리쳐 올 것이다.

## 하나님의 말씀하심(1 : 1)

신학적 내용의 관점에서 히브리서는 하나님의 말씀 행위로의 신적 계시에 대한 시적인 묘사로부터 시작된다(1 : 1). 하나님은 침묵하고 계시고, 저 멀리 계시며, 아무런 감정 없이 그저 무덤덤하게 우주를 움직여 가시는 분으로서가 아니라 말씀하시는 분으로 묘사되고 있다. 그 하나님은 말씀하시고, 논증하시며, 사람들에게 탄원하기도 하시고, 사랑을 호소하기도 하시며, 명령하기도 하시고, 이야기를 말씀하기도 하시고, 대화도 나누시며, 태초부터 지금까지 계속해서 하늘과 땅의 라인을 따라 말씀하시는 분이다.

말씀 사건(speech)으로서의 신적 계시의 개념은 물론 일종의 메타포(metaphor)이다. 그러나 명확한 내용을 담고 보여 주고 있는 메타포이다. 근본적으로 이것은 연설이 침묵을 깨뜨리면서 개입하며, 음파에 의해서 정적을 깨뜨리는 것과 같이, 역사하시는 하나님이 이 세상에 능동적으로 개입하심이다. 그것은 수동적인 과정이 아니다. 하나님은 모든 권력을 움직이시며, 아침에 태양이 떠오르게 하시는 분이다. 하나님은 모든 기초를 흔들어 놓으실 수 있는 분이며, 모든 구속을 깨뜨리시는 분이다. 오늘도 하나님은 세상 속에서 일하시는 분이다. 창조물 가운데서 역사하시는 하나님의 모든 행동은 하나님의 성품을 드러내 준다. 하나님의 계시의 선포라는 관점에서 하나님은 모든 것을 끌어 모으시는 분이시다.

이러한 점에서 계시는 거룩한 세계에 대한 인간적인 단순한 인식이나 분별의 차원을 훨씬 넘어선다. 계시는 인간을 향한 하나님의 행동으로서의 사건이다. 그러므로 계시는 '누구에게 말씀하심'이며, 그것은 또한 '거룩한 소환'이기도 하다. 또한 '인간적인 평화에 대한 교란'이기도 하다. 계시는 근본적으로 우리가 하나님을 발견하고 하나님의 세계에 대해 명명하는 것이 아니라, 하나님이 우리에게 다가오셔서 모든 피조물을 찾으시고, 구원하시고, 회복시키시는 것이다. 그러므로 계시는 모든 꽃과 별들과 구름들 안에 감추어진 하나님을 볼 수 있는 장소로 우리를 이끌어 가는 인간적인 요소가 아니라 하나님이 우리를 이끌어 가시는 것인데, 하늘이 우리가 잘 알아들을 수 없는 말씀을 선포하고, 꽃과 별과 구름이(실로 온 우주와 인간 역사의 모든 조각들까지 포함하여) 우리의 상상을 넘어선 하나님의 영광에 대한 스토리들을 말하는 것이다. 계시는 본래 그것을 체계적으로 분류하여 궤변적인 과학의 이론을 기다리면서 자연의 복잡한 패턴 속에 비밀히 감추어진 웅장한 디자인을 발견하는 것이 아니라, 하나님이 온 피조물 가운데서 역사하고 계신다는 기대하지도 않았던 뉴스를 접하면서 길거리에서 감격하여 외치는 것이다. 그분은 우리를 위해서 준비하시고, 구원하시며, 화해케 하시고, 판단하시며, 양육해 주시고, 치료해 주시면서 오늘도 역사하시는 하나님이시다. 그렇다. 그 하나님이 말씀하고 계신다.

말하는 사람에게는 누구에게나 그것을 들어주고 응답하는 사람이 필요하다. 하나님의 대화 친구는 특별히 "우리 조상들"(1 : 1),[5] 즉 구약의 하나님의 백성들이었던 이스라엘 백성들이었다. 하나님의 말씀과 하나님의 백성들 사이에는 상호 호혜적인 관계가 있었다. 하나님의 말씀의 수혜자들은 하나님의 백성들이었다. 그러나 그것은 거룩하신 은혜의 자리에 함께 모여 있는 곳에 나아와 서 있는 백성들에게 말씀하시는 하나님 자신을 주시는 것이었다. 그들은 하나님의 백성으로 지어진 존재들이다. 요약하면 하나님은 히브리 백성들을 향하시고, 하나님의 약속의 자녀인 하나님의 백성이 되도록 그들을 부르신다(6 : 13-15 참조). 하나님의 말씀하심은 신실한 청취자들의 그룹인 '조상들'을 만들어 낸다. 그것은 생물학적인 의미에서가 아니라 말씀의 청취의 관점에서 하나님의 말씀의 청취자들이며, 한 가족이 되게 하는 믿음의 족보를 형성한다. 히브리서 기자는 구약성경의 내러티브(narratives)에 충실하면서 하나님의 백성이 된다는 것은 비밀스러운 특별한 조명하심(illumination)이나 신비한 깨우침(enlightenment)이 주어지는 것이 아니라, 생생하면서도 삶을 변화시키는 대화 가운데로 그들을 이끌고 계신다는 사실을 알고 있었다. 하나님은 결국 말씀하시는 하나님이시며, 하나님의 백성은 들을 귀가 있는 사람이며, 주시는 말씀에 대한 응답으로 말하고 행동하는 존재들이다.

히브리서는 하나님은 말씀하신다고 우리에게 알려 준다. 하나님은 여러 번에 걸쳐 여러 모양으로 말씀하시는 분인데(1 : 1), 이것을 보다 정확히 표현하면 여러 단장(斷章 ; fragment)과 여러 가지 형태(fashions)로 말씀하시는 분이다. 어떤 사람들은 이 '단장'과 '형태'라는 말이 동의어이며, 이것을 강조하기 위해서 수사학적인 효과를 위해 반복해서 사용하고 있다

---

5. 헬라어에는 'fathers'를 의미하는 단어를 사용하고 있다.

고 생각하는 사람도 있는데, 이 두 가지 표현은 하나님의 계시의 경험에 있어서 다소 다른 두 가지 측면을 가리키는 표현이다.

1. 하나님은 '여러 단장(斷章)을 통해서' 말씀하신다. 즉, 여기와 저기에서, 그리고 지금과 그때를 위한 말씀이다. 하나님의 말씀하심(speech)은 밤새워 계속해서 떠들어 대는 라디오의 토크쇼와 같이 중단 없이 계속해서 흘러나오지 않는다. 그럼에도 불구하고 하나님의 말씀은 침묵의 시간들을 꿰뚫는 선포로 이어진다. 하나님은 성전에서 사무엘에게 말씀하셨다. 그러나 이것은 하나님은 말씀해 주시는 일이 드물었고(삼상 3 : 1)라고 표현되는 때였기 때문에 말씀이 기다랗게 펼쳐지는 것도 방해를 받고 있었다. 또한 가나안 여인이 그녀의 고통받고 있는 딸을 고쳐 달라고 애원하면서 예수님께 나아왔을 때, 은혜와 치유의 말씀은 비밀스러운 침묵의 시간이 지난 다음에야 주어졌다(마 15 : 21－28, 특히 23절 참조).

W. H. 아우덴(W. H. Auden)의 시 "빅터의 한 이야기"(Victor, a Ballad)를 보면, 빅터는 그의 아내에게 배반당한 뒤 깊은 낙망 가운데서 집을 떠나 슬픔의 황폐한 여정에 올라섰다. 그는 하이스트리트(High Street)로 걸어갔는데, 그곳은 예전에 쓰레기 더미로 가득한 곳이었다. 그는 마을 어귀로 나갔고, 깊은 슬픔에 사로잡혀 그곳에 혼자서 서럽게 울면서 서 있었다.

> 빅터는 홀로 그곳에 서서
> 해지는 석양을 바라보고 있었다.
> 그리고 외쳤다.
> "아버지, 당신은 천국에 계시는 것입니까?"
> 그러자 하늘은 대답했다.
> "지금 무슨 말을 하는지 모르겠다."[6)]

---

6. W. H. Auden, *Collected Poems*(New York : Random House, 1976), p. 140.

우리는 여기에서 왜 하나님의 계시가 에피소드로 이어지는지 이해하기 어렵다. 왜 하나님은 단편적이고 부분적으로 말씀하시는 것일까? 왜 하나님의 뜻은 어느 때는 크리스털처럼 선명하게 보이기도 하고, 어느 때는 애매모호하여 "무슨 말을 하는지 잘 모르겠다."고 느껴지는 것일까? 우리는 하나님의 말씀하심에는 신비의 리듬이 있다는 것을 알고 있다. 또한 거기에는 하나님의 열광적이고도 지혜로운 자유로부터 풀어헤쳐 놓은 하나님의 침묵이 존재한다. 수많은 성도들은 시편 기자가 외쳤던 것과 같이 "나의 영혼이 잠잠히 하나님만 바람이여 나의 구원이 그에게서 나는도다"(시 62 : 1)라고 외칠 수밖에 없는 경험을 하게 된다.

또한 침묵을 벗어나 하나님이 말씀하시되 적절한 시간에 말씀하시고, 치유하시며, 강하게 하시는 방식을 하나님의 백성들은 경험하게 된다. 데이비드 개로우(David Garrow)는 그의 책 「십자가를 지는 일」(*Bearing the Cross*)에서 마틴 루터 킹 2세(Martin Luther King Jr.)의 삶에서 그가 경험했던 것 같은 순간들에 대해서 언급하고 있다. 몽고메리에서 버스승차 거부 운동을 진행해 가던 중반부에, 킹은 그 운동에 대해 자신감을 잃고 커다란 개인적인 위기에 직면해 있었다. 시 당국과 협상하는 동안 그는 백인 공동체의 강력한 저항에 부딪쳐 깊은 수렁에 빠져 있었다. 그는 무척 지쳐 있었을 뿐만 아니라 더해 가는 생명의 위협을 받으면서 깊은 두려움 가운데 놓여 있었다. 그는 그의 생명과 가족들의 안온(安穩)을 위협하는 전화를 40여 통이나 받았다. 어느 늦은 밤, 모임에 참석했다가 집에 돌아왔는데, 살고 싶으면 빨리 이 도시를 빠져 나가라는 위협과 경고가 담긴 전화를 받았다.

이렇게 모든 것을 흔들어 놓는 위협을 받으면서 그는 잠을 이룰 수가 없어서 식탁에 앉아 걱정하고 있었다. 깊은 염려 가운데 빠져 있을 때 이제 그 누구에게도 도움을 요청할 수 없고, 오직 하나님밖에 없다는 생각이 떠올랐다. 그래서 그는 엎드려 기도하기 시작했다. 그의 약함을 고백하며, 이제 모든 용기를 다 잃어버리게 된 사실을 솔직히 하나님께 토해 놓기 시작했다. 그는 후에 이렇게 고백했다. "바로 그 순간에 나의 마음속에 울려 퍼지는 소리를 들을 수 있었다. '마틴, 공의를 위해 일어서라. 정의를 위해 일어서라. 진리를 위해 일어서라. 볼지어다, 내가 세상 끝날까지 너와 항상 함께 있을 것이라.'" 그것은 예수님이 주신 약속의 말씀이며, 다시 확신을 갖도록 해 주시는 말씀이고, 위로와 용기를 불어넣어 주신 가장 적시의 말씀이라는 사실을 킹은 깨닫게 되었다.[7]

2. 하나님은 또한 '여러 부분과 여러 모양으로' 말씀하신다. 하나님의 말씀하심(divine speech)의 메타포는 하나님의 임재, 역사하심, 뜻이 인간 존재에게 구체적으로 알려지는 무제한적인 방식을 포함한다. 종종 하나님은 비전을 통해 말씀하기도 하시고, 사람의 생각을 자극하셔서 통찰력을 주심으로 말씀하기도 하신다. 때로는 정치적인 운동이나 권력의 교체를 통해서도 말씀하신다. 여기에서 하나님은 꿈을 통해서도 말씀하시고, 폭포 가운데서도 말씀하신다. 예언적인 신탁을 통해서도 말씀하시고, 불기둥을 통해서도, 또는 아주 세미한 음성으로도 말씀하신다. 또한 율법의 계명들을 통해서도 말씀하시고, 왕들의 이야기를 통해서도 말씀하시며, 창조의 중심부에서 쉼 없이 운행하시며 역사하시는 성령님을 통해서도 말씀하시고, 정오의 하늘에서 밝게 빛나는 태양을 통해서도 말씀하시는 분이다. 하나님은 조용한 기도 가운데서도 말씀하시는 분이고, 열띤 논쟁이 벌어지고 있는 소란함 속에서도 말씀하시는 분이다. 하나님은 경이로운 영적인 사건이 일어나는 순간에도 말씀하시며, 외관상 지루하고 평범하게 느껴지는 위원회의 모임을 통해서도 말씀하시는 분이다. 하나님의 말씀하심은 나라들이 평화를 만들어 갈 때, 이웃들과 뒤뜰 울타리에서 평화롭게 대화를 나누고 있을 때 들려올 수도 있다. 하나님은 성경을 통해서 말씀하시고, 침대 머리맡에서 어루만져 주는 따스한 손길을 통해서도 말씀하신다. 하나님은 찬양대의 찬양 소리를 통해서도 말씀하시고, 아름다운 예술품을 통해서도, 밤하늘에 빛나는 별빛을 통해서도 말씀하시며,

7. David J. Garrow, *Bering the Cross : Martin Luther King, Jr. and the Southern Christian Leadership Conference*(New York : Viking Penguin, 1986), p. 58.

굶주림 속에서 식량을 위해 외치는 소리를 통해서도, 교우관계를 목마르게 기대하는 곳에서도, 병자를 위한 기도를 통해서도, 고난 가운데서 희망을 간절히 기다리는 곳에서도 말씀하신다. 하나님은 이처럼 '여러 모양으로' 말씀하신다.

하나님의 말씀하심은 거의 언제나 중간에서 중재하시는 말씀(mediated speech)이시다. 하나님은 인간에게 말씀하시기를 원할 때 그것이 불타는 떨기나무든, 천사든, 하늘이든, 또는 모세나 예레미야든지 간에 하나님을 위하여 말씀을 전하도록 그것들을 불러 세우신다. 히브리서 설교자에 따르면, 하나님이 조상들에게 말씀하셨던 중심적인 방법은 '선지자들'을 통해서이다(1 : 1). 이것은 '성경에서'라는 말을 약술한 내용이라고 볼 수 있는데, 이 구절은 구약성경의 기록된 텍스트에 관계된 것이라기보다는 그 안에 기록된 사람들과 관계된 것으로 보는 것이 좋을 것이다. 그들의 말과 행동은 하나님의 말씀과 노출하심의 도구가 된다. 모세와 아론, 라합, 드보라, 이사야, 예레미야, 아모스와 같이 많은 사람의 이름을 들 수 있을 것이다.

## 새로운 말씀(1 : 2a)

시작하는 말을 이렇게 강력하게 시작한 히브리서 설교자는 전체 구약성경의 위엄과 화려한 장관들로 하여금 하나님을 증거하도록 초대하고 있다. 히브리서 설교자는 "옛적에…… 말씀하신 하나님"(1 : 1)이라는 표현으로 시작하면서 독자들의 상상력을 불러일으키는데, 하나님의 능력의 말씀 행동을 기억하면서 기쁨과 감격 속에서 마음을 설레게 한다. 하나님은 만물을 말씀으로 창조하신 후에 그것을 보시며 "보기에 아주 좋았더라."고 선언하신다. 하나님은 아브라함을 그의 본토 친척 아비집에서 나오도록 부르고 계시며, 그가 큰 민족을 이루게 될 것을 약속하신다. 하나님은 모세를 하나님의 백성들을 위한 해방자로 부르셨고, 시내 산에서 그에게 율법의 말씀을 주셨다. 이사야와 에스겔, 아모스와 요엘, 호세아와 예레미야를 통해 하나님은 이스라엘 백성들을 양육하시며, 훈련시키시고, 권면하시며, 구속하시기 위해 말씀하신다 : "옛적에 우리 조상들에게 말씀하신 하나님이……."

그러나 갑자기 히브리서 설교자는 문장의 중간 부분에서 멈춰 선다. 그리고 긴장감이 서린 휴지기를 둔 다음에 깜짝 놀랄 만한 어구로 시작하는데, '그러나'(but)라는 단어가 그것이다. 그러나 그것이 어쨌다는 말인가? 모든 설교의 청중들은 '그러나'라는 접속사가 앞부분과 분명하게 구분짓는 양날 선 칼과 같음을 알고 있다.[8] 그 앞에 있는 것이 무엇이든지간에 앞의 것과는 전혀 다르게 웅장한 트럼펫 소리와 함께 다가오게 될 것을 위해 재빠르게 구분짓고 있다. '그러나'라는 단어는 히브리서 설교자가 이제 막 말하려고 하는 것, 청중들이 이제 듣게 될 것을 의심할 것도 없이 도전 가운데 놓이게 되었음을 제시해 주는 수사학적인 실마리를 제공한다. 과거의 것과는 전혀 다른 새로운 것이 이제 막 드러나려고 한다. 앞의 것과 뒤의 것을 대조적으로 보여 주는 언어 표현은 성경에서 종종 사용되는 형태이다. "(그러나) 야곱아 너를 창조하신 여호와께서 이제 말씀하시느니라…… 보라 내가 새 일을 행하리니……"(사 43 : 1, 19). "옛 사람에게 말한 바 살인치 말라 누구든지 살인하면 심판을 받게 되리라 하였다는 것을 너희가 들었으나 (그러나) 나는 너희에게 이르노니……"(마 5 : 21-22).[9]

"옛적에 선지자들로…… 우리 조상들에게 말씀하신 하나님이 (그러나)……." 이 말은 하나님의 말씀하심의 신선한 형태가 인간의 청취를 전혀 새로운 차원으로 나아가게 하는데, 그것은 마치 어두운 밤하늘에 별빛이 빛나는 것과 같이 우리를 인도한다. 하나님은 이 모든 날 마지막에 아들로 우리에게 말씀하셨다(1 : 2). 물론 그분은 예수 그리스도이시다. 이제 전혀 다른 차원들이 서로 비교되면서 논증의 골격이 세워지고 우리들을 히브리서의 중심 주제로 이끌어 간다. 하나님이 이전 세대들에게

8. 역주-한글성경에는 이 접속사가 생략되어 있다.
9. 역주-한글성경에 이 접속사가 생략되어 있기 때문에 괄호로 묶었다.

말씀하신 방식과 '마지막에'라는 용어를 사용하면서 하나님이 예수 그리스도를 통하여 말씀하셨다는 명확하고 점층적이며 단호한 방식으로 말씀하신 것 사이에 구분을 짓고 있다. 프레드릭 뷔에크너(Frederick Buechner)는 이러한 대조에 대하여 한 측면을 명쾌하게 제시한다.

> 하나님은 어떤 거리를 뛰어넘어 자기를 전달하시는 데에 결코 지치지 않으시는 분이다. 계속해서 말씀을 주시면서 말씀을 명확하게 전달하시려는 그분의 노력은 계속된다. 해와 달과 별을 창조하신 후에 그 자체로 만족하지 않으시고 인간을 창조하신다.
>
> 하나님은 노아를 통해 말씀하고자 하셨으나 노아는 술에 절어 있던 주정뱅이였다. …… 모세를 통해 말씀하고자 하셨으나 모세는 스스로 너무 어렵게 생각했다. 다윗을 통해 말씀하기를 원하셨으나 그는 자신의 선에 대해 너무 민감해 있었다. 마지막으로 하나님은 메뚜기와 석청을 먹으며 지내던 세례 요한을 통해 말씀하기를 원하셨다. 그는 지옥 불을 선명하게 증거하는 설교자였는데, 균형 있는 식사 습관을 갖지 않았다는 우스운 이유를 제외하고는 그 사역을 잘 감당했다고 생각할 것이다. 그럼에도 불구하고 그에게도 사소하였으나 어떤 사실들이 부족했다.
>
> 그래서 하나님은 한 번 더 말씀하고자 하셨는데, 그것은 바로 하나님의 가장 놀라운 말씀의 대언자이신 예수 그리스도를 통해서였다.[10)]

하나님이 아들을 통해 말씀하셨다는 것은 하나님의 말씀하심을 담고 있는 구약성경 이야기와의 연속성과 비연속성을 동시에 보여 주는 말씀이다. 이러한 상호작용은 "이 모든 날 마지막에"(2 : 1)라는 다소 애매모호한 표현에서 잘 나타난다. 이것은 이중의 의미를 담고 있는 말씀이다. 한편으로 이 구절은 '결국에', '마지막에'라는 의미를 함축하고 있으며, 과거에 단편적인 여러 방법과 채널을 통해서 말씀하시던 하나님이 '결국에는' 명확한 말씀으로 말씀하셨다는 사실을 함축한다. 여기에서는 과거에 이스라엘에게 주셨던 하나님의 다른 말씀과의 연속성에 그 강조점을 둔다.

---

10. Frederick Buechner, *Wishful Thinking : A Theological ABC*(New York : Harper & Row, 1973), p. 97.

하나님이 그의 백성들에게 이전에 주셨던 말씀들은 마지막에 주어지는 말씀으로 연결되며 성취된다. 아들 예수 그리스도 안에서 들려진 말씀은 히브리서 신학에서 살펴볼 때 하나님의 말씀이라는 아름다운 해안가에서 가장 완벽한 진주와 같다.

그러나 또다른 의미로서 '이 모든 날 마지막에'라는 구절은 종말론적인 구절로서 읽혀져야 할 말씀이다. 이 아들을 통해서 주어지는 말씀은 앞서 주어졌던 말씀과는 같지 않으며, 모든 시간의 마지막이 이르기 전에 그 중간 시간에 하나님의 백성들에게 주어지는 말씀이다. 즉, 하나님의 미래로부터 역사적인 현재 가운데 주어지는 말씀이다. 여기어서는 계시의 사건이 지닌 비연속성에 그 강조점이 주어진다. 예수님 안에서 주어진 하나님의 말씀은 시대의 결정적인 전환점이라는 사실을 강조한다. 하나님의 아들은 하나님의 승리의 통치하심 가운데서 역사를 깨뜨리시는 분이며, 하나님의 승리의 새벽을 알리시는 말씀이다. 이 말씀은 압제와 억압의 모든 역사의 장막을 거두시는 말씀이다. 예수 그리스도 안에서 주어진 말씀은 이제 하나님이 무엇을 행하시고 말씀하셨는지에 대해 설명해 주는 정교한 역작(elaboration)일 뿐만 아니라 오늘 여기에서 맛보게 되는 새로운 말씀이며, 길을 밝게 빛나게 비춰 주는 말씀이며, 가장 위대한 말씀이다.

# 덧붙임(excursus)

## 히브리서와 유대주의

히브리서 시작 부분에는 '옛적에'라는 구절을 통해 하나님의 말씀하심과 '아들을 통해 우리에게 말씀하신' 새로운 말씀 사이의 대조가 나타나고 있는데, 이것은 다른 서신서들에서도 다양한 관점으로 나타나고 있는 것으로 보아 중요한 신학적 질문이 제기된다. 히브리서의 메시지는 본질적으로 반유대적인가? 히브리서에 나타나는 설교자는 구약의 말씀을 연약하고 무익한 한 계명으로(7 : 18), 옛 언약은 낡아지게 하신 것이라고 표현하고 있고(8 : 13), 예수 그리스도의 사역에 대해서는 더 아름다운 직분을 얻으셨다고, 또한 더 좋은 약속으로 세우신 더 좋은 언약의 중보자라고 하신 것으로 보아(8 : 6) '기독교는 유대교보다 더 탁월한 것'이라는 승리의 관점을 통해 히브리서를 읽으려는 유혹을 받게 된다.

그러나 히브리서를 이렇게 배타적으로 읽는 것은 서신서에 나오는 새것과 옛것 사이의 관계성에 대해 명확한 구분을 짓지 못하게 할 수도 있고, 결과적으로는 왜곡할 수 있는 가능성도 있다. 물론 우리는 히브리서가 신학적으로 중립적이라든지, 고상하고 위풍당당한 기독론을 담고 있지 않다고 주장할 수는 없다. 히브리서는 그리스도 안에서 하나님이 말씀하시고 행하신 것의 의미와 권세를 찬미하고 확대하려는 의도를 가지고 있다. 또한 히브리서의 독자들로 하여금 믿음의 견고한 고백을 가지고 자신 있게 서 나가도록 힘을 불어넣을 목적으로 기록되었다. 한편으로 히브리서 설교자는 예수 그리스도 안에서 말씀하신 하나님은 '여러 모양으로 우리 조상들에게 말씀하신 동일하신 하나님'이시라는 사실을 강하게 확신하고 있었음을 기억하는 것이 중요하다. 그 하나님은 아브라함과 사라에게 말씀하신 동일하신 분이며, 모세와 미리암에게 말씀하신 분이시다. 또한 드보라와 예레미야에게 말씀하신 분과 동일하신 하나님이시다. 하나님은 예수님이 이 땅에 오셨을 때 갑자기 말씀하신 본질적 양식을 갑자기 바꾼 것이 아니었다. 하나님의 말씀은 각 세대를 통해 축복과 평화의 '복된 소식'이었다(4 : 1-2 참조). 예수 그리스도를 통해 말씀하신 하나님이 모세와 선지자들을 통해 말씀하신 하나님과 동일하신 분이라면, 히브리서 설교자는 이전에 주어진 하나님의 말씀을 전혀 가치 절하시키지 않으면서 어떻게 예수 그리스도를 통해서 나타난 말씀을 더 좋은 것으로, 또는 더 탁월한 것으로 강조할 수 있었을까?

첫 번째로, 히브리서의 수사학적 상황(rhetorical situation)을 마음에 두는 것이 중요하다. 원독자들은 유대교와 기독교가 가지는 상대적인 장점들에 대해 서로 비교하고 토론하면서 세상의 종교에 대해 배우는 교실에 있었던 학생들이 아니었다. 그들은 시간이 지나면서 그들의 믿음과 헌신은 약화되고, 견고하게 붙잡고 있던 믿음의 줄을 놓치면서 믿음의 공동체 안에서 낙심 가운데 서 있던 사람들이었다. 지금 히브리서 설교자는 성실한 목회자가 그들의 교인들에게 하듯이 그렇게 낙심한 성도들에게 그들이 가진 의문에 대한 해답을 제시하고 있다. 그러나 이렇게 새롭게 확신을 갖도록 하는 것은 사기가 떨어진 선수들에게 단순히 응원을 보내는 것과는 전혀 다른 것이며, 그보다 훨씬 높은 차원의 것이다. 이것은 히브리서 설교자의 확신에 기초하는데, 예수 그리스도 안에서 허락하신 하나님의 약속은 신뢰할 가치가 있으며, 그러한 약속은 '보다 탁월한' 방식임을 견고하게 붙잡도록 하려는 그의 확신으로부터 나오는 것이다.

두 번째로, 히브리서 전체를 설명하려고 할 때 히브리서 설교자는 '이 모든 날 마지막에 아들로' 말씀하신 그 말씀을 두 가지 방식에서 보다 뛰어난 것으로 이해하고 있다고 볼 수 있다. 어떤 것을 폐기하거나 던져 버리지 않고, 먼저 주어진 하나님의 계시를 한쪽으로 접어두어야 한다는 의미도 아니다. '아들을 통해' 말씀하시는 첫 번째 방식이 뛰어나기 때문에, 그것은 하나님의 말씀이 나타나는 방식에 있어서 가장 최종적이고 궁극적인 말씀이다. 하나님과 고통받고 깨어진 인간 사이에 존재하는 커다란 간격을 상상해 보라. 사람들이 구원받고 창조의 극점에 이르기 위해서는 반드시 그 간격 사이에 교량이 필요하다. 그러나 그 협곡을 메우기 위해서 하나님은 구원의 행동, 즉 구속의 '말씀들'을 허락하신다. 마치 긴 협곡을 연결하기 위하여 계획을 안출하는 것처럼 하나님은 새로운 구원 행동을 시작하신다. 아브라함을 불러 내셔서 그의 본토 아비 집을 떠나라고 명하신다. 애굽의 산파였던 십브라와 부아에게 시민 불복종 운동에 참여하도록 독려하신다. 모세를 그의 백성들을 해방시키는 지도자로 부르신다. 이사야를 예배의 신비 가운데로 부르시며 그를 보내신다. 이러한 하나님의 행동들 하나하나가 구속의 고리를 만들어 연결시키면서 구원의 연결고리를 만들고 있다. 예수 그리스도는 이러한 하나님의 수많은 구원의 고리들 가운데 가장 최종적인 것이었다. 그것은 마침내 온전한 구원의 다리를 완성시키시는 것이었다. 여러 고리들 속에서 각 고리들은 모두 소중한 것들이었고, 실로 필수적인 것들이었다. 그러나 예수 그리스도 없이는 이 모든 고리들은 완성될 수 없다. 아들을 통해 주신 말씀은 가장 최종적인 말씀이었고, 최종적인 연결고리였다. 그것은 구원의 목적에 적합한 것이었고, 인간과 하나님 사이의 간격을 연결하려는 고리를 완성하는 것이었다.

아들로 말씀하신 그 말씀이 가장 뛰어난 말씀인 두 번째 이유는 구원의 고리에서 마지막 연결고리 이상의 것이었기 때문이다. 예수님은 하나님의 계시의 최극점에 해당되며, '우리의 믿음의 완성'이 되신다. 이것이 무엇인지를 이해하기 위해서는 다른 유비(analogy)를 예로 들어 보자. 하버드 대학을 우등으로 졸업한 한 여학생이 있었다. 그것은 실로 자랑스러운 일이었는데, 이것이 더욱 자랑스러웠던 것은 그녀가 집안에서 대학을 졸업한 유일한 사람이었다는 점이다. 어떻게 이것이 가능했는지를 깊이 생각하는 가운데, 그녀가 물려받은 모든 가족의 유산이 그러한 학문적인 성취를 가능하게 했다는 사실을 깨닫게 되었다. 예를 들어 그녀의 증조할아버지는 미국에 이민 왔을 때 영어를 한 마디도 못하고 읽지도 못했지만, 자신의 자유뿐만 아니라 자녀들의 보다 희망적인 미래를 위해 이민을 결심했다. 그녀의 할아버지의 형제들은 양복점을 운영했던 양복 기술자들이었는데, 그의 자녀들이 대학교육을 받을 수 있도록 할 수 있는 형편은 되지 못했다. 그럼에도 불구하고 배우는 일을 사랑하고, 지적인 호기심을 가지고 살 수 있도록 자녀들을 교육시켰다. 그녀의 어머니는 그녀가 하버드에 응시하도록 자신감을 심어 주었고, 학비를 마련하기 위해 빵집에서 일했다. 그리고 그녀를 위해 매일 간절히 기도했다.

그녀가 하버드 대학을 졸업할 수 있었던 것은 그녀의 가족들에게 있어서는 최고의 순간에 해당하는 가족사에 있어서 극점과 같았다. 간절히 추구하고 열심히 일하면서 미래에 희망을 가지고 확신 속에서 살아왔던 앞세대의 모든 노력들이 함께 성취된 순간이었다. 하버드 대학을 졸업한 그녀의 앞세대들의 꿈과 희생, 기도와 간절한 추구가 약해지지 않았기 때문에, 그녀의 가족들의 정신적 유산이 보다 탁월한 차원으로 새롭게 나아갈 수 있도록 해 주었다고 말할 수 있다. 실로 그녀 앞에 존재했던 세대들의 모든 것이 그녀의 그러한 성취를 이룰 수 있도록 했다. 그녀는 가족들의 유산(legacy)이 현실로 성취된 열매였다. 이것은 히브리어를 사용한다면 '완성'(perfection)에 이르게 한 것이다.

이렇게 아브라함과 사라에게, 모세와 미리암에게, 이삭과 리브가에게, 그리고 그들의 삶의 스토리를 통해 '옛 계약'의 한 부분을 구성했던 다른 모든 사람들에게 주어졌던 하나님의 약속은 예수 그리스도를 통해 허락된 최종적인 말씀을 기대하게 한다. 또한 하나님의 독생자를 드러내는데, 레이저 빔(laser－sharp)이 한곳에 집중되는 것처럼 예수 그리스도에게 집중되게 한다. 예수 그리스도를 통해 주어진 말씀은 앞서 주어졌던 하나님의 말씀을 헛된 것으로 만들지 않으며, 오히려 그것을 융합시키며 보다 선명하게 하면서 완성시킨다. 그것들을 '완성'시킨다.

## 우리가 노래하는 세상을 위해 오신 그리스도(1 : 2b—4)

1 : 2의 하나님의 아들에 대한 언급은 히브리서 기자로 하여금 고양된 순간으로 이끈다. 그는 이 부분에서 노래하기 시작한다. 어떤 학자들이 제시한 대로 깊은 설교자의 열정으로 올려 드린 찬양을 인용하고 있다. 서론적인 이 부분(1 : 2b－4)의 다음 내용은 초기 그리스도인들에게는 매우 익숙한 찬양이었으며, 모두가 다 외우고 있었던 잘 알려진 찬송에서 인용한 내용이었을 것이다. 이것은 찬양받으시기에 합당하신 예수 그리스도의 성품을 언급하면서 영광의 찬송을 올려 드렸던 일련의 찬송 가사의 전반적인 내용을 담고 있다. 히브리서 설교자가 부르는 친숙한 찬양을 들은 후에 교인들은 후렴을 함께 부르면서 응답했을 것으로 확신하며 그는 이 부분을 기록했을 것이다. 실로 히브리서의 이 부분을 읽는 것은 마치 깊은 흥분 속에서 목소리를 높이고 있는 설교자의 찬양 소리를 듣는 듯하다. "주 예수 이름 높이어"(All Hail the Power of Jesus' Name)[1]의 앞부분이 독창으로 나오다가 모든 회중들이 웅장한 목소리로 감격에 겨워 함께 화답하며 찬양한다 : "만유의 주를 찬양하세 찬양 찬양 찬양 만유의 주 찬양!"[2]

특별히 예수님에 대해서 다음과 같은 방식으로 묘사하고 있다.

1. 역주－찬송가 37장이다.
2. 역주－원문에는 다음과 같은 가사로 되어 있지만, 여기에서는 한국 찬송가의 가사를 따랐다. "모든 천사들로 하여금 엎드려 절하게 하며 영광의 보좌 앞으로 나아오게 하라. 그리고 만유의 주께 모든 면류관을 벗어 드리며 찬양하게 하라."

a. "이 아들을 만유의 상속자로 세우시고 또 그로 말미암아 모든 세계를 지으셨느니라"(1 : 2).

이 구절은 소리굽쇠 소리와 같다. 소리굽쇠를 때리는 순간, 구약성경의 인유(allusions)의 여러 내용이 응답으로 울려 퍼지기 시작한다. 구약성경에서 하나님의 백성들은 '땅'의 상속자(신 12 : 9 ; 19 : 10 참조)로 묘사된다. 또한 어떤 중심인물(예를 들어 사 53 : 12의 고난받는 종, 단 7 : 14의 묵시적인 왕)은 부요한 유산을 약속받는다. 시편 2 : 8은 히브리서 본문에 가장 직접적으로 인용되는 내용으로, 하나님의 아들을 통해 주어지는 유산으로 '이방 나라들'이 주어질 것을 언급한다. 히브리서는 이러한 내용들을 함께 엮어가고 있는데, 단순히 땅이나 나라 또는 '만유'뿐만 아니라 하나님의 아들을 상속자로 제시하면서 그들에게 논증으로 제시한다.

만유의 상속자이시며 모든 세계를 창조하셨으며 '가장 최종적인 말씀'이셨던 하나님의 아들은 또한 '가장 최초의 말씀'이시기도 했다. 히브리서 기자는 여기에서 예수 그리스도를 창조하실 때 하나님의 창조의 손이 되게 하셨던 것으로 이해되었던(잠 8 : 22－31, 외경 솔로몬의 지혜 7 : 22 참조) '지혜'의 인물과 연결시킨다. 결과적으로 그가 만유를 지배하시게 될 상속자가 되신 하나님의 아들이라는 인식(idea)은 예수 그리스도의 선재론으로 발전된다. 그러나 여기에서 예수 그리스도께서 만유의 주가 되시며, 시간의 시작과 끝에 존재하신다는 예전적인 확인은 다소 덜 정확하게 묘사되지만 가장 잘 묘사되는 내용으로 보여진다. "만물이 그에게 창조되되…… 만물이 다 그로 말미암고 그를 위하여 창조되었고"(골 1 : 16)라는 말씀도 이러한 예전적 맥락에서 이해할 수 있을 것이다.

예수님이 만유의 상속자시라는 개념은 인간 존재들이 궁극적으로 어디를 지향해야 하는지에 대해 분명하게 알 필요가 있다는 사실을 깨우쳐준다. 대단한 무기나 군대를 소유하게 되었다고 그가 진정한 승리자인가? 역사는 하소연으로 뒤덮여 명멸되고 있는가? 부한 자는 더욱 부해지고, 폭력을 휘두르는 자는 언제나 그 부를 걸머지게 되며, 세상은 끝없이 그렇게 진행되는가? 히브리서 설교자는 그의 청중들에게 분명한 어조로 하나님의 말씀을 전한다. 모든 것이 들려지고, 모든 것이 행해질 때 생명은 선동가나 억압자, 독재자, 또는 전사에게 속하지 않았으며, 오직 예수 그리스도에게 속했음을 확실하게 증언한다. 하나님의 창조는 폭력, 혼돈, 무익(futility)에 의해 허물어지지 않고 거룩한 상속으로 나타나게 된다. 인간 존재는 무의미로 끝나지 않고 하나님의 사랑하시는 아들의 보화와 함께 나타나게 될 것이다.

b. 하나님의 영광의 광채시요 그 본체의 형상(1 : 3)에 대해

여기에서 다시 히브리서 기자는 예수 그리스도 안에서 보고 들었던 것의 선명성과 가치를 분명히 하기 위해 지혜전승(특별히 솔로몬 지혜서 7 : 26 참조)을 사용하고 있다. 하나님의 아들이신 예수 그리스도는 하나님의 진리의 근삿값(approximation)이 아니며, 그 안에서 하나님의 본성이 가장 선명하게 드러나신다. 예수님은 하나님으로부터 온 '하나의' 말씀이 아니라 바로 '유일한' 하나님의 말씀이시다. 바울서신의 표현을 통해 표현한다면 전에 하나님의 백성들은 '거울로 보는 것과 같이 희미하게' 보았으나, 이제 우리는 예수 그리스도 안에서 하나님을 '얼굴과 얼굴을 맞대고' 볼 수 있게 되었다.

남부의 조그만 마을에 사는 한 남자가 있었는데, 어린아이였을 때 그의 부친이 세상을 떠났다. 동네의 다른 아이들은 아버지와 함께 들판에 나가 일도 하고, 술래잡기도 하고, 냇가에서 고기를 함께 잡았지만, 그는 아버지가 없었기 때문에 그러한 추억이 별로 없었다. 그는 나이가 들어가면서 그의 아버지가 어떤 분이셨는지에 대해 알고 싶다는 생각에 사로잡히게 되었다. 그래서 그의 아버지를 아는 사람을 만날 때마다 그는 조급하게 아버지에 대해 묻기 시작했다. 아버지가 자란 동네에 있는 학교의 교사였던 사람이나, 아버지가 출석하던 교회에서 사역하다가 은퇴한 목사님이나, 이제는 노인이 된 아버지의 사촌에게도 물었다. "나의 아버지에 대해서 알고 있는 것이 있다면 말해 줄 수 있습니까?" 그는 아버지의 사진을 찾고, 일화들을 모으고, 아버지에 대해 기억하고 있는 사람들의 파편과

같은 지식을 모으는 데 그의 남은 시간들을 보냈다.

보다 깊은 의미에서 히브리서 설교자는 우리 모두가 하나님 아버지에 대해 알고자 하는 열망 가운데 있음을 잘 알고 있었다. 그는 우리의 유산에 대한 정보를 필사적으로 찾고 있으며, 우리에게 새 생명을 주시고 구속하신 분에 대해 보다 깊이 아는 지식을 얻고자 애쓰고 있다. 자기 나름의 방식을 따라 영적인 모든 질문들이 간절함 가운데서 던져진다. "누가 나의 아버지에 대해서 말해 줄 수 있습니까? 누가 우리 아버지를 아십니까?" 히브리서의 대답은 그것이다. 우리가 아들을 보았을 때 우리는 아버지를 본 것이다. 칼뱅이 이것을 그렇게 묘사한다 : "우리가 볼 수도 없고 알 수도 없는 무한하신 하늘 아버지께서 당신의 아들을 통해 우리들에게 가시적으로 나타나셨다. …… 하나님은 오직 아들을 통해서 당신 자신을 나타내신다. 마치 '내가 여기 있다. 내가 누구인지 숙고해 보라.'고 말씀하시는 듯이 당신을 나타내신다".

### c. 능력의 말씀으로 만물을 붙드시고, 죄를 정결케 하시는 분에 대해(1 : 3)

그리고 '죄를 정결케 하시는 분'(1 : 3)에 대해. 태초부터 창조 사역에 동참하셨던 성자 하나님은 마지막에 만유의 후사가 되시는데, 그분은 인간 역사의 흐름을 주관하고 계시는 분으로 묘사되고 있다. 모든 것을 붙들고 계시며, 그것이 분명하게 묘사되고 있지는 않지만 십자가와 같은 분명한 행동을 통해 그리하실 뿐만 아니라 파괴된 창조세계를 새롭게 하시는 분이다.

### d. 지극히 크신 이의 우편에 앉아 계심(1 : 3)에 대해

이것은 초기 그리스도인들이 즐겨 인용한 말씀이며, 히브리서 기자가 중점적으로 인용하고 있는(1 : 13 ; 8 : 1 ; 10 : 12 ; 12 : 2 참조) 시편의 하나인 시편 110 : 1 말씀을 염두에 두고 있는 분명한 표현이다.[3] '죄를

---

3. David M. Hay, *Glory at the Right Hand : Psalm 110 in Early Christianity* (Nashville : Abingdon Press, 1973) 참조.

정결케 하는 일'이라는 앞의 표현이 예수 그리스도의 죽음과 연결되는 것이라면, 이것은 같은 맥락에서 이해할 수 있는 이미지로 예수 그리스도의 부활과 승천과 관련된 말씀이다.

### e. 천사보다 훨씬 뛰어남(1 : 4)에 대해

이 구절은 1장의 다른 내용들과 관련하여 영광송과 전승에 대해 통례적으로 사용되고 있는 결론과 적합한 내용이다. 빌립보서 2 : 5~11에 나오는 그리스도에 대한 찬송과 같이 히브리서 1 : 1~4은 기독론적인 포물선을 그리고 있다.[4] 이것은 포물선의 시작 부분을 의미하는 창조 때부터 포물선의 최극점에 해당하는 십자가와 지극히 크신 이의 우편으로 승천하시면서 '모든 이름 위에 뛰어나신' 분으로 높아지신다. 그는 모든 천사들보다 높이 들리신 분이다. 이제 히브리서 설교자는 이 부분에서 신학적 클라이맥스에 이르게 되는데 성자 하나님은 천사보다, 그 어떤 것보다 더 높으신 분이라는 분명한 주장을 제시한다. 그는 이어지는 구절에서 풍부한 수사학적 기법을 통해 이것을 극대화시킨다.

---

4. 이러한 내용에 대해서는 1 : 5~14의 주석 부분에서 제시하게 될 "구원의 포물선"에 대한 설명을 참조하라.

# 예수님은 천사가 아니셨다

## 히브리서 1 : 5~14

히브리서 1장의 나머지 부분(5-14절)은 구약성경으로부터 7개의 인용이 일정한 배열을 이루고 있다. 이러한 인용들은 주로 구약 중에서도 특히 시편으로부터 이루어진다. 이러한 인용은 히브리서 설교자가 1 : 4에서 제시하고 있는 성자 하나님이신 예수 그리스도는 '천사보다 훨씬 뛰어나신 분'이라는 점을 정교하면서도 기다랗게 묘사하고 있다.

### 히브리서 설교자의 질문(1 : 5)

이 부분은 설교자가 수사학적인 질문을 정교하게 사용하면서 시작하고 있다 : "하나님이 어느 때에 천사 중 누구에게 '네가 내 아들이라 오늘날 내가 너를 낳았다'(1 : 5)고 하신 적이 있는가?" 물론 여기에서 함축하고 있는 대답은 하나님은 어떤 천사들에게도 이러한 말씀을 하신 적이 없으며, 이러한 말씀은 오직 하나님의 독생자가 되시는 예수님께만 주어졌음을 알려 준다. 이 말씀은 시편 2 : 7로부터 인용된 말씀이며, 이것은 이스라엘에게 있어서 왕과 하나님 사이의 특별한 관계성과 관련된 말씀이다.

'아들을 낳았다'고 표현한 이 구절을 초기 기독교 설교에서는 예수님의 세례와 연결시키기도 하고(마 3 : 17 ; 막 1 : 11 ; 눅 3 : 22 참조), 예수 그리스도의 부활과 연결시키기도 한다(행 13 : 33 참조). 그러나 시편에서 이 말씀의 본래적인 상황은 이러한 사용만큼 그렇게 중요하게 여겨지지 않았다. 다시 말해 히브리서 설교자는 지금 이러한 질문을 던지고 있는 것이다. "우리는 하나님이 죽음으로부터 당신의 사랑하시는 아들 예수 그리스도를 다시 살리셨음을 알고 있습니다. 당신은 하나님이 어떤 천사들에게 이러한 일을 행하셨다는 말을 들어 본 적이 있습니까?"

예수 그리스도가 하나님의 아들 되심에 대한 두 번째 인용은 강조를 위해서 사용되고 있다 : "나는 그에게 아버지가 되고 그는 내게 아들이 되리라"(이 말씀은 삼하 7 : 14과 대상 17 : 13에서 인용하고 있다). 다시 히브리서 설교자가 가진 목적 때문에 이 구절의 역사적 정황은 그렇게 선명하게 나타나지 않는데, 이것은 초기 기독교 설교에서 참고자료로 사용하기 전에 이것은 본래 하나님과 그리스도인들 사이의 가족과 같은 영적 관계(고후 6 : 18 ; 계 21 : 7 참조)에 중점을 두고 사용되었기 때문이다. 또한 보다 강력한 방식으로 하나님과 예수 그리스도 사이의 독특한 유대 관계에 중점을 두고 사용되었다.

## 위치가 바뀌는 천사, 영원하신 독생자 예수님(1 : 6-12)

히브리서 설교자는 하나님이 천사에 대해서 언급하시지 않은 것을 상기시키면서, 1 : 6~7에서는 구약성경 두 군데에서 천사들에 대해 말씀하시는 내용으로 관심을 집중시키고 있다. 먼저 신명기 32 : 43의 70인역으로부터 한 구절을 인용하는데, "하늘의 모든 천사들로 그분을 예배케 하라.", 즉 독생자 예수 그리스도를 예배하라고 권면한다. 그리고 시편 97 : 7로부터 인용하고 있다. 여기에서 요점은 명료해진다. 천사들은 예배자들이다. 예수 그리스도는 오직 경배를 받으셔야만 하는 분이다. 언제 예배해야 하는지는 분명하게 나타나지 않는다. 다만 히브리서 설교자는 하나님이

"맏아들을 이끌어 세상에 다시 들어오게 하실 때"(1 : 6)에 대해서 언급하면서, 천사들이 성자 예수 그리스도를 예배하도록 명령받은 것에 대해서만 강조할 뿐 예배 시간에 대해서는 선명하게 말하지 않고 있다. 하나님이 맏아들(롬 8 : 29 ; 골 1 : 15 ; 계 1 : 5 참조)을 이 세상에 들어오시게 할 때는 인간 역사에 개입해서 들어오시는 성육신에 대한 말씀인가, 아니면 승리하신 그리스도가 하늘 궁전에서 영광과 엄위 가운데 환영받으시는 승천의 때를 말씀하시는가? 또는 권능과 영광 가운데 임하시며 천사들이 나팔 소리로 환영하는(마 24 : 30 - 31 참조) 그리스도의 재림의 때를 말씀하시는 것인가? 히브리서 설교자가 제시하는 의미는 파악하기가 쉽지 않다. 그러나 시간에 대한 언급은 여기에서 중요한 이슈가 아니다. 여기에서 강조되는 것은 천사들이 하나님의 아들 앞에 엎드려 경배하고 있다는 것이며, 때에 대한 것은 중심적인 사항이 아니다.

여기에서 제시되는 천사들의 행동에 대한 두 번째 질문은 시편 104 : 4의 말씀으로부터 주어진다. 이 구절에 대한 히브리어 성경의 본문에는 NRSV 성경이 보여 주는 대로 자연계의 모든 것을 복종하는 종으로 돌리시는 하나님에 대해 묘사하고 있는 내용이다 : "바람으로 자기 사자를 삼으시며 화염으로 자기 사역자를 삼으시며". 그러나 히브리서 설교자는 여기에서 히브리 성경을 인용하지 않고 70인역을 인용하고 있는데, 여기에서는 주어와 서술어를 바꾸어서 사용하고 있다 : "그는 그의 천사들을 바람으로, 그의 사역자들을 불꽃으로 삼으시느니라"(1 : 7). 이 구절을 이러한 방식으로 전환하여 사용하는 것은 천사가 하나님의 종이라는 사실에 강조점을 두기 위해서인 것으로 보인다. 이제 그 주체를 종속적인 존재로 전환시킨다. 그들은 위치가 바뀔 수 있는 존재들이며, 언제든지 하나님의 명령에 의해 그 위치가 달라질 수 있는 존재이다. 그들은 바람과 같이 힘을 발휘할 수 있지만, 또한 바람과 같이 사라질 수 있는 존재들이다. 그들은 화염과 같이 힘 있게 타오를 수 있는 존재이지만, 또한 사그라질 수 있는 존재이다.

그 지위가 바뀔 수 있고 종속적인 존재인 천사와는 대조적으로 하나님의 독생자는 위엄이 있으신 분이며 영원하신 분이다. 이러한 점을 염두에 두면서 히브리서 설교자는 구약의 다른 인용문을 제시하는데, 이것은 기독론적으로 적용할 수 있는 말씀이다(1 : 8－12). 이 인용구들 가운데 첫 번째 말씀은 이스라엘 왕조의 결혼식에서 사용되었던 시편 45 : 6~7에서 인용하는데, 이것은 초대교회의 예전에서는 가장 근본적인 기독론적 참조 구절로 간주되어 왔다.[1] 예수 그리스도가 하나님이셨음을 명백하게 선언하는 신약성경에서 이것은 가장 대표적인 말씀으로 대두되는데, 이것이 히브리서에 나오고 있다 : "하나님이여 주의 보좌가 영영하며 주의 나라의 홀은 공평한 홀이니이다"(1 : 8). 히브리서 설교자는 여기에서 예수 그리스도의 신성에 대해서 조직적인 논증을 제시하지 않지만, 천사들과는 달리 예수님의 통치하심은 영원하며 다른 모든 것들 위에서 가장 높임을 받으실 분임을 강하게 주장하고 있다. 예수님은 동류들보다 뛰어나게 하신 분이다(1 : 9).

두 번째 인용구는 시편 102 : 25~27에서 인용한 것인데, 이것은 1 : 10~12에 나오고 있다. 특히 여기에서는 예수님을 '주'와 '창조자'로 설명하고 있다. "주께서 땅의 기초를 두셨으며 하늘도 주의 손으로 지으신 바"임이 강조되며(1 : 10), 예수님의 지위는 천사들과는 대조적으로 영원하심이 강조되었던 첫 번째 구절을 함축적으로 강조하면서 표현하고 있다 : "(그것들은) 의복처럼 갈아입을 것이요 그것들이 옷과 같이 변할 것이나 주는 여전하여 연대가 다함이 없으리라"(1 : 12).

## 다시 듣게 되는 설교자의 질문(1 : 13－14)

이 부분(1 : 13)은 설교의 절정을 향해 나아가는 부분이다. 훌륭한 설교자인 저자는 '어느 때에 천사 중 누구에게'로 시작하는 수사학적 질문으로 원래 자리로 되돌아오는 것을 통해 절정에 접근하고 있음을 암시적으로

1. William L. Lane, *Hebrews 1－8*(Dallas : Word Books, 1991), p. 29.

보여 준다. 설교자는 구약의 여러 인용들을 함께 모아 모든 천사들보다 뛰어나신 하나님의 아들 예수님을 경배하는 찬송으로 엮고 있다. 여기에서 이 영광송은 설교자가 시편 110 : 1에서 "내가 네 원수로 네 발등상 되게 하기까지 너는 내 우편에 앉으라"라는 말씀을 인용하면서 점차 절정에 이르게 된다.

히브리서의 독자들은 이 구절이 초대교회의 설교와 예전에 있어서 가장 선호되던 구절이었기 때문에 즉시 알았을 것이다.[2] 게다가 히브리서가 처음 큰 소리로 읽혀질 때에 회중들은 낭독자와 함께 그 인용 구절을 따라 읽으며 함께 마쳤을 것이다. 기독론의 관점에서 보면 그 참고 구절은 예수님의 구속 사역이 이루어졌음을 시사하고 있다. 예수님은 십자가에서 죄악의 권세와 죽음을 이기고 승리하셨다. "싸움은 끝이 났고, 생명이 승리하였다." 이제 그는 영광의 보좌, 하나님의 우편에 앉으시고, 남아 있는 모든 자들은 하나님이 모든 대적들로부터 벗어나 그의 발등상에 앉게 하신다. 이는 성자 예수님이 구속 사역을 완성하시기 위해 허락하시는 필연적인 행동이시다. 히브리서 설교자의 목소리는 드높아지면서 그가 전하고자 하는 바를 확고하게 증거한다. 어느 누구도 천사들을 향해 예수님께서 친히 구속하신 자들을 '섬기는 영으로 섬기라고 브내심을 받은 종들'이라고 말한 적이 없었다(1 : 14).

히브리서의 설교자는 1 : 10에서 천사보다 뛰어나신 아들 예수님에 대해 노래하고 있다. 왜 그런가? 무엇이 문제였는가? 많은 주석가들은 이 부분에서 기본적으로 히브리서 설교자가 왜 그렇게 강조하는지에 대한 의문으로 다소 혼란스러워한다. 두 가지 문제가 특별히 혼란스럽게 하는데, 첫 번째로 히브리서 설교자는 여기에서 예수님 대 천사들이라는 별로 중요할 것 같지 않은 신학적 대결에 상대적으로 과도하게, 그리고 매우 솔직하면서도 장황하게 접근하고 있음을 알 수 있다. 왜 설교자는 많은 양의 본문 인용도 언급하지 않고, 히브리서에 대한 논쟁의 전체적인 흐름

2. 마가복음 12 : 36 ; 사도행전 2 : 34~35 ; 에베소서 1 : 20~22 ; 골로새서 3 : 1 ; 히브리서 10 : 12~13 ; 베드로전서 3 : 22을 참조하라.

에 있어서도 그리 중요한 것이 아닌 것으로 판명되는 기술적인 신학 이슈인 이 구절에 그렇게 많은 힘과 지면을 할애하고 있는 것일까?

두 번째로, 여기에서는 구약의 인용을 오늘날 성서학자들의 기준에 따라 판단해 볼 때(주석가들이 의도하는 바대로), 다소 독단적이고 제멋대로 사용되고 있는 것처럼 보인다. 특별히 문제시되는 것은 인용한 구약의 본문 상황을 무시하면서 구약의 본문을 '증거 자료'(proof texts)로 사용하는 구성 방법에 있다. 그 설교자는 "그는 자신의 목적에 부합하다고 생각되는 것을 단순히 인용하고 있다."[3]는 한 주석가의 주장처럼, 예수님이 천사들보다 우월하다는 기독론적 관점을 지지하는 구약 본문을 보여 줌으로써 자신의 강조점을 드러내려는 강력한 의지가 있었던 것 같다.

여기에서 히브리서 기자가 폭넓게 주해적으로 다루고 있는 이 내용이 다소 모험처럼 보이지만, 이것을 자세히 살펴보면 이러한 혼돈스러운 내용이 다소 명확해지는 것을 발견하게 된다. 여기에서 문제가 되는 것은 무엇인가? 히브리서 저자가 천사들에 비해 예수님의 우월성을 그렇게 길게 언급한 이유에 대해 한 가지 흔히 제기되는 설명은, 히브리서를 처음 읽는 독자들이 천사들에 대해 신학적으로 혼란스러움을 경험하고 있었을 뿐만 아니라 교리적으로 명확하게 할 필요성이 크게 대두되었을 것이라고 추정해 볼 수 있다. 회중들이 공공연히 천사들을 예배하는 데에 참여했다는 사실을 어떤 이들은 숙고했고, 어떤 이들은 천사들이 예배의 중재자들이라는 다소 모호한 관점을 받아들이게 되었는데, 전자에 비해 이것은 덜 위험한 내용이었다. 또한 그리스도의 사역을 천사들의 역할과 혼동하는 모호한 기독론을 주장하는 이들도 있었다.

그런 제안들은 일정한 범위를 넘어서지 않는다. 왜냐하면 천사들에 대한 교리적인 문제들은 초대교회의 다른 어떤 곳에서도 발생했던 것이고, 실제로 골로새서 2 : 18에서 그런 신앙과 행위들에 대한 공격에 대해 규정하신 바가 있기 때문이다. 그러나 이러한 천사 숭배와 같은 이단적인

---

3. R. McL Wilson, *Hebrews*(Grand Rapids : Eerdmans Publishing Co., 1987), p. 37.

모습이 그때 진행 중이었다고 추정하기에 어려움이 있는 것은 우리가 서신서를 벗어나면 천사들에 대한 이슈가 기본적으로 생략되고 있기 때문이다. 당시에 통용되던 천사에 대한 신학은 여러 가지로 결점이 많이 있는데, 이것은 당시의 회중들에게는 매우 큰 위험 요소로 작용하고 있었다. 그래서 히브리서 설교자는 설교의 시작에 있어 이렇게 길게 다루고 있다. 그것이 그렇게 하기에 충분히 심각한 것이었다면, 우리는 그 문제가 말씀 속에서 다시 등장할 것이라고 기대할 것이다. 그러나 천사에 대한 논증들이 보여 주는 위협에 대해서는 어떠한 힌트도 1장 이후에는 나타나지 않는다. 사실상 천사들에 대해서는 다른 곳에서 나타나는 몇몇 참고 자료에서 매우 긍정적으로 표현되고 있을 뿐이다(12 : 22와 13 : 2 참조).

만약 천사에 대한 이러한 이단사설이 히브리서 설교자의 중심적인 관심사가 아니었다면, 그는 여기에서 무엇을 제시하고 있는가? 히브리서를 처음 읽는 독자들을 위한 실제적인 이슈는 천사들에 대한 것이 아니라 예수님에 대한 것이 훨씬 더 중요한 요소로 다가오고 있다. 히브리서 전체를 통해 볼 수 있는 결정적인 문제로서 이 부분에 깔려 있는 이슈는 독자들이 천사들에게 너무 많은 영광을 발견하는 것이 아니라, 예수님 안에 있는 영광을 거의 발견하지 못하고 있다는 점에 있다.

결과적으로 히브리서의 말씀을 최초로 받았던 원독자들은 어떤 낙심의 상황 가운데 있었던 것 같다.[4] 그들은 그런 결과로 그들의 신앙을 지켜 가는 데에 어려움을 가지고 있었다. 그들은 지쳐 있었고, 용기를 잃고 있었다. 그들이 느낄 수 있었던 모든 것은 탈진 그 자체였다. 그들이 볼 수 있었던 모든 것은 어려움뿐이었다. 그들에게 예수님은 소중한 도움과 평안을 거의 얻지 못하시는 분으로 나타나셨다. 육안으로 볼 수 있는 것이라고는 십자가에서 고통받으시고 고통 중에 소리치시는, 그리고 다른 사람은 물론이거니와 자기 자신도 구할 수 없는 것처럼 보이는 피 흘리시고 머리 숙이신 나사렛의 한 인간 스승에 불과하였다. 분명히 예수님은 그들

4. 그 예로써 12 : 3~13을 참조하라.

의 고통을 나누셨다. 그러나 고통을 나누심이 그것을 다른 무언가로 바꾸신 것과 동일한 것은 아니다. 예수님에 대한 의문은 그가 지극히 인간적이면서 약점이 있어 비난받기 쉬운 존재셨다는 점이다. 예수님에 대한 반대는 그가 하나님보다 못한 존재로 등장하시고, 실제로 누군가를 도울 수 없는 인간의 연약함의 아래로 깊이 떨어지심을 당하심으로 '천사보다 낮은 것'처럼 보이기 때문에 생겨난다.

결국 히브리서를 처음 읽는 독자들은 그리스도인이 되는 것에 지쳐 있었고, 예수님에 대해서조차 점점 회의를 느끼고 있었던 것으로 보인다. 그들의 좌절에 대해 설교자는 그들의 그러한 경험들이 별로 대단한 고통이 아니라거나, 그들이 예수님에 대해 가지고 있는 비전은 별로 의미가 없는 희미한 것이라는 데에 의도적으로 반응한 것이 아니었다. 그는 그들에게 예수님으로부터 오는 격려를 단지 머리로만 이해하도록 한 것이 아니었다. 또한 "현재 벌어지고 있는 일들이 그렇게 나쁘지만은 않습니다."라고 말함으로써 현실의 어려움을 폄하하려는 것도 아니었다. 뿐만 아니라 "밝은 면만 보십시오." 또는 "당신이 받은 복을 세어 보십시오."처럼 표면적인 충고만을 주려고 했던 것도 아니었다. 설교자는 그들의 고통이 분명하고, 그들 주변에 있는 위협들이 실재한다는 것을 알고 있다. 대신 히브리서 설교자는 눈으로 볼 수 없고, 만질 수 없는 복음의 진리를 설교하고 있다. 그는 그들에게 가장 깊고 가장 신뢰할 만한 실재가 육안으로는 볼 수 없고, 그것은 단지 들려질 수만 있다는 것을 기억하게 한다.

눈으로 볼 수 있는 것으로만 판단하려고 한다면 예수님은 부수어지시고, 치욕당하시고, 세상의 힘에 의해 패배당하신 분이다. 그러나 예수님에 대한 전체적인 진리는 눈에 보이지 않는다. 히브리서 설교자의 중심적인 주제는 회중들의 소망과 지속성이 '보여지는 것'(seen)보다 '들려지는 것'(heard)에 더 많이 집중해야 한다는 사실을 강조하면서, 그러한 능력에 더 집중할 것을 요청하고 있다(2 : 1). 그들은 분명히 입으로 고백하는 것을 더 굳게 잡고 있다(4 : 14). 뿐만 아니라 그들은 하나님의 말씀을 연구하며(5 : 12), 하나님이 지금 성자 예수님을 통해 말씀하신 것을 신뢰하고 있다(1 : 2). 설교자는 지금 그들의 명확한 지각함으로 얻은 경험이 이야기 전체를 말하는 것이 아니라 그들이 그들의 눈으로 볼 수 없는 것을 들음을 통해 경험한 것들을 불러내고, 그들이 촉각이나 시각에 의한 것이 아니라 믿음으로 들음을 통해 주어짐으로 알게 된 것을 말함으로써 그들에게 기억하게 한다. 그래서 연약하고 천사들 아래에 있는 것처럼 경험되어지는 하나님의 아들 예수님이 깨어진 인간들을 회복시키시기 위해 하나님에 의해 천사보다 더 낮은 존재처럼 되시고, 십자가에서 고통 속에 피 흘리시고 돌아가심으로 고개를 떨어뜨리신 예수님이 모든 것의 상속자이시며, 가장 높으신 보좌 우편에 능력 가운데 앉으시고, 천사보다 훨씬 뛰어나셔서 그들보다 더욱 아름다운 이름을 기업으로 얻으셨음(1 : 4)을 언급하고 있다.

그래서 히브리서 전체는 이러한 필요를 언급하고 있는 설교라고 이해할 수 있다. 그러나 그것은 완전히 새로운 설교 양식은 아니었다. 오히려 히브리서 설교자는 초대교회에 매우 익숙했던 설교 양식을 활용하고 있다. 사도 바울이 빌립보서 2 : 5~11에서 사용했던 "구원의 포물선"(the parabola of salvation)이라는 제목의 설교를 여러 번 되풀이하여 활용하고 있음을 알 수 있다.[5)]

"구원의 포물선"이라는 제목의 설교는 높임을 받으셔서 모든 것 위에 계신 예수님을 고결한 절정의 위치에 모셔 드리는 설교이며, 하나님의 영광과 본체의 정확한 모습을 바라보며 그분께 드리는 응답이다(1 : 3). 그러나 그 포물선의 궤도는 하늘에서부터 시작하여 고통스러운 인간의 경험과 비극적인 역사의 바닥에까지 내려가고 있음을 보여 준다. 이것은 십자가 위에서 그대로 이루어진 일이었다. 구속 사역을 위해 영광 가운데 계시던 성자 하나님은 천사보다 더 낮아지시고, 십자가의 모든 수치를 참으셔야 했다(12 : 2). 그러나 십자가에서 구원의 역사를 완성하신 후에는 다시 그 곡선이 하늘을 향해 치솟고 있으며, 승리하신 그리스도의 모습

5. 앞에서 언급한 1 : 4의 주석을 참조하라.

을 힘차게 보여 주고 있다. 예수님께서 죽음에서 부활하시고 구속하신 모든 자들과 함께하실 뿐만 아니라, "하나님 보좌 우편에"(12 : 2) 앉으심으로써 승리의 자리를 차지하시게 된다.

아래의 그림은 '구원의 포물선'을 그래프로 표현한 것이다. 이 그래프는 설교자의 기독론에 대한 기초적인 구조를 묘사하고 있다.

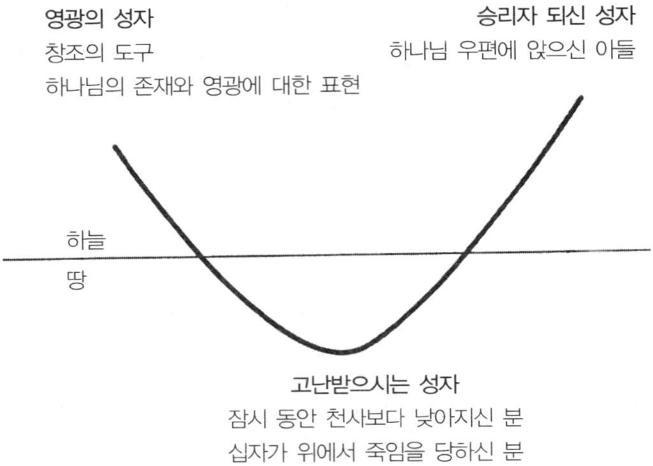


〈그림 1〉

히브리서의 원독자들이었던 지쳐 있는 회중들은 그런 것들을 바라고 있었는지 모른다. 그들은 십자가 없는 복음, 희생 없는 구속, 고통 없이 이어 갈 수 있는 믿음생활을 기대하고 있었을 것이다. 즉, 그들은 정결하고 거룩한 어떤 것, 날마다 순종하면서 살아가도록 부르심을 받은 사람들이 그렇게 신실하게 살아갈 때 결코 지치지 않게 하는 어떤 것, 조용한 찬송을 부르는 아름다운 천사들에 둘러싸여 살아가는 하늘에서 하나님의 형상처럼 아름다운 어떤 것을 간절히 바랐을 것이다. 고통 가운데서 눈물 흘리는 것, 자신들의 삶의 여정에서는 머리를 떨어뜨리고 피 흘리고 계시는 예수님이 당하신 비극적인 역사적 사건이 제발 일어나지 않기를 바랐을 것이다.

그러나 히브리서 설교자는 하나님의 말씀을 전하면서 결코 타협하지 않고, 그러한 복음을 전하지 않고 있다. 또한 삶의 어려운 여건을 긍정적으로 바라보고 생각하는 것 정도로 축소시키지 않고 있다. 히브리서 각 장이 선포하고 있는 것처럼, 히브리서 설교자는 구원의 포물선이 하늘로부터 시작하여 갈보리의 십자가 깊은 곳으로, 그리고 아직 아픔 속에서 살아가면서도 그리스도인의 삶을 따라 매일매일 그분을 향한 헌신의 삶을 살고 있는 그리스도인들의 삶의 자리로 내려가고 있다고 생각했다. 그러나 히브리서의 첫 장인 바로 여기에서 히브리서 설교자는 끝없이 깊은 구렁으로 내려가기 전에 영광스러운 절정의 감각을 잃지 않고 있다. 그는 그의 회중들로 하여금 확고한 믿음 위에 굳게 설 것을 요청하면서 '잠시 동안 천사들보다 낮아지신' 예수님이 어제나 오늘이나 언제든지 '천사보다 뛰어나신' 분이며, 모든 것 위에 높임을 받으신 하나님의 아들이라는 확고한 믿음을 갖도록 요청한다. 또한 그러한 믿음의 핵심에 내포된 역설을 믿음의 상상력을 가지고 확고히 붙잡고 있을 때 복음이 그 힘을 얻게 된다는 사실을 강조하고 있다. 악의 편에서 치욕적인 죽음이라는 고통을 당하신 예수님은 '하나님의 영광을 보여 주는' 동일한 하나님의 아들이시다. 하나님이 세상을 창조하실 때 바로 이분을 통해 창조하셨고, '모든 것의 상속자 되신' 분이 바로 우리의 구원을 위해 그의 머리조차 누일 곳 없으셨던 이 땅에 내려오셨고, 십자가에서의 '수치를 참으셨던' 바로 그 예수님이셨다.

설교자가 그 깊이로 나아갈 준비가 되어 있듯이, 설교자는 그의 회중들이 십자가로 나아갈 때조차도 높임을 받으시는 아들 예수 그리스도의 형상을 확고히 간직하기를 원한다. 따라서 그는 황홀함을 일으키고 유지하기 위해 언제나 행하던 것을 오늘도 계속하고 계시는 포물선의 가장 높은 곳으로부터 떨리는 가슴으로 그것을 보고, 보게 하려고 하고 있다. 그는 회중들이 잘 알고 있는 경배의 찬송을 통해 영광의 찬송을 올려

드리고 있다. "예수님께서 세상 모든 곳을 다스리네!" 이 구절이 계속되는 연(聯)들을 인용하여 반복해서 들려줌으로써 오늘날 설교자들이 설교학적 기능에 관심을 기울이는 것처럼, 히브리서 설교자도 친숙한 성경 본문의 구절을 연이어 인용함으로써 이러한 각각의 인용을 통해 메시지의 감성적 수준을 높이고 있다. 그들의 예배와 교육에서 초기 그리스도인들은 그리스도에 적용되는 구약 본문의 말씀 모음들을 규칙적으로 사용했고, 설교자의 인용은 자신의 청중들이 말해 오고 그리스도를 찬양할 때 여러 번 불렀던 일종의 성서일과로부터 거의 다 가져왔다. 신학자인 윌리엄 플래쳐(William Placher)는 다음과 같이 언급한다.

> 그리스도인들이 성경을 읽을 때 그리스도는 성경 전체의 구조를 이해함에 있어서 실마리와 같은 역할을 한다. 우리는 성경의 다른 부분에서 하나님을 묘사하는 방식을 따라 예수님 안에서 모범이 되는 '성품의 특징'을 보게 된다. 더군다나 우리가 살고 있는 세상에서 임시적이기는 하지만 하나님이 일하시는 역사 안에서 우리는 그것을 얻게 된다. 이러한 이야기들은 우리의 삶을 살아가는 방식을 형성해 준다.[6)]

이와 같이 히브리서 설교자는 '본문을 증명하기'(proof texting) 위해서 있는 존재는 아니다. 오히려 그들은 이미 알고 있는 것과 믿고 있는 것을 말씀을 들음으로써 생생하게 살아 있도록 만들어 준다.

---

6. William C. Placher, "The Acts of God : What Do We Mean by Revelation?," *Christian Century* (March 20-27, 1996), p. 342.

# 하늘 법정에서 듣게 되는 증언

## 히브리서 2 : 1~4

### 윤리학 수업 : 앞으로 닥칠 위기(2 : 1)

1장에서 히브리서 설교자는 영원하고 지극히 높으신 아들을 찬양하기 위해 수사학적인 측면에서 뜸을 들이며 점증적으로 분위기를 고조시켰다. 올림픽 경기에서 다이빙 선수가 발판에서 뛰기 전에 심호흡을 하듯이, 설교자는 모든 회중이 고대하는 결정적인 순간을 위해 긴장감을 극대화시킨다. 앞서 '구원의 포물선'[1]에 관한 설교를 계속해서 들은 청중은 고매한 기독론적 영광송(christological doxology) 찬가를 부르기 위해서는 곧바로 십자가의 심연으로 들어가야 한다는 점을 잘 알고 있다.

하지만 흥미롭게도 이제 막 십자가의 선포가 있을 법한 시점에서, 설교자는 윤리적이고 교훈적인 설교를 하기 시작한다. 즉, 2 : 1~4에서의 기독론적 영광송은 어울리지 않게 그리스도인의 삶에 대한 가르침으로 이어진다. 이 가르침은 믿음 안에서 늘 깨어 있고, 흔들림 없이 순종하는 삶을

1. 1 : 5~14의 주석을 참조하라.

살라는 내용인데, 이에 대해 설교자는 신학적인 깊이와 윤리적인 측면을 함께 제시하고 있다. 이는 교리적인 부분과 윤리적인 부분이 늘 얽혀서 나타나는 히브리서의 특수성을 보여 준 첫 단면이다. 이렇듯 신학과 윤리의 필연적인 연결성은 히브리서의 가장 큰 특징들 중 하나이다.[2)]

회중의 관심을 천국과 높임을 받으신 아들에게로 몰아 갔던 설교자는 갑자기 그들의 관심을 하늘의 문제로부터 땅의 문제로 전환시킨다. 설교자는 줄곧 회중으로 하여금 높으신 아들을 바라보도록 유도했는데, 이제는 그들이 주변을 돌아보면서 "흘러 떠내려가고 있는"(2 : 1) 자신의 상황을 직시하도록 촉구하고 있다. 오르간과 찬양대는 1장에서 높임을 받으신 아들에 대해 있는 힘껏 찬양을 했는데, 이제는 "예수, 그 이름의 권세를 찬양하라."가 아니라 "경건을 위한 시간을 가지라."로 돌변한 것이다. 이제 윤리 수업이 시작되었고, 설교자는 순례자들에게 날카롭고 직접적인 경고의 말들을 쏟아 낸다. 이런 의미에서 한 주석가는 이 부분을 윤리의 '폭격'(salvo)이요 '권고의 시간'(parenetic interlude)이라고 칭했다.[3)]

하지만 엄밀한 의미에서 설교의 흐름을 방해하고 있는 듯한 이 부분이 실제로는 가장 핵심적이고 중요한 역할을 하고 있다는 점이 특징적이다. 이 윤리적인 문제는 걸림돌이 아니라 도리어 고속도로의 안전을 위해 켜 놓은 반짝이는 노란 불빛이며, 본 설교에서 곧 나타나게 될 것들에 대한 예고편이요 경고의 메시지이다. 왜냐하면 본 설교는 머지않아 위험한 영역, 곧 예수님의 고통과 연약함에 관한 이야기로 들어가기 때문이다. 따라서 이런 위험한 여행에 있어 경고는 꼭 필요하다. 2 : 5부터 설교자는 회중을 이끌고 예수님이 걸었던 괴로운 길, 즉 고통과 죽음의 험난한 길로 그들을 이끈다. 관광 가이드가 여행지의 위험한 곳을 앞두고 관광객들에게 소지품 간수에 주의하라고 경고하듯이, 설교자는 지금 선두에 서서

2. 이에 대해서는 이 단락 마지막 부분의 "덧붙임 : 히브리서의 중심 주제 – 신학인가, 윤리인가?"를 참조하라.
3. Harold W. Attridge, *The Epistle to the Hebrews*(Philadelphia : Fortress Press, 1989), p. 63.

회중을 향하여 믿음의 고백 위에 굳건히 서라고 촉구하고 있다. “우리에게 예수님의 이야기를 해 주세요. 듣고 싶어요.”라고 회중은 아무것도 모른 채 떠들고 있지만, 히브리서 설교자는 예수님의 이야기를 하는 것이 그들에게 오히려 해가 될 수도 있다는 점을 알고 있다. 역설적으로 예수님에 대한 이야기는 믿음을 강하게 할 뿐만 아니라 믿음을 위태롭게 할 수도 있다. 따라서 설교자는 경고를 통해 그들에게 필요한 것들을 권고하고 있다.

그런데 예수님에 관한 이야기가 왜 그렇게 위험하단 말인가? 성육신에 관한 이야기가 어찌 위협적일 수 있단 말인가? 그 이유는 성육신 이야기를 성경의 문맥과 무관하게 들으면 매우 패배적인 이야기로 들릴 수 있기 때문이다. 엠마오 도상에서 절망감에 사로잡혀 있던 두 제자는 “우리는 이 사람이 이스라엘을 구속할 자라고 바랐노라……”(눅 24 : 21)고 고백한다. 그리스도의 사건은 온통 비극적인 색채로 드리워져 있다. 십자가의 전 우주적인 의미는 겉으로 볼 때는 미약하기 그지없다. 그런 의미에서 성육신 이야기는 적들에 의해 처참히 희생당한 연약한 인물의 슬픈 일화일 뿐이다. 예수님의 이야기는 피상적으로 보면 용감했지만, 너무나 무기력했던 한 젊은이의 감동과 절망이 뒤섞인 비극에 지나지 않는다.

우리는 그리스도인의 믿음이 이렇게 깊은 모순 속에서 성장한다는 것을 너무나 쉽게 잊어버린다. 우리는 종종 그리스도의 수난 이야기를 고통 없는 감상주의로, 십자가를 액세서리 정도로 변질시킨다. 뿐만 아니라 우리는 예수께서 수치스럽게 죽으셨다는 사실(12 : 2)을 애써 부인하려 하고, 합리적인 관점에서 볼 때 십자가는 어리석은 것이요, 믿음에 큰 시험거리가 될 수 있다는 사실을 외면하려 한다.

설교자가 고통의 문제를 이렇게 초반에 등장시킨 이유는, 아들과 천사를 대조함으로써 진리가 밝히 드러나도록 하기 위함이다. 다시 말해 예수님이 천사보다 훨씬 우월한 존재라는 점을 강조하기 위함이다(1 : 5－14). 겉으로 보면 천사가 예수님보다 훨씬 우아하고, 매력적이며, 밝게 빛나는 것 같다. 반면에 갈보리 언덕을 오르신 예수님은 피로 얼룩진 당혹스러움이요, 밝은 종교와 '긍정적 사고'를 가로막는 장애물이다. 어느 누구도 천사의 얼굴에 침을 뱉지 않았고, 그의 머리에 가시관을 씌우지 않았다. 어떤 천사도 십자가에 달려 사람들의 조롱거리가 되지 않았다. 어느 누구도 천사에게 "남은 구원하면서도 자신은 구원하지 못한다."고 욕을 한 적이 없다. 어떤 천사도 죽음의 고통 속에서 "나의 하나님, 나의 하나님, 어찌하여 나를 버리셨나이까?"라고 울부짖은 적이 없다. 예수님과 달리 천사는 인간의 육신과 피를 지니고 있지 않기 때문에, 어떤 천사도 피를 흘리거나 채찍에 살점이 떨어져 나갈 일이 없다.

히브리서 저자와 그의 처음 독자들(아마도 현대 그리스도인들도)은 분명히 다음과 같은 의문을 품었을 것이다. 만약 예수님이 진정한 그리스도라면 그의 고통이 지니는 의미와 목적은 무엇인가? 아니, 보다 직설적으로 말해서 예수님이 고통받았다고 해서 도대체 나에게 무슨 유익이 있단 말인가? 심리학자인 스캇 팩(M. Scott Peck)은 그의 베스트셀러 저작들 중 한 권을 다음과 같은 말로 시작한다. "인생은 힘들다"(Life is difficult). 마약이나 알코올 중독과 싸워 본 사람, 문제아로 인해 울어 본 부모, 불치병에 걸린 사람, 정의를 위해 싸워 본 사람, 내일의 목숨을 연명하기 위해 식량을 구걸해 본 사람, 사랑의 관계가 끊어지는 경험을 해 본 사람, 다리 밑에서 추운 밤들을 보내 본 사람, 장애를 겪은 사람, 무덤 곁에서 슬픔에 젖어 본 사람은 누구나 삶이 투쟁의 연속이라는 사실을 안다. 심지어 겉으로는 평화롭고 문제가 없어 보이는 사람도 매일매일을 살벌한 전쟁을 치르듯이 살아가는 경우가 많다. 우리는 모두 "년수의 자랑은 수고와 슬픔뿐"이고(시 90 : 10), 그 수고와 슬픔조차도 결국에는 죽음에 의해 모두 삼킨 바 될 거라는 사실을 알고 있다. 여기에서 우리는 의문을 제기하지 않을 수 없다. 도대체 예수님의 생애는 뭐가 그렇게 다르고 특별하단 말인가? 그분의 인생이 더 가치 있는 이유는 무엇인가? 그분의 인생 역시 고통의 연속이었고, 결국 죽음에 의해 모든 게 삼킨 바 되지 않았던가? 그렇다. 그분 역시 우리와 동일한 인간성(humanity)을 지니신 분이었다. 하지만 우리와는 달리 그분의 인간성은 그분을 패배의 늪으로 몰아넣지 못했다.

우리는 이에 대한 설교자의 생각을 1장에서 살펴보았던 '구원의 포물선'을 통해 알 수 있다.[4)]

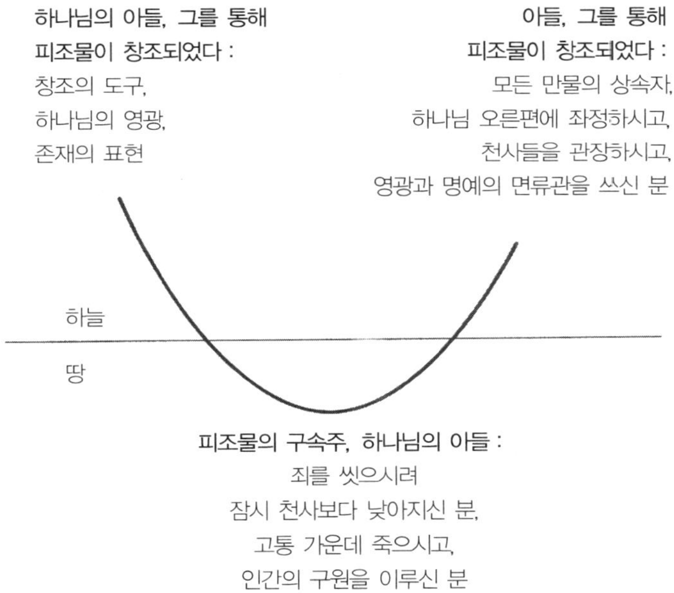


〈그림 2〉

하늘과 땅 사이에 경계선이 있다는 점을 주목하라. 경계선 위에서 아들은 높임을 받으신다. 하지만 경계선 아래에서 아들은 고통을 받고 죽임을 당하신다. 경계선 위에서 아들은 하나님 우편에 늠름한 모습으로 앉아 계신다. 하지만 경계선 아래에서 아들은 인간적인 고통과 거절의 길을 외로이 걷다가 십자가에 수치스럽게 달리신다.

우리는 물론 경계선 아래, 곧 인간의 역사 가운데 살고 있다. 경계선

4. 〈그림 1〉과 1 : 5~14의 주석을 참조하라.

위는 역사를 초월해 있다. 즉, 그곳은 시간이 존재하기 전에도, 시간이 없어진 다음에도, 그리고 지금도 영원한 진리 가운데 존재하는 영역이다. 우리는 경계선 위의 영역이 눈에 보이지 않는다는 것을 알 필요가 있다. 그곳은 우리의 시야로부터 가려져 있고, 이 어둠이 바로 희망에 불안을, 굳건한 믿음에 위협을 가하는 근원이다. 감각적인 경험을 통해 인간은 오직 경계선 아래의 사실들만 알 수 있을 뿐이다. 우리는 오직 고통만을 본다. 하지만 히브리서 설교자는 그 고통이야말로 우리가 볼 수 없는 승리의 또다른 모습이라고 말한다. 우리는 병원과 양로원의 복도, 도시의 거리, 그리고 전쟁터의 한복판에서 그 고통을 볼 수 있고, 냄새를 맡을 수 있으며, 만져 볼 수 있게 된다. 그 고통은 바로 우리가 육안으로 볼 수 없는 희망이다.

고통받고 죽으신 예수님은 전 세계에 그 모습을 보여 주셨다. 그의 고통스런 십자가는 역사 속에서 여실히 목격되었다. 그의 고통스러우셨던 생의 이야기는 인류가 겪는 슬프고도 끝나지 않는 역경의 또다른 장을 장식한다. 인류 역사를 놓고 볼 때, 예수님의 고통과 죽음은 더 특별하지 않다. 역사상 수없이 많은 무고한 사람들이 고통받으며 죽었다. 예수님은 잔인한 인간들과 세상의 무관심으로 인해 생겨난 또 한 명의 선의의 피해자일 뿐이다. 그와 비슷한 이야기는 매일 신문지상에 오르내리고, 우리는 거의 매일 그것을 들으며 산다.

모든 사람은 예수님의 수치스런 죽음을 볼 수 있다. 하지만 우리는 그의 죽음이 어떻게 생명을 가져오는지 볼 수 없다. 숨겨진 것은 바로 예수님의 고통과 죽음으로 인해 하나님이 모든 눈물을 그 눈에서 씻기실 것이고, 다시 사망이 없고, 애통하는 것이나 곡하는 것이나 아픈 것이 다시 있지 않을 것이라는 사실이다(계 21 : 4). 이것은 분명히 우리의 육안의 한계를 넘어서는 일이다. 하지만 그 일이 우리의 청각을 뛰어넘지는 못한다. 설교자가 주장하는 핵심은 바로 이것이다. 우리는 세계가 아들을 통해 지음받았고, 또한 그분을 통하여 회복되는 것을 눈으로 볼 수 없다. 하지만 우리는 그것을 들을 수 있다. 우리는 그 아들이 하나님의 우편에 앉으셔서 모든 대적들, 즉 억압과 미움과 질시와 죽음을 그의 발 아래에 두시는 것을 볼 수 없다. 그러나 우리는 그것에 관하여 들을 수 있다. 우리는 예배와 간증 시간에 설교자, 교사, 선지자, 그 밖의 여러 증인들과 모든 신실한 자들의 입을 통해 들려지는 복음을 들을 수 있고, 그 들려진 내용을 신뢰할 수 있다. 왜냐하면 우리가 비록 종일 죽임을 당케 되며 도살할 양같이 여김을 받을지라도, 사망이나 생명이나 천사들이나 권세자들이나 다른 아무 피조물이라도 우리를 우리 주 예수 그리스도 안에 있는 하나님의 사랑에서 끊을 수 없기 때문이다(롬 8 : 36－39).

우리가 이것을 들을 수 있다는 것과 그것을 들음으로써 보이지 않는 것을 믿을 수 있다는 것은 히브리서 설교자의 중심 생각이며, 윤리 문제가 이 부분에서 등장하는 이유이다. 하늘과 땅을 구분짓는 막 사이로 하나님은 말씀하신다. 히브리서 설교자는 그 말씀에 회중이 주의를 집중할 것과 순종할 것에 대해 윤리적인 요청을 하고 있다. 즉, 그는 회중이 귀를 활짝 열고 모든 들은 것을 더욱 간절히 삼가 흘러 떠내려가지 않도록 주의를 촉구하고 있다(2 : 1).

## 피고 측 변호인, 히브리서 설교자(2 : 2－4)

히브리서 설교자는 지금 문제에 봉착해 있다. 그는 윤리적 책임성에 대한 문제를 부각시키며, 회중이 굳건한 믿음으로 그리스도인다운 삶을 살기를 원한다. 하지만 모든 설교자가 알고 있듯이, 회중에게 그저 "믿음의 삶을 사십시오."라고 말로만 하면 아무 소용이 없다. 심지어 "하나님은 당신이 믿음의 삶을 살기를 원하십니다."라고 말해도 별로 도움이 되지 않는다. 문제는 지식에 있지 않다. 회중은 그들의 윤리적 책임에 대해 잘 알고 있다. 문제는 보다 깊은 의지 속에 있다. 삶의 고초가 그들의 확신을 좀먹고, 일상의 문제들이 그들의 믿음을 약화시킨다는 것이 문제다. 그들은 복음에 대해 잘 알고 있다. 진정한 문제는 더 이상 그들이 복음을 신뢰하지 않는다는 점이다. 주변의 상황들이 모두 그들이 믿는 바와는 정반대로 흘러가는 것 같은데, 어떻게 단지 들려지는 말씀만으로 믿음을 지키는 것이 가능하단 말인가?

회중이 자신들의 경험을 통해 복음의 능력을 의심하고 복음만으로는 부족한 것처럼 생각하고 있기 때문에, 설교자는 머리를 짜내어 수사학적인 전략을 취한다. 다시 말해 그는 정성껏 호소문을 준비한다. 그는 상상력을 동원하여 법정을 상정하고, 스스로 용감한 피고 측 변호인이 되어 호소문을 낭독한다(2 : 2–4).

좋은 변호인이라면 어떻게 행동하겠는가? 먼저 법적으로 적용 가능한 전례를 제시해야 할 것이다. 이 경우에 적절한 전례는 구약의 법과 토라, 그리고 하나님이 "우리 조상들에게 말씀하신"(1 : 1) 것에서 찾을 수 있을 것이다. 지금 법정에서 문제로 대두된 것은 아들을 통해 주어진 하나님의 말씀이 신뢰할 만한 것이냐 하는 문제이다. 이를 위해 변호인은 재판부에 직접 하나님의 과거 행적을 조사해 보라고 촉구한다. 과거에 하나님은 토라를 말씀하셨고,[5] 사람들은 이 하나님의 법이 유효하고 신뢰할 만하다고 여겼다(2 : 2).[6]

구약의 법이 유효하다는 것을 우리는 어떻게 알 수 있을까? 하나님의 사람들이 그 법을 어길 때마다 반드시 상응하는 징계를 받았다는 측면에서 구약의 법은 유효하다고 볼 수 있다(2 : 2). 여기에서 중요한 것은 하나님의 사람들이 전기 철조망 안에 갇힌 소들처럼 법의 경계를 넘어가려고 할 때마다 전기 충격과 같은 벌을 받게 된다는 의미가 아니다. 여기에서 저자가 말하려고 하는 것은 하나님의 법은 자식의 인생을 전인적인 차원에서 유익하게 하는 부모의 지혜와 같다는 점이다. 하나님의 법이 유효하다는 근거는 아이가 부모의 가르침을 따르면 그 인생이 기쁨으로 가득하게 되지만, 따르지 않을 경우에는 그 인생이 결국 패망으로 끝난다는 사실

---

5. 이것을 히브리서 설교자는 "천사들로 하신 말씀"(2 : 2)이라고 표현하는데, 이는 천사들이 시내 산에서 하나님과 함께 있었다는 견해에서 나온 표현으로서 천사에 관한 앞의 논의와 자연스럽게 연결되도록 도와준다.

6. '유효한'(valid)이란 말은 법적인 용어로서 그것이 효력을 가지고 있다는 의미로 사용된다. 9 : 17을 참조하라.

에 있다. 이런 사실을 근거로 설교자는 "하물며 구약의 법이 유효하고 타당하다면, 아들을 통한 구원을 약속한 복음의 새로운 법은 얼마나 더 유효하고 타당하겠는가!"라는 논리를 편다.[7)]

하지만 좋은 변호인은 전례를 인용하는 것으로 끝내지 않고 증인도 내세운다. 그는 먼저 복음의 첫 증인인 예수님을 증인석으로 모셔들인다. 복음은 "처음에 주로 말씀하신 바"(2 : 3)이다라는 표현으로 선포된다. 예수님은 갈릴리에 오셔서 하나님의 복음을 전파하셨다(막 1 : 14). 또 그가 전하고 가르친 바는 단지 하나님이 하신 일에 대해 설명하는 수준의 것이 아니었다. 그의 가르침은 그 자체로 살아 역사하는 말씀이어서 다른 선생들의 가르침을 압도하는 권위를 가지고 있었다(마 7 : 29).

더욱이 예수님의 증언은 다른 많은 사람들에 의해 지지를 받고 있는데, 히브리서 설교자는 그들 역시 증언대에 세운다. 그들은 예수님을 통해 전해진 복음에 대해 들음으로써 믿은 사람들이다(2 : 3). 그들이 바로 들려진 말씀에 대한 증인들이다. 저자가 의미하는 증인들이란 사도들이 분명하다. 그러나 히브리서 설교자가 '사도'라는 직접적인 명칭을 사용하지 않은 이유는 윌리엄 레인(William L. Lane)의 지적대로, 히브리서 저자가 그 칭호를 예수님에 대해서만 쓰기 때문이다(3 : 1). "사실 기독교 공동체에서 가장 중요시되어야 할 직함은 '듣는 자'라는 명칭이다. 듣는 자라는 명칭을 사용하게 되면 자연히 모든 초점은 직함이 아니라 메시지에 맞추어지기 때문이다."[8)]

아주 능수능란한 변호인처럼 히브리서 설교자는 가장 영향력 있는 증인인 하나님을 맨 마지막에 증언대로 모셔서 복음에 관한 증언을 하게 한다. 이적과 기적과 성령의 역사로 이루어진 하나님의 증언은 복음의 진정성을 더욱 확고히 한다. 이 거룩한 증언이란 무엇을 말하는가? 이것은 두 가지 관점에서 이해될 수 있다. 먼저, 히브리서 저자는 예수님이 보여 주셨던 기적들과 사도들의 복음 사역에 나타난 이적들을 언급한다.[9)]

---

7. 히브리서 2 : 3 ; 이것과 비슷한 구절인 12 : 25도 참조하라.
8. Lane, *Hebrews 1-8*, p. 39.

둘째로, 저자는 보다 구체적으로 기독교 공동체인 교회의 실제적인 삶에 대해 언급한다. 저자는 독자들에게 기독교 공동체가 복음을 어떻게 받아들여야 하는지, 진리 안에서 그들이 어떤 증거를 가지고 있어야 하는지에 대해 상기시킨다. 예수님에 의해 처음 선포된 복음은 여러 증인들, 즉 설교자들, 교사들, 부모들, 친구들에 의해 전해졌다. 신학자 칼 바르트(Karl Barth)는 동독의 한 냉소적인 교수로부터 "어떻게 당신 같은 문명화된 지식인이 부활과 같은 황당한 일을 믿을 수가 있소?"라는 질문을 받은 적이 있다. 이에 대해 바르트는 "나의 어머니와 친구가 알려 줬기 때문이오."라고 대답했다고 한다.

복음은 단지 사고의 체계가 아니다. 그것은 성령님의 역사에 의해 입증되는 삶의 방식이다. 사람들은 복음을 통해 화해와 용서를 경험하게 되고, 공동체 안에서는 가르침과 병 고침, 지식, 지혜, 예언 등의 은사들이 생겨난다. 이를 가리켜 성경은 "모든 억압의 사슬이 깨어졌다."라고 선포한다. 찬양과 교제와 예배 가운데 얻어지는 이러한 모든 은사들은 복음의 진정성을 증거하고, 회중에게 그들이 들은 것이 한밤중의 휘파람 소리가 아닌 참된 진리임을 확신시켜 준다.

---

9. 누가복음 10 : 17, 로마서 15 : 19, 고린도후서 12 : 12 등을 참조하라.

# 덧붙임 : 히브리서의 중심 주제 —신학인가, 윤리인가?

히브리서를 연구하는 사람들은 고상한 교리와 실제적인 윤리 사이를 오가며 묘하게 이야기를 엮어 가는 저자의 방식에 여러 해 동안 매료되기도 했지만, 때로는 그로 인해 몹시 힘들어하기도 했다. 저자는 어떤 경우에는 냉철한 신학자요, 형이상학적 철학자처럼 행동을 취하지만, 금세 실제적인 문제들, 가령 예배나 결혼 관계, 환대, 구제와 같은 목회적 관심사로 눈을 돌린다. 이렇듯 무엇을 믿어야 하느냐에 대한 문제와 어떻게 살아야 하느냐에 대한 문제 사이의 빈번한 이동은 저자의 진정한 의도가 무엇인지에 대한 논란을 학자들 사이에서 불러일으켰다. 히브리서는 분명히 교리와 윤리, 이 두 가지에 동시적으로 관심을 기울인다. 그렇다면 어느 것에 더 초점을 맞추고 있는가? 저자는 윤리적인 삶을 결과적으로 가져다 주는 좋은 교리에 더 관심이 있는가? 아니면 하나님에 대한 더 깊은 지식을 가능케 하는 윤리적인 삶에 더 강조점을 두고 있는가? 간략히 말해 히브리서는 윤리적인 예화를 가미한 교리 설교인가? 아니면 신학적인 명제들에 의해 도움을 받아 그리스도인의 실제적인 삶을 강조하는 설교인가?

이에 대해 해롤드 아트리지(Harold W. Attridge)는 참으로 설득력 있는 주장을 편다. 그는 우리가 둘 중 어느 하나를 택하지 못하도록 한다. 즉, 그는 히브리서를 '교리와 권고가 잘 조화된 책'으로 보기 때문에 두 가지 측면 모두를 염두에 두어야 한다고 주장한다.[1] 하지만 '조화'라는 말로는 히브리서에 나타난 신학과 윤리 사이의 관계를 충분히 표현할 수 없다. 조화는 단지 신학과 윤리의 동등한 배분만을 묘사하는 느낌이 드는 정적인 개념의 용어이다. 히브리서 저자는 신학의 분량을 세밀히 측정하여 그릇의 반을 채우고, 나머지 반에는 윤리의 분량을 채워 넣은 것이 아니다. 신학적 지식과 윤리적 실천 사이의 관계는 상호 의존적이고, 서로 영향을 미치며, 유기적으로 연결되어 있다. 견고한 교리는 견고한 윤리로 이어지고, 신실한 그리스도인의 삶은 깊은 신학적 지식으로 발전된다.

히브리서가 신학과 윤리를 연관짓는 유일한 성경은 아니다. 하지만 히브리서의 독특성이자 난해한 점은 바로 윤리적 실천을 위해서는 반드시 신학이 필요하다는 것이다. 히브리서의 신학적 스타일은 매우 상징적이고 철학적이며, 철두철미하게 분석적이다. 다시 말해 히브리서의 신학은 윤리적 실천을 위해 몇 가지 지침들을 제공해 주는 정도의 책이 아니다. 도리어 히브리서 설교자는 청중에게 성경적 자료들과 철학적 개념들이 서로 상호작용을 하는 신학의 깊은 세계로 빠져 들어갈 것을 촉구한다. 한 걸음 더 나아가 히브리서 설교자는 무거운 신학적 주제들과 씨름하지 않으면 고난의 때에 그리스도인의 신앙을 지켜 낼 수가 없다고 주장한다. 실로 이것은 사느냐 죽느냐의 문제로까지 부각되고 있는 것이다.

특히 히브리서는 기독론이 비록 이해하기 어렵고 힘들지라도, 제대로 된 기독론에 대한 이해가 있어야만 담대함과 후덕함, 소망과 같은 미덕, 다시 말해 그리스도를 제대로 섬길 수 있는 능력이 길러진다고 주장한다. 더욱 놀라운 것은 히브리서 기자가 그 반대의 경우도 믿고 있다는 점이다. 즉, 구도자의 길을 신실하게 걷다 보면 자연스럽게 기독론이 명확하게 다가오고, 신학적 통찰력이 깊어지며, 하나님에 대한 지식이 자라난다는

---

1. Attridge, *the Epistle to the Hebrews*, p. 21.

것이다.

이렇듯 신학과 윤리의 관계를 명확히 구분짓는 것에 대한 히브리서 설교자의 거부는 오늘날 우리에게 큰 시사점을 던져 준다. 신학과 윤리, 정통 교리(orthodoxy)와 정통 실천(orthopraxis) 사이의 관계에서 우리는 흔히 한쪽으로 치우치는 경우가 많다. 오늘날 적지 않은 사람들이 기독교 신앙을 어떤 논리적이고 일관된 체계에 대한 인식이라고 생각한다. 따라서 하나님과 인간의 관계 역시 사고에 의한 이해를 통해서만 접근하려 한다. 즉, 하나님에 대해서, 우리를 향한 하나님의 태도에 대해서 생각해 보는 것이 바로 하나님과 우리의 관계를 조명할 수 있는 방법이라고 믿는다. 이렇게 되면 그리스도인의 삶은 신학적인 사고의 수준에 의해 좌우되게 된다.

더 나아가서 그렇게 되면 신학적으로 사고하는 것이 그저 신학자들과 그쪽으로 발달한 평신도들만의 유희가 될 가능성이 높다. 또한 누군가의 신학적 사고가 옳은지 그른지에 대한 판단은 그렇게 중요하지 않게 된다. 그저 진지하게 고심한 것이면 모두 옳은 것이 된다. 따라서 신학은 그저 신학교 교수들과 학구적인 목회자들과 몇몇 특수한 평신도들의 방대하고 세밀한 분야가 된다. 이러한 신학은 워낙 여러 가짓수를 가지고 있어서 교회와 성도들의 구체적인 삶의 문제에 뚜렷한 해결책을 제시할 수 없다. 그저 무성한 가능성만을 던져 주게 되고, 결국 무용지물이 되고 만다. 이렇게 되면 신학은 그저 이야깃거리만을 제공하는 수단으로 전락하게 되어 사람들은 마치 쇼핑하듯이 마음대로 신학을 선택하게 되고, 여러 신학의 경향들을 한꺼번에 선택하여 서로 섞어서 받아들이기도 한다. 그러다가 마음에 들지 않으면 통째로 버릴 수도 있다. 이것이 가능한 이유는 고백된 내용보다 고백한 이의 양심이 더 중요하고, 옳고 그름보다 좋고 싫음이 더 중요하게 여겨지기 때문이다. 따라서 어떤 사람이 하나님과 세계, 타인과 자신에 대해 믿는 바는 그 사람의 실제 행동 방식보다 중요하게 여겨지지 않는다. 그들에게는 소위 '선한 사람'이라고 하는 기준이 다분히 자의적이고 주관적일 수밖에 없다. 그 사람은 설교에 대해서도 "나는 설교를 듣기보다는 보기를 원한다."라고 말한다.

하지만 히브리서 설교자에게 있어 그것은 그렇게 간단한 문제가 아니다. 신학적으로 자기정립이 안 되어 있는 사람이 윤리적으로 성공적인 삶을 살 수 있다는 것은 순진한 생각에 지나지 않는다. 만약 우리가 하나님이 이 타락한 세상을 어떻게 회복하시는지에 대한 확신과 하나님의 일을 위해 우리의 기도와 노력이 어떻게 조화를 이루며 사용되는지에 대한 지식을 일관되게 갖추고 있지 않다면, 또 노숙자들에게 식사를 제공하고, 범죄자들의 권리를 위해 싸우고, 가난한 자들과 핍박받는 이들의 인권을 위해 목소리를 높이는 등 우리의 모든 인간적인 노력들이 결국 하나님의 구속이라는 보다 넓은 신학적 그림과 연결되지 못한다면, 금방 그 일에 대한 회의를 느껴 믿음과 의욕을 잃어버리게 될 것이다. 무료 급식을 기다리는 노숙자들의 줄은 길어지게 되어 있고, 우리가 돌보아야 할 소외 계층은 분명히 더 늘어날 것이며, 아무리 인권을 위해 외쳐도 인권 유린은 계속될 것이기에 의욕만으로는 이 모든 일을 도저히 감당할 수 없다. 우리의 모든 노력이 공고한 신학 위에 세워지지 않으면, 히브리서의 초기 독자들이 그랬던 것처럼 우리는 그저 흘러 떠내려가고 말 것이다.

이러한 이유 때문에 히브리서 설교자는 '모든 들은 것'과 '마지막에 아들로 우리에게 하신 말씀', 즉 신학의 본질적인 측면에 대해 각별히 주의를 기울여야 한다고 촉구한다. 들려진 말씀과 선포된 복음에 대해 우리의 닫힌 문을 열면, 우리는 주어진 하루하루를 믿음과 소망 안에서 살 힘을 얻게 된다. 다시 말해 우리는 파편적인 삶의 단면들과 흩어져 있는 순례의 여정들을 모든 시공을 초월하여 승리하신 하나님의 경륜 안에서 통일시킬 수 있게 된다. 흥미롭게도 하루하루 작은 발걸음을 떼기 위해 신학적 에너지를 갈구하게 되면, 그 자체로 우리는 그리스도 안에서 하나님을 더 깊이 알아 갈 수 있는 길 위에 서게 된다. 그 여정은 예수 그리스도께서 친히 앞서 걸어가신 고통의 길이다.

# 예수님 : 잠시 천사들보다 낮아지신 분

히브리서 2 : 5~9

## 지극히 높은 곳으로부터 낮아지신 분(2 : 5–8a)

1장 끝 부분에서 히브리서 설교자는 마치 노래하듯이 예수님과 천사를 기다랗게 비교했는데, 그 내용은 다음과 같다. 천사는 일꾼이지만, 예수님은 아들이시다. 천사는 유한하지만, 예수님은 영원하시다. 천사는 종이지만, 예수님은 영광 중에 하나님의 보좌 우편에 앉아 계신다.[1] 설교자는 예수님과 천사의 큰 차이점을 한 가지 더 강조한다. 천사는 마지막 때에 세상에 대한 어떤 권세도 갖지 못하지만, 예수님은 세상의 모든 부분을 자신의 권세 아래 두실 것이다(2 : 5).

얼핏 보면 이것은 1장에서 열거된 많은 차이점들에 추가된 또 하나의 실례에 지나지 않는 것처럼 보인다. 하지만 이 마지막 것은 설교의 흐름에서 매우 중요한 변화를 주도한다. 지극히 높임을 받으신 예수님이 십자가의 심연 속으로 들어가셨음을 강조하고 있다. 히브리서 설교자는 이제까

1. 1 : 5~14의 주석을 참조하라.

지 예수님이 천사들보다 더 높으시다는 사실을 찬양해 왔다. 그런데 이제 그는 예수님의 위치가 천사보다 더 낮은 때가 있었다고 방향을 선회한다. 본문에 나타난 "복종"(2 : 5)이라는 단어는 히브리서 설교자가 사용한 일종의 수사법이다. 설교자가 그 단어를 사용한 일차적인 이유는 예수님이 여전히 천사들보다 우월하다는 점을 부각시키기 위함이다. 또한 그 단어는 시편 8편과 연결되어 설교자에게 새로운 설교 본문을 제공한다. 시편 8편은 히브리서와 마찬가지로 "복종"(2 : 8)이라는 단어를 사용한다. 하지만 시편 8편에서는 히브리서와 달리 "천사보다 못하게 하시며"(2 : 7)라는 말이 '복종'이라는 단어보다 먼저 나온다.[2] 여기에 앞으로 히브리서가 나아갈 방향이 제시되고 있다.

시편 8편과 마찬가지로 히브리서 설교자는 예수님이 '천사보다 낮아지신' 다음에 '장차 오는 세상'의 복종이 있을 것이라고 말한다. 하지만 이러한 논리는 히브리서의 회중이 이해하기에는 너무나 힘든 면이 있다.[3] 만약 히브리서의 처음 부분에 나타난 것처럼 예수님이 모든 유업을 받은 자이고, 하나님의 영광을 반영하는 자이며, 천사들보다 높고, 모든 시간의 주인이시라면, 왜 굳이 그가 인간의 역사 속에서 패배와 죽음의 비극적인 길을 걸어야만 했는가? 만약 그리스도가 정말로 모든 것을 그의 능력의 말씀으로 운행하신다면, 왜 우리는 수치스런 십자가에 굴복하는 연약한 그를 볼 수밖에 없는가? 히브리서 설교자는 이 시편 8편을 기독론적으로 풀어 가면서 위의 의문에 대해 자세한 해답을 제시한다. 히브리서 설교자는 회중에게 친숙한 이 시편을 "오직 누가 어디 증거하여 가로되"(someone has said somewhere ; 2 : 6)라는 자기 특유의 표현을 통해 소개하고 있다.

원래 구약의 상황에서 시편 8편은 일반인을 대상으로 쓰여졌다. 이 시편은 영광이 무궁하신 하나님이 보잘것없는 인간을 존귀하게 여기시는

---

2. 역주 - 시편 8편은 히브리서와는 달리 '복종'이라는 말보다 "천사보다 조금 못하게 하시고"(시 8 : 5)라는 말을 먼저 쓰고 있다. 반면에 히브리서 기자는 "천사보다 못하게 하시며"(2 : 7)라는 말보다 "복종"(2 : 5)이라는 말을 먼저 사용하고 있다.
3. 1 : 5~14과 2 : 1~4의 주석을 참조하라.

것에 대해 경외감을 표현한다. 문자 그대로 시편 기자는 "사람이 무엇이관대 주께서 저를 생각하시며 인자가 무엇이관대 주께서 저를 권고하시나이까?"라고 묻는다. 그리고 이어서 "저를 천사보다 조금 못하게 하시고 영화와 존귀로 관을 씌우셨나이다."라고 하면서, "주의 손으로 만드신 것을 다스리게 하시고 만물을 그 발 아래 두셨다."라고 응답한다.

그러나 많은 초기 기독교 설교자들과 마찬가지로, 히브리서 설교자는 본 시편을 보편적인 인간에 대한 이야기가 아니라 오직 한 사람, 곧 예수님에 관한 이야기로 해석한다. 복음서의 전통에 따르면, 예수님은 자신을 "인자"(막 2 : 10 ; 마 16 : 27－28)로 묘사한다. 우연의 일치와도 같은 이 표현은 시편 8편을 기독론적으로 읽도록 힘을 더해 주었다(엡 1 : 22 ; 고전 15 : 27 참조). 하지만 학자들은 히브리서 전체의 관점에서 볼 때, 이 부분에서 사용된 '인자'의 의미가 전통적으로 완전히 발전된 기독론적 '인자'를 뜻하는 것은 아니라고 주장한다. 하지만 그 의미가 어떻든 간에, 분명한 것은 히브리서 설교자가 시편 8편의 인자를 기독론적으로 해석하고 있다는 점이다. 즉, 히브리서 설교자는 시편의 '인자'를 비하와 승귀를 거치신 그리스도의 우주적 경륜이라는 큰 그림을 통해 본다.

이런 관점에서 히브리서 2 : 6~8에 대한 NRSV의 번역은 심각한 오류를 가지고 있다고 할 수 있다.[4] 즉, 성 차별적인 용어를 제거하기 위해 모든 남성적인 단어는 중성적인 것으로 대체되었고, 몇몇 단수 명사들은 복수로 바뀌었다. 따라서 NRSV는 '사람'(man)을 '인류'(human beings)

---

4. 역주－히브리서 2 : 6~9의 NRSV 번역 원문을 보면 다음과 같다. But someone has testified somewhere, "What are human beings that you are mindful of them, or mortals, that you care for them? You have made them for a little while lower than the angels ; you have crowned them with glory and honor, new subjecting all things under their feet." Now in subjecting all things to them, God left nothing outside their control. As it is, we do not yet see everything in subjection to them, but we do see Jesus, who for a little while was made lower than the angels, now crowned with glory and honor because of the suffering of death, so that by the grace of God he might taste death for everyone.

로, '인자'(son of man)를 '인간'(mortals)으로, '그를'(him)을 '그들을'(them)로, '그의'(his)를 '그들의'(their)로 바꾸어 번역했다. 하지만 이 갸륵한 수고는 오히려 히브리서 저자의 본뜻과는 사뭇 다른 결과를 낳고 말았다. 특히 '사람'(man), '인자'(son of man), '그를'(him), '그의'(his)와 같은 단어들은 모두 예수님을 가리키는 기독론적인 단어라고 히브리서 설교자는 생각하고 있기 때문이다.

물론 NRSV 번역가들이 시편 8편의 원래 뜻을 살리려고 그렇게 번역했다면, NRSV는 좋은 참고 자료가 될 만하다고 하겠다. 이제 히브리서 저자가 수정을 가한 부분들을 구체적으로 살펴보자. 먼저, 그는 시편 8편이 기독론적인 관점에서 훨씬 더 효과적으로 사용되도록 하기 위해 본문에 수정을 가했다. 히브리서 저자가 인용한 시편 8편에는 "주의 손으로 만드신 것을 다스리게 하시고……"(시 8 : 6)라는 구절이 있는데, 저자는 히브리서에서 그 구절을 생략했다.[5] 저자가 그 구절을 생략한 이유는 아마 문맥상 그 구절이 하나님이 인간을 피조세계의 관리자로 맡기셨다는 사실을 명백히 드러내기 때문일 것이다. 그렇게 되면 본문을 기독론적으로 해석하는 데에 혼란이 발생하게 된다.

두 번째로, 히브리서 설교자는 본 시편의 원래 뜻과는 정반대의 신학적 논지를 세우고 있다. 다시 말해 시편 8편은 너무나도 부족한 인간을 천사보다 조금 못한(시 8 : 5) 정도로까지 높이시는 하나님의 놀라운 배려를 찬양한다. 하지만 히브리서 저자는 동일한 본문을 가지고 예수님의 높아지심이 아니라 낮아지심에 대해 찬양한다. 즉, 천사보다도 낮아지심으로써 자신을 인간의 모습으로 낮추시고 인간과 연합하시고자 하는 그분의 겸손과 사랑을 찬미하고 있다.

또 하나의 중요한 번역상의 이슈가 있다. 시편 8 : 5의 히브리어 성경 본문은 "당신은 그를 신성한 존재들(천사들)보다 조금 못하게 만드셨다."라고 적는다. 그러나 다른 곳에서도 그랬듯이, 히브리서 설교자는 이 부분

5. 적어도 가장 인정받고 있는 히브리서 사본에서는 그렇다.

을 70인역 성경을 인용하여 적고 있다. 헬라어로는 이 부분이 두 가지로 번역될 수 있다. 서열과 위계 질서를 나타내는 '천사들보다 조금 낮게'로 번역될 수도 있고, 시간의 양을 나타내는 '잠시 동안 천사들보다 낮게'로 번역될 수도 있다. NRSV는 지혜롭게도 후자의 번역을 취했다.[6] 그 이유는 그 번역이 히브리서 2 : 9과 어울릴 뿐만 아니라 전체적인 문맥상 더 어울리기 때문이다. 히브리서 설교자는 예수님을 서열상 천사보다 조금 못한 존재로서, 인생의 말년에 잠시 고난의 늪에 발가락을 살짝 담근 인물 정도로 이해하지 않는다. 도리어 그는 지극히 높임을 받으신 영원한 아드님께서 구원의 목적을 갖고 역사의 한 시점에 오셔서 인간적인 고통과 연약함의 심연 속으로 자신을 내던지셨다고 주장한다.

## 예수님 바라보기, 복음 듣기(2 : 8b–9)

시편 8편의 인용을 통해 히브리서 설교자는 그리스도의 사건을 총체적으로 다루었고, 특히 구약성경을 통해 그 기초를 공고히 했다. 설교자는 이전에도 구약성경의 여러 곳을 인용하곤 했지만, 그것은 단지 파편적인 주장들을 뒷받침하기 위한 수단에 지나지 않았다. 그런데 이 시편 8편이라는 적합한 본문을 통해 그는 "구속"이라는 주제의 드라마 전반을 상징적으로 그리게 된 것이다. 기독론적으로 적용할 부분이 많은 시편 8편은 앞서 명명된 '구원의 포물선'(the parabola of salvation)[7]이라는 말의 의미를 시적이고 이해하기 쉽게 그리고 있다. 시편 8편은 '인자'가 천상으로부터 인간의 고통 속으로 침잠하신 후, 다시 만물을 그 발 아래 복종케 하신다(2 : 8). 그 다음에 하나님의 영광 속으로 되돌아가신 그분의 완전한 행사를 묘사한다.

하지만 무엇보다 시편 8편은 히브리서 설교자에게 설교 전반의 열쇠이자 반복되는 신학적 주제를 제시해 준다. 즉, 육안으로 볼 수 있는 것과

---

6. NIV는 전자를 택한다.
7. 1 : 5~14의 주석을 참조하라.

오직 믿음의 눈으로만 볼 수 있는 것의 차이, 다시 말해 "바라는 것들의 실상이요 보지 못하는 것들의 증거"가 시편을 통해 드러나 있다. "모든 것들을 그의 발 아래 복종시키셨다."라는 시편의 구절은 히브리서 설교자로 하여금 처음에는 기쁨의 원동력이 되어 1 : 2에서 그를 "만유의 후사"로 높여 드리고, 2 : 8 전반부에서는 "만물을 그 아래 복종시키셨다."라고 고백하게 한다. 하지만 히브리서 설교자는 곧 수사적인 기법을 사용하여 회중에게 낮은 목소리로 속마음을 털어놓는다. "하지만 월요일 아침이면 (일요일에 있었던) 모든 게 달라져 보이지 않습니까? 그렇지요?" 계속해서 그는 말한다. "마찬가지로 우리는 아직 모든 것이 그에게 복종한 것을 볼 수는 없습니다."(2 : 8b)

모든 회중은 아마 히브리서 설교자가 의미하는 바를 잘 이해했을 것이다. 주위를 둘러보면 하나님의 아들이 모든 것을 주관하고 계시다는 생각을 하기가 좀처럼 쉽지 않다. 구멍 뚫린 오존층으로부터 엉망이 된 사회의 질서와 개인들의 내적 공허함에 이르기까지, 모든 것은 악한 영에 의해 조종을 받고 있는 것처럼 보인다. 히브리서 설교자는 진실을 말하고 있다. 그 어떤 것도 승리하신 아들의 권세 아래 있지 않고 온통 혼란스럽게 우왕좌왕하고 있다.

여기에서 히브리서 설교자의 수사학적 기교는 빛을 발한다. 여기까지 그는 말의 속도를 점점 줄이고 어조를 낮추다가 드디어 회중에게 다음과 같은 비보를 조용히 전한다. "아직 우리는 아들의 승리를 보지 못했습니다." 히브리서 설교자는 이어서 더욱 뜸을 들이며 긴장을 고조시킨다. "단지 우리에게 보이는 것은……." 고통과 슬픔으로 둘러싸인 회중에게 이제 남은 것은 절망뿐이다. "단지 우리에게 보이는 것은……." 하지만 히브리서 설교자는 별안간 인류 역사에 새로운 장을 여는 충격적인 선포를 한다. "단지 우리에게 보이는 것은…… 예수뿐이도다."(2 : 9)[8] 헬라어

8. 역주-여기에서 개역성경은 "오직 우리가 천사들보다 잠깐 동안 못하게 하심을 입은 자 곧 죽음의 고난받으심을 인하여 영광과 존귀로 관 쓰신 예수를 보니……"라고 번역하고 있지만, 원어는 "우리가 보는 것은…… 예수님뿐이로

적으로 볼 때, 이 발언은 '예수'라는 이름이 긴 문장의 끝에 놓임으로써 그 강조의 세기가 훨씬 더해진다. 이것은 히브리서 설교자가 '예수'라는 이름을 사용하여 행한 여덟 번의 강조들 중 하나이다.[9)]

이제 예수님이 모두의 시야에 확연히 드러났기 때문에, 히브리서 설교자는 예수님에 대해 시각적으로 알 수 있는 것과 오직 믿음을 통해서만 알 수 있는 것 사이에서 빠르게 움직이기 시작한다. 다시 말해 히브리서 설교자는 예수님에 대해 보여질 수 있는 진리와 들려져야만 하는 진리를 서로 비교하고 있다. 예수님이 붙잡히신 뒤 고난을 받으시고 범죄자처럼 취급받는 것을 본 사람들은 누구나 그가 '천사보다 못하게' 되었음을 안다. 당신도 그것을 볼 수 있다. 하지만 동일한 예수께서 이제 영광과 존귀로 관을 쓰셨다는 사실을 알기 위해서는 복음에 대해 들을 필요가 있다. 예수님이 십자가에서 고통받으며 죽는 것을 본 사람들은 누구나 그 죽음의 고통에 대해 안다. 그것은 눈으로 보여질 수 있기 때문이다. 오직 귀를 통해 들을 수 있는 자만이 그 죽음은 인류를 구원하시기 위한 죽음이었고, 하나님의 은혜로 말미암아 모든 사람을 위하여 죽임을 당하셨다는 사실을 알 수 있다(2 : 9). 이는 마치 부활하신 예수께서 낙심해 있던 엠마오 도상의 제자들에게 하신 말씀과 비슷하다(눅 24 : 25) : "미련하고 선지자들의 말한 모든 것을 마음에 더디 믿는 자들이여 그리스도가 이런 고난을 받고 자기의 영광에 들어가야 할 것이 아니냐".

몇 년 전 주요 방송사의 한 백악관 특파원이 대통령의 정책에 대한 저녁 뉴스 기사를 준비하고 있었다. 그 특파원에 의해 작성된 그날의 보도 내용은 대체로 정책에 대해 비판적인 경향을 띠었다. 그런데 그 보도는 중간중간에 백악관으로부터 제공받은 화려한 배경 속에서 찍은 대통령의 여러 사진들을 함께 내보냈다.

그 보도가 나간 다음 날 백악관 홍보담당 비서관은 그 특파원에게 전화

---

다"(what we do see is…… *Jesus*)라는 형식을 통해 예수님을 강조하고 있다.

9. 나머지는 3 : 1 ; 6 : 20 ; 7 : 22 ; 10 : 19 ; 12 : 2 ; 12 : 24 ; 13 : 20 ; Lane, *Hebrews 1-8*, pp. 48-49를 보라.

를 걸어 감사의 뜻을 표했다. 이해가 되지 않았던 그녀는 "왜 고맙다는 것이죠?"라며 따지듯 물었다. "내 보도는 대통령의 정책에 대해 비판하는 내용이었잖소?"

"그렇소. 당신의 말은 비판적이었소." 그 비서관은 말했다. "하지만 당신은 대통령의 사진들을 실어 주었소. 눈과 귀가 싸우면 언제나 눈이 이기기 마련이지요."

하지만 히브리서 설교자는 이에 대해 아니라고 강하게 반박한다. 설교자는 종국에 가서는 눈이 결코 귀를 이길 수 없다고 주장한다. 눈이 '잠시 동안' 이길 수는 있을 것이다. 그러나 모든 것이 사라진 다음에도 완전한 진리로 판명될 수 있는 것은 오직 귀를 통해 들려진 복음이다. 그렇다. 예수님은 고통당하셨고, 온 세계가 그것을 보았다. 예수님은 육체의 연약함을 여실히 보여 주셨고, 다른 모든 인간들처럼 죽으셨다. 하지만 그것들은 단지 그림에 지나지 않는다. 나의 말을 들어 보라. 예수님은 단지 '잠시 동안 천사들보다 못하게' 되셨다. 이렇듯 인류 역사로 하강하신 예수님은 분명한 목적을 가지고 계셨다. 복음의 온전한 메시지를 들은 사람만이 예수님의 고통을 보이지 않는 은혜의 세계로 들어가기 위한 관문으로 이해할 수 있다. 즉, 들을 귀 있는 자는 보이는 것을 뛰어넘어 하나님의 아들이 영광과 존귀로 관을 쓰고 계신 승리의 장소로 들어가게 된다.

# 선구자이시며 제사장이신 예수 그리스도

## 히브리서 2 : 10~18

앞서 나온 설교 내용 가운데 히브리서 설교자는 예수님의 고통과 죽음이 구원을 위한 목적을 가지고 있다고 주장했다. 모든 사람은 죽기 마련이다. 우리 모두는 스스로를 위해 살다가 죽는다. 하지만 예수님은 보통 사람들과는 달리 모든 사람을 위하여 죽음을 맛보셨다(2 : 9). 우리는 이 사실을 어떻게 받아들여야 할까? 예수님의 고통이 모든 인류의 고통과 어떻게 연결된다는 말인가?

히브리서 설교자는 이제 이러한 난해한 질문들로 나아간다. 우리는 정신을 바짝 차려야 한다. 왜냐하면 다른 설교자들처럼 히브리서 설교자는 지금부터 많은 은유적인 표현들을 동시 다발적으로 사용할 것이기 때문이다. 우리는 이제 여러 이미지들이 겹치는 장면들을 만나게 될 것이다. 서로 양립이 잘 되지 않는 세 개의 주요 이미지들이 마치 OHP 위에 겹겹이 올려진 필름들처럼 그리스도의 사건을 묘사하기 위해 오버랩된다.

### 1. 영웅(Hero)

이 이미지는 그리스도의 대표적인 이미지로서 이어서 나올 두 이미지들은 이 위에 덧입혀져서 나타난다. 영웅의 이미지로서의 그리스도는 죽음의 사슬에 묶여 있는 인생들을 구원하기 위해 죽음의 영역, 즉 세상 속으로 돌진해 들어온 신화적인 존재이다. '구원의 포물선'[1]에서 잘 묘사된 이 이미지는 고대의 헬레니즘 세계에서 흔히 볼 수 있었던 신화적인 인물의 표본이다.[2] 예수님이 "구원의 주"(2 : 10)로 지칭된 것은 이러한 이미지를 반영한 까닭이다. 이 용어는 영웅, 챔피언, 개척자, 권위자, 안내자, 지도자, 감시자 등으로 번역될 수 있는 헬라어이다. 어떤 학자들은 심지어 예수님을 그리스 신화의 잘 알려진 영웅 헤라클레스에 빗대어 묘사하기도 한다. 즉, 예수님은 '새로운 헤라클레스'라는 것이다.[3]

2. 해방자(Liberator)

이 두 번째 이미지는 군사 용어로서 자유를 가져다 주는 해방자로서의 예수님을 뜻하는 표현이다. 연합군이 아우슈비츠를 비롯해 여러 포로수용소를 해방시켰듯이, 예수님은 사망의 문을 뚫고 들어오셔서 사망의 권세(마귀)를 무찌르시고, 두려움 속에 떨고 있는 자들을 해방시키셨다(2 : 14-15). 이 '해방자'로서의 이미지는 이렇게 이중적인 임무를 가지는데, 이스라엘 백성들을 노예 상태에서 해방시킨 출애굽 사건을 연상시킨다.

3. 대제사장(High Priest)

마지막으로, 예수님은 '자비하고 충성된 대제사장'으로서 과거의 대제사장처럼 '백성의 죄를 구속하시는 분'으로 묘사된다(2 : 17). 설교의 앞부분에서 히브리서 설교자는 이 이미지를 조금 보여 주긴 했다("죄를 정결케 하는 일을 하시고", 1 : 3). 하지만 여기에서의 대제사장 이미지는 너무나 갑작스럽게 나온 것이고 예상치 못한 등장이다.

아마 대제사장으로서의 예수님 이미지는 히브리서의 원독자들에게는

---

1. 〈그림 2〉를 참조하라.
2. Attridge, *The Epistle to the Hebrews*, pp. 79-82를 참조하라.
3. Lane, *Hebrews 1-8*, pp. 56-57.

이미 익숙한 것이어서 상세한 설명이 필요 없을지도 모른다. 하지만 여기에서 히브리서 설교자의 의도는 예수님의 상이한 이미지들, 즉 영웅, 해방자, 대제사장의 모습들을 양립시킴으로써 청중에게 긴장감을 불어넣으려 하고 있다. 마치 소용돌이가 심연에서의 작은 물결로부터 시작되듯이, 예수님에 대한 앞선 두 이미지들로부터 물결이 일기 시작하여 이제는 전혀 다른 방향으로 흐름이 전개되고 있다. 우리는 더 이상 예수님을 단순히 영웅이라고만 생각할 수 없다. 이제는 예수님을 제사장, 그것도 우주적인 제단에 우뚝 서 있는 대제사장인 동시에, 죽음의 사선을 뚫고 포로들을 해방시키는 해방자로서의 예수님을 함께 유념해야 한다. 이렇게 우주적이고 존재론적인 동시에 예전적이기까지 한 예수님의 복합된 이미지들은 서로 겹치고 상호 보완적이고 경쟁적인 관계에 있다. 이러한 상호충돌의 결과로 구원에 대한 인간의 소망은 더 이상 죄나 죽음과의 투쟁으로부터 분리될 수 없다는 것이 명백해졌다. 또한 인간의 죄나 고통의 문제가 그리스도의 제사장적 구속 사역과 별개의 것이 될 수 없다는 사실이 확실해졌다.

이 '대제사장'의 이미지는 히브리서 설교의 후반부로 갈수록 더욱 중요한 역할을 하게 되는데 이것은 3 : 1에서 다시 짧게 등장하고, 이후 4 : 14~10 : 25에서 더 깊은 논의가 이루어지는데 그 부분의 중심 주제가 된다.

## 완전하신 선구자(2 : 10)

이 단락의 전체적인 목적은 하나님의 영광스런 아들이 적과의 싸움에서 어떻게 고군분투했는지, 다시 말해 왜 예수님은 잠시 동안 '천사보다도 못한' 사람의 몸을 입고 고난을 받으셔야만 했는지, 또 왜 사망의 권세 아래에서 죽으셔야만 했는지에 대해 설명하려는 데 있다.

히브리서 설교자는 예수님이 고통받는 개척자, 피로 얼룩진 영웅이 되는 것이 '합당하다'는 말로 설명을 시작한다(2 : 10). 이 '합당'이란 말은 다소 모순된 느낌을 주는데, 그 이유는 이 용어가 예의범절과 관련하여 사용되는 단어이기 때문이다. 가령 우리는 식탁에서 그릇이 예절에 맞게 잘 놓여졌다는 뜻을 표현하기 위해 이 단어를 사용할 수 있고, 또 심리학자가 누군가의 바른 행동을 치하하면서 '적절하다'는 뜻을 표현하기 위해 이 말을 사용할 수도 있다. 하지만 교양 있는 헬라인이라면 도저히 이 단어를 억울하게 고통당하는 예수님을 향해 사용할 수 없다. 예수께서 로마인들에게 장난감 취급을 받으며 골고다에서 범죄자로 생을 마감했다는 뉴스에 대해 여러 가지 반응이 있을 수 있지만, 아무리 그래도 '합당, 적절'이란 말을 여기에 사용하는 것은 용납하기 어렵다.

그럼에도 불구하고 히브리서 설교자는 상식적으로 납득하기 어려운 '합당'이란 단어를 기독교적인 색채를 담아 여기에서 사용한다. 이 말은 요한의 만류를 무릅쓰고 그로부터 세례를 받는 것이 '의롭고 합당하다'라고 하신 예수님의 말씀과 통하는 부분이 있다(마 3 : 13-15 참조). 사실 '하나님'이 고통을 당하신다는 것 자체가 모순점을 안고 있다. 신적(divine)이라는 말의 의미는 고통, 연약함, 무기력, 허약함 따위의 용어들과 원천적으로 거리가 있는 말이기 때문이다. 따라서 하나님이 인간적인 고통에 참여한다는 말 자체가 상상하기 힘든 말이고, 절대로 '합당하지' 않은 말이다. 오직 복음과 성육신의 빛으로 볼 때에만 이 생각하기 힘든 말은 꼭 필요한 말이 되고, 이 상상할 수 없는 말은 '합당한' 말이 되며, 이 어리석어 보이는 말은 없어서는 안 되는 말이 된다. 실로 성육신하시고, 십자가에 달려 죽으시고, 장사되신 그리스도의 어리석음이 바로 하나님의 지혜이다.

왜 아들이 고통받으시는 것이 합당한가? 그 이유는 예수님이 '온전케'(perfect) 되신 것이 바로 고통을 통해서이기 때문이다(2 : 10). 다시 말해 고통이야말로 예수님을 '온전케' 하기 위한 '합당한' 방법이었다. 하지만 왜 예수님이 '온전케' 되실 필요가 있었는가? 히브리서 설교자는 이미 예수께서 도덕적으로 흠이 없으심을 인정하고 있다(4 : 15). 따라서 도덕적으로 불완전한 예수님에 대해서는 생각할 여지도 없다. 사실 이 말은 예수님이 도덕적으로가 아니라 사명과 사역의 측면에서 '온전케' 되셨다는 의미이다. 우리는 이 말을 좀더 잘 이해하기 위해서 철을 다루는 숙련공의 이미지를 생각해 볼 수 있다. 숙련공은 철 조각들을 잘 꿰어서 형태를 만들고 적절한 기능을 부여한다. 이렇듯 철이 제 모양을 갖추고 모서리 부분들이 모두 다듬어졌을 때, 숙련공은 비로소 '온전케 되었다'고 환호를 지를 수 있다. 즉, '온전케 되었다'는 말의 의미는 부분들이 제자리를 찾았다는 의미일 뿐만 아니라 구체적으로 제 기능을 하게 되었다는 의미이다.

이런 시각에서 예수님이 '구원'이라는 대하 드라마의 주인공 역을 제대로 수행하도록 만져지고 다듬어진 것은 바로 고통을 통해서이다. 그가 목적한 바는 구원자로서 섬기는 것, 즉 하나님께로부터 와서 인간을 죽음으로부터 구해 내는 일이다. 그는 교만한 인간과 하나님 사이에 화해를 이루어 내는 중재자로서 오셨다. 이 중재의 역할은 단지 하나님과 인간 사이에 서 있는 것만으로 충분하지 않다. 양측의 중재를 위해서는 하나님의 삶과 인간의 삶 모두에 깊이 연루되어야만 한다. 고통을 통해 예수님은 이 두 곳에서 모두 온전케 되신 것이다.

먼저 하나님의 삶에 참여함에 있어서는, 고통이 예수님의 의지를 하나님께 완전히 굴복케 함으로써 그를 온전케 했다(2 : 18). 욥기에서 하나님이 의로운 자의 대명사로 욥을 치켜세웠을 때 사탄은 말했다. "가죽으로 가죽을 바꾸오니 사람이 그 모든 소유물로 자기의 생명을 바꾸올지라 이제 주의 손을 펴서 그의 뼈와 살을 치소서 그리하시면 정녕 대면하여 주를 욕하리이다" 이 말은 다시 말해 "다른 사람이 고통받을 때 의롭고 신실할 수 있는 것은 가능하다. 하지만 자기 자신이 고통을 받으면서 신실할 수는 없다."라는 말과 같다. 하지만 예수님은 고통을 통해 완전한 욥이 되셨다. 극도의 고통 속에서도 예수님은 신실함과 순종의 모습을 잃지 않으셨다.

또한 인간의 삶에 참여함에 있어서는, 고통이 예수님을 인간의 조건으로 완전하게 몰아넣었기 때문에 그를 인간적으로 온전케 만들었다. 고통을 통해 예수님은 다른 모든 이들의 형제가 된다. 이것은 신학적으로 중요한 점인데, 이에 대해 히브리서 설교자는 다음과 같이 말한다. 영원하신 하나님의 아들이신 예수님이 수많은 죄인들을 바라보실 때, 영광스런 아들이 추운 겨울밤 신문을 덮어쓰고 애써 잠을 청하는 불쌍한 여인을 바라보실 때, 만유의 주께서 정신 분열증으로 인권을 유린당하는 환자를 바라보실 때, 만물의 상속자께서 죽은 아이 위에서 우는 어머니와 암으로 마지막 호흡을 헐떡이는 환자와 기아로 서서히 굶어 죽어 가고 있는 아이의 부어오른 몸을 바라보실 때, 그는 남의 일처럼 구호 단체에 책임을 떠넘기거나, 마치 자기와는 전혀 상관없는 어떤 사람들처럼 결코 그들을 그렇게 대하지 않으신다. 그는 그들을 형제와 자매로 바라보신다. 그는 우리를 '형제, 자매'로 주저 없이 불러 주신다(2 : 11). 그는 결코 쌀쌀하게 고개를 돌리시며 입으로만 "하나님의 은총이 함께하길……."이라고 말씀하지 않으신다. 그는 도리어 "하나님의 은혜로 나는 너와 함께 여기 있노라."고 말씀하신다. 이는 시편 기자가 고백한 그대로이다. "아비가 자식을 불쌍히 여김같이 여호와께서 자기를 경외하는 자를 불쌍히 여기시나니 이는 저가 우리의 체질을 아시며 우리가 진토임을 기억하심이로다"(시 103 : 13－14). 예수님은 거절과 쓰라림과 고통과 죽음을 체휼하셨기 때문에, 그의 인생은 인간의 모든 슬픔과 억눌림에 맞닿아 있다. 고통을 통해 예수님은 긍휼한 마음을 갖게 되셨다. 그는 스스로 시험을 받아 고난을 당하셨기 때문에 시험받는 자들을 능히 도우실 수 있다(2 : 18). 한스 큉(Hans Küng)은 "하나님의 사랑은 고통을 떠나 우리를 보호하는 게 아니라 고통 속에서 우리를 보호하신다."라고 말했다.[4)]

## 말씀하시는 하나님의 아들 : 과거, 현재, 미래(2 : 11－18)

히브리서 설교자는 우리에게 친숙한 '구원의 포물선'으로 다시금 돌아

---

4. Hans Küng, *On Being a Christian*(Garden City, N. Y. : Doubleday & Co., 1976), p. 436.

가 예수님이 스스로를 인간의 조건과 결합시키려 한 점에 대해 강조점을 두고 상세히 설명을 이어 간다.[5)]

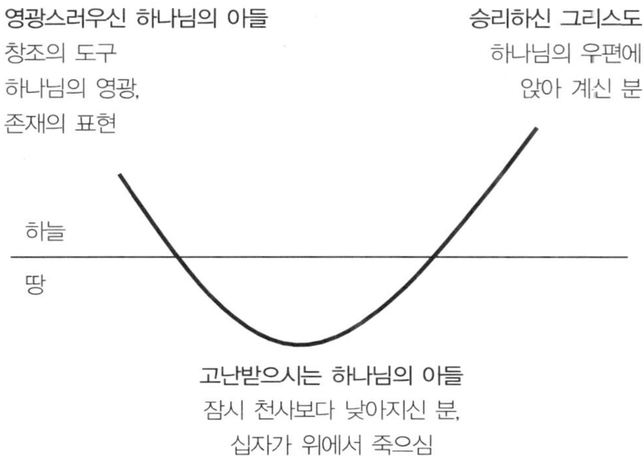


〈그림 3〉

이 '구원의 포물선'은 구약성경의 세 구절을 통해 더 자세한 모습을 드러낸다. 히브리서 설교자는 이 세 구절의 출처를 정확히 언급하지는 않는다. 오히려 히브리서 설교자는 마치 아들(the Son)이 직접 이 세 구절을 순서대로 말하고 있는 듯한 뉘앙스를 풍긴다. 다시 말해 첫 번째 구절은 성육신 이전의 영화로운 아들로서, 두 번째 구절은 성육신하여 고통받는 아들로서, 세 번째 구절은 구원 사역을 마친 승리의 아들로서 말하는 듯하다.

첫 번째 구절은 시편 22 : 22의 인용으로서 피조물들을 향한 아들의 마음을 미래 시제로 표현한다. "내가 주의 이름을 내 형제들에게 선포하고 내가 주를 교회 중에서 찬송하리라"(2 : 12). 이 구절은 성육신의 거룩한 이유에 대해 말씀하고 있다. 즉, 하나님의 아들이 친히 인간 세계에 들어와 하나님의 선하심과 신실하심을 선포함으로써 인간에게 하나님의 선하

5. 앞의 〈그림 1〉과 〈그림 2〉, 그리고 그에 대한 설명을 참조하라.

심을 알리려는 의도가 잘 나타나 있다. 만유를 다스리시는 아들께서는 인간과 거리를 두려 하지 않으시고, 도리어 인간의 삶 속으로 들어오셨다. 흥미롭게도 우리가 우리 자신을 예수님의 사람으로 또는 예수님의 형제요 자매로 바라보게 된 것은 예수께서 복음 선포(그리고 이후의 예배 가운데 지속적으로 행해졌던 복음의 선포)를 통해 친히 그렇게 불러 주셨기 때문이다.[6]

두 번째 인용인 "내가 그를 의지하리라"(2 : 13)는 이사야 8 : 17에서 가져온 것으로서, 인간적인 연약함과 핍박 가운데 있으면서도 하나님을 의지하고 신뢰하는 아들의 모습을 잘 묘사하고 있다. 세 번째 인용은 이사야 8 : 18에서 가져온 것으로서, 하나님의 우편에 앉으셔서 만물 위에 승리자의 모습으로 우뚝 선 아들의 모습을 그리고 있다. 그는 "볼지어다 나와 및 하나님께서 내게 주신 자녀라"(2 : 13)고 말씀하시며, 믿는 자들의 구속에 대해 선포한다. 아들의 사역을 통해 죽음의 권세에 노예가 되어 있던 사람들은 이제 주의 자녀들이 되어 그리스도를 통해 하나님께 접붙임되었다. 따라서 이 세 인용들은 구원 역사의 연대기에서 그리스도를 통해 인간 역사에 침공하여 들어오신 하나님의 은혜를 집약적으로 보여 준다고 하겠다.

구약성경의 인용을 통해 아들의 말을 전한 후 히브리서 설교자는 다음 단계, 즉 인간의 조건으로 자신을 낮추신 예수님의 모습에 초점을 맞춘다. "내가 그를 의지하리라."고 말씀하실 때 예수님의 본심은 무엇이었을까? 히브리서 설교자의 대답은 다음과 같다. 그는 스스로 노예가 되어 자신을 인간의 노예 캠프로 밀어넣으셨다.

신약성경에 나타난 그리스도의 구속의 면모들 중에서 여기에 나타난 그리스도의 이미지는 해방자, 즉 노예 캠프를 습격하여 노예들을 해방시키시는 분이다. 히브리서 설교자는 인류를 노예로, 마귀는 무자비한 노예의 주인으로 그린다. 모든 노예의 주인은 힘과 공포와 억압의 상징인 채찍을 가지고 있는데, 마귀의 채찍은 바로 죽음이다. 모든 인간은 죽음의

6. 역주-다시 말해 우리 스스로 하나님의 사람들이라는 정체성을 갖게 된 것이 아니라는 말이다.

공포 속에서 노예 상태가 되어 있다(2 : 15).

노예 캠프는 안으로부터의 혁명이 있어야 해방의 빛을 볼 수 있기 때문에, 예수님은 스스로 노예가 되셔야 했다. 그리고 채찍을 맞으면서까지 억압과 고통 속으로 자신을 밀어넣으셔야 했다. 그는 다른 모든 노예들처럼 육신과 피를 지니셨고, 똑같이 죽음을 맛보셨다(2 : 14). 그 이유는 노예로서 노예의 주인에게 대항하는 봉기를 이끌기 위해서였다.

노예로서 예수님은 노예의 주인에게 굴복하지 않으셨다. 대신 그는 그를 보내신 이에게 굴복했고, 약속을 지키실 하나님을 신뢰했다. 그는 자신이 저항하면 그 사악한 노예 주인이 채찍을 휘두를 것을 알았고, 실제로 그렇게 되었다. 그러나 노예가 되신 그 아들은 결코 주저하지 않으시며 "내가 그를 의지하리라."고 말했다. 심지어 마지막 채찍이 그의 등을 내려칠 때에도 "아버지여, 당신의 손에 내 영혼을 맡기나이다."라고 그는 기도했다.

우리는 하늘 보좌가 아니라 노예 캠프에서 등에 채찍 자국이 난 하나님의 아들을 바라보면서, 그는 실로 천사가 아니라 우리 곧 아브라함의 자녀들을 도우러 오신 분이라는 확신을 갖게 된다. 천사들은 죽음의 권세 아래에서 일하도록 지음받지 않았다. 그런데 우리는 죽음의 권세 아래에 있다. 이러한 우리에게 예수님은 모든 면에서 형제요 자매가 되셨다(2 : 17). 예수님이 만약 "어떤 이유로 당신이 대제사장이 될 자격이 있단 말이오?"라는 질문을 받는다면, 그는 우리를 향한 사랑과 믿음의 표시인 상처들을 보여 줄 것이다.

조지 로스(George Ross)는 한 설교에서 구세군 초창기에 영국에서 있었던 한 사건에 대해 들려준 적이 있다. 엄청난 카리스마와 언변을 가진 한 사람이 자칭 재림한 예수라고 주장하며 여러 곳을 떠들썩하게 하고 있었다. 그는 자신이 병자를 고치고, 눈먼 자를 보게 하고, 기적을 행할 수 있다고 주장하면서 적지 않은 무리들을 끌어모았다. 열렬하게 그를 따르는 사람들과 의혹과 호기심을 가지고 그를 따르는 사람들이 많이 있었다.

어느 날 저녁 그는 런던의 어느 큰 강당에서 연설을 하고 있었다. 그때 멀리서부터 음악 소리가 들려오더니, 그 소리는 차츰 더 크게 다가왔다. 마침내 구세군 밴드가 그 강당에 들어왔다. 참으로 작은 그 밴드는 튜바와 트럼펫을 불면서 강당 중앙을 가로질러 그 연설가 앞까지 행진해 왔다.

밴드 지휘자는 대원들에게 연주를 멈추라고 지시했고, 곧 침묵이 흘렀다. 그리고 그는 연설가를 향해 "당신이 정말로 그리스도입니까? 우리에게 분명히 말해 주십시오."라고 말했고, 그 연설가는 "그렇소. 나는 이 땅에 재림한 그리스도요."라고 대답했다. 그를 한참 바라보던 지휘자는 말문을 열었다. "좋소. 그러면 당신의 손을 보여 주시오." 그 말이 나오자마자 밴드는 다시 연주를 시작했다 : "나의 주를, 나의 주를, 손에 못 자국을 보아 알겠네!"[7]

예수님은 십자가의 상처, 인간으로서의 고통과 죽음의 상처를 지니셨고, 시험을 받아 고난을 당하셨다(2 : 18). 따라서 아직도 고통 속에 있는 우리 모두는, 슬픔에 젖어 죽음을 향해 가고 있는 우리 모두는 더 이상 아무 의지할 데가 없는 혼자라고 느낄 필요가 없다. 영광의 보좌에 앉으신 우리의 대제사장께서도 우리와 똑같은 것들을 겪으셨기 때문이다. 그분은 친히 당하신 시험의 흉터들을 가지고 계시기 때문에, 시험받는 자들을 능히 도우실 수 있다(2 : 18).

7. George Everett Ross, in Leonard Sweet, *Strong in the Broken Places : A Theological Reverie on the Ministry of George Everett Ross.*(Akron, Ohio : University of Akron Press, 1995.), pp. 39－40.

# 가정 교회

## 히브리서 3 : 1~6

### 거룩한 동역자들(3 : 1a)

이 단락에서 우리는 다시 한번 히브리서 설교자의 역할을 보게 되는데, 이번에 그는 '반복과 놀람'(repetition and surprise)으로 명명될 수 있는 설교 기법을 사용한다. 그 둘 중에서 그는 '반복' 기법을 먼저 사용한다. 1 : 5~14에서 설교의 주제는 예수님의 위대성, 특히 예수께서 천사들보다 얼마나 더 높으신가 하는 내용이었다. 이제 3 : 1~6에서 그는 똑같은 주제를 다시 들고 나오는데, 이번에는 예수님을 모세와 비교한다. 히브리서 설교자는 다음과 같이 말하는 것처럼 보인다. "나는 이미 예수께서 천사들보다 훨씬 더 높으신 분이라는 점을 증명했습니다. 이번에는 예수께서 모세보다도 훨씬 높으신 분이라는 점을 말씀드리고자 합니다." 하지만 회중은 이미 그 주제에 대해 동의를 하고 있는 터라 설교가 여러모로 진부해질 수 있기 때문에, 히브리서 설교자는 이번에는 '놀람' 기법을 사용하여 회중의 주의를 모으려고 한다. 회중은 설교의 강조점이 예수님의 위대성에만 있다고 생각해 왔다. 그런데 강조점이 갑자기 회중에게로 옮아가더니, 스포트라이트가 회중에게 맞추어진다. 기독론으로 흘러가던 설교가 갑자기 교회론으로 방향을 바꾼 것이다. 히브리서 설교자의 강조점은 이제 교회에 관한 이야기, 즉 예수님의 신실하심이 교회에 어떤 유익을 가져오게 되었는지, 또 신실하게 그리스도인의 삶을 살고자 하는 이들이 닥쳐오는 고난을 어떻게 이겨 낼 수 있을지에 대한 이야기로 바뀌었다.

사실 히브리서 설교자는 이 부분의 초두에서 놀람에 대한 힌트를 준다. 바로 처음부터 회중을 향해 "함께 하늘의 부르심을 입은 거룩한 형제들아……"(3 : 1)라고 말문을 연다. 어떻게 들으면 이 말은 '사랑하는 여러분' 처럼 그저 상투적인 인사말 정도로밖에 들리지 않는다. 하지만 자세히 들여다보면 이 구절 속에는 교회론이 곧 피어날 꽃봉오리처럼 압축되어 있다. 참으로 이 짧은 문장 속에 세 개의 중요한 교회의 정체성에 관한 문제들이 담겨 있다. 곧 교회는 하나이고, 거룩하며, 사도적이다.

먼저, 교회는 하나이다. 초대교회 성도들이 흔히 서로를 향해 불렀던 것처럼 '형제, 자매'로 구성된 가족이 바로 교회이다.[1] 성도들은 서로 혈육이기 때문에, 또는 서로를 좋아하고 공통된 관심사를 가지고 있기 때문에 서로를 형제와 자매로 부를 수 있는 것이 아니다. 그들은 모두 예수님께 속해 있기 때문에 한 가족이 된 것이다. 예수님은 우리와 인간의 속성을 친히 공유하셨고, 우리를 형제라 부르시기를 부끄러워 아니하셨다(2 : 11, 17).

우리는 교회를 흔히 자발적으로 모인 조직 정도로 생각한다. 사람들이 언제나 가입 여부를 선택할 수 있는 단체 정도로 말이다. 하지만 히브리서 설교자는 우리에게 보다 신학적으로 깊이 있는 교회관을 불어넣는다. 엄밀한 의미에서 우리는 교회를 선택할 수 없다. 도리어 우리는 하나님에 의해 교회에 속하도록 선택되었다. 교회는 종교를 좋아하는 이들이 모여 만든 클럽이 아니다. 교회는 '사역'(ministry)이라고 불리는 일을 위해 부르심을 입은 이들의 공동체이다. 그 공동체는 그리스도 안에서 공통의 정체성을 가지며, 사명을 위해 함께 움직인다. 클럽은 서로 어울리기 원하

1. 로마서 1 : 13 ; 11 : 25 ; 고린도전서 12 : 1 ; 빌립보서 4 : 1 ; 골로새서 2 : 1 ; 야고보서 1 : 2 ; 베드로전서 5 : 9 참조.

는 사람들이 예견되는 활동을 위해 모인 단체인 반면에, 교회는 서로 함께 지내고 함께 일하게 될 줄은 꿈에도 몰랐던 이들이 모인 공동체이다. 클럽은 선호에 따라 움직이는 사람들로 구성되어 있기 때문에, 그 클럽이 요구하는 바가 지나치다 싶으면 멤버들은 금방이라도 탈퇴하여 더 마음에 맞는 다른 클럽으로 옮길 수 있다. 하지만 교회의 성도들은 그리스도 안에서 가족 관계로 얽혀 있기 때문에 교회 밖으로 나간다는 말은 가출을 한다는 말과 같다.

둘째, 교회는 거룩함의 특성을 가진다. 이것 역시 그 의미를 이해하기가 쉽지 않은 말이다. 교회 안에서 어느 정도 시간을 보내 본 사람이라면 누구나 교회 안이 교회 밖보다 조금도 도덕적으로 더 낫지 않다는 것을 알게 된다. 탐욕이 세상을 타락하게 하듯이, 교회 안에서도 똑같은 일이 벌어진다. 편협하고 고집불통인 사람들이 사회를 어렵게 만들듯이, 교회 역시 그런 이들에 의해서 어려움을 겪는다. 정욕, 교만, 성냄, 게으름 등 모든 덕스럽지 못한 모습들이 사회나 교회에 똑같이 존재한다. 교회는 그 어떤 것에도 면역이 되어 있지 않다. 그럼에도 불구하고 히브리서 설교자는 교회가 거룩하다고 담대히 선포한다. 왜냐하면 그는 거룩이라는 속성이 인간 속에 내재되어 있는 것이 아니라 신적인 덕목이라는 사실을 알기 때문이다. 수술용 메스는 의사가 치료를 위해 사용하기 전까지는 칼에 불과하다. 교회는 하나님의 은혜로 예배와 사랑의 실천으로 부르심을 입을 때까지는 그저 죄인들의 집합소에 불과하다.

교회는 구성원의 윤리성 때문이 아니라 예수님에 의해 성결해졌기 때문에 거룩하다("거룩하게 함을 입은", 2 : 11). 예수님은 몸소 체험하신 고통을 통해 인간의 모든 연약함을 이해하신다(4 : 15). 그리고 살아 계신 그리스도는 지금도 교회에 함께하셔서 믿음의 공동체를 강건하게 하신다. 따라서 교회는 자신의 능력을 뛰어넘어 긍휼과 섬김과 예배의 사역들을 감당할 수 있게 된다. 이런 의미에서 거룩함이란 교회의 도덕적 측면만을 가리키는 말이 아니다. 오히려 그것은 하나님이 한이 없는 은혜로 교회로 하여금 세상에서 사역을 감당할 수 있도록 도우시는 표지이다. 교회는 마치

성찬식의 빵이 거룩한 것과 같이 거룩하다. 그 빵은 재료의 측면에서 여느 다른 빵과 다를 바 없지만, 거룩한 용도로 구별되어 하나님의 특별한 도구가 되었기 때문에 거룩하다.

셋째, 교회는 사도적이다. 일반적으로 이 말은 교회가 그 사역과 가르침과 선교에 있어서 사도로부터 현재까지 대대로 전해 내려온 전통 위에 서 있다는 것을 의미한다. 하지만 여기에서 히브리서 설교자는 보다 심화된 의미로 이 용어를 사용한다. 교회는 베드로, 야고보, 요한, 바울로 연결되기 때문에 사도적일 뿐만 아니라, 최초이자 진정한 사도인 예수님께로 연결되기 때문에 사도적이다.[2] 따라서 그리스도인들은 전통에 의해서뿐만 아니라, 우리의 '사도시며 대제사장이신 예수님'과 유기적으로 연결되어 있기 때문에, 서로 하나님 나라의 소명을 이루기 위해 일하는 동역자들인 것이다(3 : 1).

'사도적'이란 의미에서 교회 사역은 예수님의 사역을 좇아가는 사역이어야 한다. 예수님이 하나님으로부터 보내심을 받았듯이('사도'라는 단어의 뜻은 '보내심을 받았다'는 의미이다.), 교회 역시 세상으로 보내심을 받았다(요 17 : 18 참조). 예수님이 대제사장,[3] 곧 인간을 위해 거룩한 곳에 서신 분인 것과 같이, 교회는 사랑과 긍휼의 제사장적 사역을 맡는다(13 : 3 참조). 예수님이 우리의 신앙고백의 원천이자 중심임과 같이, 교회 역시 성도들로 하여금 '믿는 도리를 굳게 잡도록' 예배와 가르침과 봉사의 일들을 감당한다(4 : 14 참조).

히브리서 설교자가 교회의 소명을 '하늘의 부르심'이라고 명명한 것은 교회의 사명이 이 세상과 무관한 것임을 말하기 위함도 아니고, 이 땅에서 요구되는 인간적 필요들과 동떨어져 있음을 말하기 위함도 아니다. 도리어 현재의 세상을 위한 교회의 소명이 '하늘'에서, 다시 말해 하나님이 친히 기뻐하시고 소중히 여기시는 일임을 강조하기 위함이다. 이것은 교

2. 신약에서 예수님을 '사도'로 칭한 곳은 히브리서밖에 없다.
3. 히브리서 설교자는 이 직책의 의미를 나중에 더 발전시킨다. 4 : 14~10 : 18을 참조하라.

회로 하여금 세상에서 일하지만 그 일이 하늘로부터 온 것임을 알기에 분명한 소명의식을 갖게 해 준다. 따라서 중요한 것은 교회가 양적으로 얼마나 성장했는지 또는 얼마나 다양한 프로그램들을 운영하고 있는지가 아니라, 그 교회가 하나님의 뜻에 얼마나 신실하게 부합하고 있는지가 핵심이 된다.

때때로 교회는 풍부한 재정과 뛰어난 음악 프로그램, 좋은 시설, 지역사회의 지지 속에 묻혀 진정한 깊이를 잃어버릴 수 있다. 사실 교회는 어떤 면에서 세상으로부터 환호를 받아서는 안 된다. 교회는 환영받지 못하는 말씀을 전하고, 금방 조롱당하는 사랑을 하고, 염세적인 세상을 향해 거절과 멸시를 당하신 예수님의 이름으로 외친다. 차라리 재정이 부족하고, 취약한 프로그램을 가지고 있고, 원활한 사역이 이루어지지 않고, 낡은 시설을 가지고 있고, 찬양대석을 메울 사람도 충분치 않은 교회가 어쩌면 자신들이 나아가야 할 방향은 바로 예수 그리스도라는 사실을 더 잘 이해하고 있을지 모른다. 교회는 그리스도의 현존이 그 가운데 드러나는 정도에 따라 그 사도성의 깊이가 결정된다. 우리의 첫 사도이신 예수 그리스도가 역사하고 계신 곳이라면 그곳이 아무리 힘들고, 심지어 사역의 진척이 전혀 보이지 않더라도 교회는 따라야 한다. 그리스도가 어떤 일을 벌이시든, 그 일이 아무리 힘들고 고달파도 교회는 즉시 소매를 걷어붙이고 동참해야 한다. 비록 그 교회가 역량이 부족할지라도 믿음으로 순종해야 한다. 그리스도가 주신 진리의 말씀이 비록 논란의 여지가 있을 정도로 따르기 어려울지라도, 교회는 그 말씀을 고백하고 선포해야 한다. 설사 입술이 어눌하여 전하는 데 어려움이 있을지라도 교회는 잠잠해서는 안 된다.

이를 통해 알 수 있는 바는, 비록 대부분의 교회가 세부적인 일들을 위해 위원회들과 각종 회의와 부서들을 두고 있지만, 진정한 의미에서 교회의 사역에 대한 의사결정은 조직의 기능에 의해서가 아니라 진심어린 기도와 순종을 통해 이루어짐을 알 수 있다. 교회는 정치 집단이나 이해 집단처럼 자신의 특수한 이익을 위해 활동하는 단체가 아니다. 도리어 교회는 성령님의 음성에 귀를 기울이고, 그리스도가 세상 어디에서 어떻게 일하시는지에 집중하면서, 종교 집단의 경영자로서가 아니라 '함께 부르심을 입은 거룩한 형제들'로서 존재한다.

## 모세보다 더 영광스러우신 분(3 : 1b–3a)

히브리서 설교자는 여기에서 "……예수를 깊이 생각하라 저가 자기를 세우신 이에게 충성하시기를……"(3 : 1–2)이라고 말하며 회중의 주의를 다시 한번 촉구한다. 다시 말해 히브리서 설교자는 회중의 소매를 끌어 잡고 "잘 들으시오. 오늘 우리 앞에 놓여진 주제는 예수님의 충성(faithfulness)에 관한 것이오."라고 말하는 것 같다.

그러나 그는 회중의 주의를 끌자마자 다른 주제, 곧 예수님에서 모세로 옮겨 가는 듯이 보인다. 그는 모세 역시 "하나님의 온 집에 충성했다."고 말한다(3 : 2 ; 민 12 : 7 인용). 이것은 마치 "베이브 루스(Babe Ruth)는 훌륭한 야구 선수였다."라고 말한 뒤, 곧이어서 "하지만 티 콥(Ty Cobb) 역시 뛰어난 야구 선수였다."라고 말하는 것과 비슷하다. 이러한 수사법을 통해 회중은 마음속에 두 명의 충성스런 사람들, 곧 예수님과 모세를 동시에 떠올리게 된다. 이는 사람들로 하여금 마음속에서 둘을 비교하게끔 유도하게 하고, 히브리서 설교자는 다음의 말을 이어가기 전에 회중이 이 비교 퍼즐을 궁리하도록 잠깐의 여유를 준다. 그리고 곧장 "저는 모세보다 더욱 영광을 받을 만하다."고 쐐기를 박는다(3 : 3).

모세가 이스라엘 사람들에게 가장 존경을 받는 인물 중 한 명이라는 점을 생각해 볼 때, 히브리서 설교자가 굳이 모세를 낮추면서 예수님을 높일 필요가 있었는지에 대한 의문이 든다. 차라리 줄리어스시저나 플라톤, 헤롯과 같은 인물들과 비교해서 예수님의 뛰어남을 부각시키는 것이 낫지 않았을까? 하지만 히브리서 설교자의 의도는 모세를 깎아내리려는 것이 아니라 예수님을 빛나게 하려는 것이다. 사실 초기 기독교 설교에서는 예수님의 위대성을 아브라함(요 8 : 53 참조), 야곱(요 4 : 12 참조), 솔로몬(마 12 : 42 참조), 다윗(마 22 : 45 참조), 모세(고후 3 : 7–18 참조) 등과 같은 구약의 거장들과 견주어 부각시키는 일이 흔했다. 중요한 것은 그 거장들의 업적에 흠집을 내려는 것이 아니라 아브라함, 다윗, 모세보다 더 큰 이가 여기에 있음을 알림으로써 그들의 우수성을 더욱 의미 있게 하려는 데 있다.

예수님과 모세의 비교는 설교의 앞부분에서 다루었던 예수님과 천사의 비교와 흡사하여,[4] 이 부분은 회중에게 상당히 친숙한 설교의 틀이라고 할 수 있다. 히브리서의 첫 독자들은 분명히 이 틀에 익숙해서 히브리서 설교자의 흐름에 보조를 맞추며 '아멘'으로 화답할 것이다. 다시 말하지만 이 부분의 목적은 절대로 모세를 공격하고자 하는 것이 아니다. 오히려 모세는 "하나님의 온 집에 충성했다."고 긍정적으로 표현하고 있고, 후에 모세를 믿음의 표본으로까지 추켜세운다(11 : 23 – 28 참조). 이 구절의 진정한 목적은 예수님의 강하고 변함없는 충성을 강조하고, 다음에 이어질 구절들의 서두를 장식하기 위함이다.

## 바뀌어진 존귀함(3 : 3b–6)

'보석 설교'(jewel sermon)란 복잡한 내용으로 시작해서 차차 그 실마리를 풀어 가며 마침내 진가를 드러내는 설교 전략을 일컬어 설교학자들이 부르는 용어이다. 히브리서 설교자는 여기에서 지금 이러한 방식을 사용하고 있다. 설교자는 민수기 12 : 7을 인용하여 "하나님의 온 집"(3 : 2)이라는 뛰어난 이미지를 사용하고 있다. 민수기에서 '하나님의 집'은 단지 하나님의 사람들을 지칭하는 말이었다. 그런데 히브리서 설교자는 이 이미지의 본래 문맥과는 무관하게 보석과 같은 비유로서 이 용어를 사용하여 빛을 발하게 하고 있다.

먼저 그는 이 이미지를 건축과 연관하여 사용한다. 여기에서 집은 건물로서 하나님의 집을 의미하는 교회 건물을 연상하게 한다. 모세와 같은

---

4. 1 : 5~14의 주석을 참조하라.

성인은 이 집의 중요한 부분으로서 들보나 지붕의 골격과 같은 역할을 한다고 할 수 있다. 그런데 중요한 것은 그 건물의 건축업자는 바로 예수님이라는 사실이다. 모세는 청사진상에서 한 부분을 차지하고 있을 뿐이고, 하나님이 바로 그리스도 안에서 건축가시요 세우시는 분이다(3 : 3 - 4).

하나님의 집에 대한 이미지가 비록 눈에 보이듯이 선명하지만, 히브리서 설교자는 그 이미지를 여기에서 다른 양상으로 옮겨 간다. 이제 '하나님의 집'은 더 이상 빌딩이 아니라 보다 입체적인 어떤 것이다. 즉, 살아 있는 공동체 또는 믿음의 집을 뜻한다. 1세기의 가정은 보통 여러 세대의 어른들과 아이들과 하인들이 함께 어우러진 대가족이었다. 즉, 현대의 핵가족과는 다른 복잡하고도 다양한 공동체였다. 히브리서 설교자는 지금 우리에게 하나님의 집을 이렇듯 여러 믿음의 선조들이 함께 어우러진 거대한 가족 관계로 제시하고 있다. 아브라함, 이삭, 드보라, 룻, 야곱, 라헬 등이 현재의 성도들과 함께 연결되어 거대한 가족을 형성하는 것이다. 그렇다면 모세와 예수님은 이 거대한 가족 관계 속에서 각각 어느 위치를 차지하고 있을까? 모세는 종으로서 하나님의 집에 충성을 다했다. 하지만 예수님은 아들로서 가족 관계 위에서(over) 충성을 다하신 분이다(3 : 5 - 6). 다시 말해 예수님은 상속자로서 하나님의 집을 책임지시는 분이다. 문지기는 누가 문으로 들어오는지를 알려 주는 일을 하듯이, 모세는 장래에 말할 것을 증거하기 위하여 하나님의 온 집에서 사환으로 충성하였다(3 : 5). 히브리서 1 : 1~2과 일맥상통하는 이 구절은 모세의 일을 선지자의 역할로 규정한다. 즉, 오실 아들에 대해 예언하고 알리는 일을 모세가 한 것이다.

그런데 여기서 한 번 더 전환이 이루어진다. 이번에는 아주 놀랄 만한 전환이다. 바로 '하나님의 집'은 '회중'이라는 것이다(3 : 6). 아마 사람들은 "모세는 하나님의 집에서 신실한 종으로 일했다. 따라서 우리 역시 그래야 한다."는 식의 부가 설명이 나올 것을 기대했을 것이다. 하지만 그렇지 않다. 이 보석과 같은 마지막 전환은 우리의 예상을 완전히 빗나간 뒤에 "우리가 바로 하나님의 집이다."라는 빛나는 명제를 던진다. 히브리서 설교자는 여기에서 극적인 화법으로 회중이 바로 그리스도를 통해 하나님이 지으신 믿음의 가정이라는 사실을 일깨워 준다. 그 믿음의 공동체 속에는 모세(그리고 모세에 의해 상징되는 모든 것들)가 종으로서 섬긴다. 모세는 그 가정의 일부분이고, 신실한 종으로서 이 집에서 섬겼다. 그런데 잊지 말아야 할 것은 그 집이 바로 회중이라는 사실이다. 하나님이 그리스도를 통해 이 집을 지으실 때 지어지고 있었던 것은 바로 그들, 즉 믿음의 공동체였다. 그리고 아들이신 예수님은 그 집에서 그들과 형제로서 함께 거하신다(2 : 11). 이 시점에서 우리는 히브리서 설교자가 모세를 언급한 이유와 예수님을 등장시킨 이유가 바로 회중을 부각시키기 위함임을 알 수 있다. 그들이 바로 하나님의 집으로서 아들이신 예수님에 의해 다스림을 받고 쉼을 얻으며 보호를 받는다. 한 설교자는 자신의 교회가 방화범에 의해 불탔을 때 이런 말을 했다. "그들은 교회를 불태운 것이 아니다. 그들은 교회가 들어 있던 건물을 태웠을 뿐이다. 교회는 여전히 우리 가운데 있다." 회중은 이제 히브리서 설교자가 시작 부분에서 "하늘의 부르심을 입은 거룩한 형제들아……"(3 : 1)라고 한 말을 이해할 수 있을 것이다. 그 말은 그저 인사치레로 한 말이 아니라 이 설교가 궁극적으로 지향하고 있는 핵심을 보여 준 말이다.

이 단락의 논지는 다음의 교차 대구법으로 이루어진 목차를 살펴보면 쉽게 이해될 수 있다.

A 회중의 정체성 : 형제들과 자매들, 거룩한 동역자들(3 : 1a)
  B 예수님과 모세 : 둘 다 충성됨(3 : 1b – 2).
    C 하나님이 예수님을 통해 집을 건축하셨기 때문에 예수님이 더 귀하다(3 : 3 – 4).
  B' 예수님과 모세 : 모세는 집의 종이지만, 아들이신 예수님은 그 집 위에 계신다(3 : 5 – 6a).
A' 회중의 정체성 : 하나님의 집(3 : 6b)

교차 대구법으로 이루어진 위의 구조는 A와 B가 중간에 위치한 C의

작용으로 인해 A'와 B'로 바뀐다는 점을 보여 준다. 다시 말해 C에서 어떤 일이 일어나서 A와 B를 보다 깊이 있는 내용의 A'와 B'로 변화시킨 것이다. 이 본문의 축을 이루고 있는 C('하나님이 예수님을 통해 집을 건축하셨기 때문에 예수님이 더 귀하다', 3 : 3-4)는 예수님을 집을 다스리는 아들의 위치로 격상시킬 뿐만 아니라 청중의 위치도 격상시킨다. 즉, 거룩한 동역자들인 그들이 바로 하나님에 의해 지으심을 받고 아들에 의해 다스림을 받는 집이라는 것이다.

마지막에 나오는 조건절("우리가 소망의 담대함과 자랑을 끝까지 견고히 잡으면", 3 : 6)은 히브리서에 나오는 또다른 윤리 강령의 예이다. 교회는 그 삶과 섬기는 모습에 의해 하나님의 집이라고 인정을 받는다. 유명한 건축가 프랭크 로이드 라이트(Frank Lloyd Wright)가 말했듯이, "집을 디자인할 때 당신은 고객들에게 어떤 집에서 살고 싶은지를 물어야 할 뿐만 아니라, 그들이 그 집에서 어떠한(무엇을 위한) 삶을 살 것인지를 분명히 확인해야 한다." 만약 회중이 하나님께 최후의 순간까지 충성을 다하고자 한다면, 정말 그들이 하나님의 집이 되고자 한다면, 그들의 믿음은 현재의 상황에서 일어나는 모든 어려움들을 이겨 낼 수 있는 견고한 터 위에 세워져야 한다. 그들이 단지 눈에 보이는 것만을 신뢰한다면, 그들은 곧 갈 곳을 몰라 방황하게 될 것이다. 하지만 그들이 귀로 들은 것, 즉 소망 안에서만 알 수 있는 것을 굳게 붙잡고 살아간다면, 그들은 '담대함'과 '자랑'을 겸비한 교회가 될 것이다(3 : 6).

흥미롭게도 '담대함'이라고 번역된 단어의 원뜻은 사람이 느끼는 감정 이상의 것을 의미한다. 그것은 말하는 방식, 즉 확신에서 우러나오는 자연스럽고 당당한 연설을 의미한다. 또한 "자랑"(3 : 6)이라고 번역된 단어의 원뜻은 한 단계 더 나아가 '자랑하며 목소리를 높이는 것'과 같은 의미를 담고 있다. 이러한 이유들로 인해 히브리서 설교자는 하나님이 말씀하셨다는 말로 설교를 시작했고(1 : 1-2), 지금은 교회가 그 말하는 사역을 이어받았다고 주장하는 것이다. 그러면 교회는 언제 담대하고 자랑하는 말을 하게 되는가? 바로 세례 시에 "당신은 세례를 통해 성령님의 인침을 받았고, 하나님의 영원한 소유가 되었습니다."라고 말하는 순간이다. 고열로 고통받는 환자의 병상에 앉아 조용히 "여호와는 나의 빛이요 나의 구원이시니 내가 누구를 두려워하리요"(시 27 : 1a)라는 시편의 말씀을 읽어 줄 때이다. 장례식장에서 "마음에 근심도 말고 두려워하지도 말라"(요 14 : 27b)고 담대히 말하는 순간이다. 공기와 물을 오염시키는 자들에게 "이 지구는 당신의 것이 아니라 하나님의 것이요."라고 말하고, 사람들 사이를 이간질하는 자들에게 "당신은 하나님이 외모로 사람을 취하시는 분이 아니라는 걸 모르시나요?"라고 용감하게 말할 때이다. 중요하고도 처신하기 힘든 상황에 처했을 때, 마틴 루터 킹(Martin Luther King, Jr.) 목사가 그랬던 것처럼 "나는 지금 염려하지 않는다. 나는 산꼭대기에 올랐다. 나의 눈은 영광 중에 오시는 주님을 바라본다."라고 담대히 말하는 때이다. 그러한 말들은 하나님의 약속의 신실하심에 대한 깊은 확신으로부터 나오기 때문에, 그 말 속에는 '담대함'과 '자랑'이 담겨져 있다. 이런 의미에서 담대함과 자랑은 교만이 아니라 소망에 속해 있다(3 : 6).

# 지금은 안식을 배우라

## 히브리서 3 : 7~4 : 13

우리는 앞에서 회중은 바로 하나님의 집이라는 사실을 살펴보았다. 그들은 바로 하나님에 의해 지음을 받고, 예수님에 의해 다스림을 받는 집이라는 말씀이다. 이 말을 들은 회중은 깜짝 놀라기도 했겠지만, 아마도 그로 인해 새로운 안목을 가지게 되었을 것이다. 실로 이는 교회론에 있어서 탁월한 교리적 설명임에 틀림없다. 하지만 문제는 본문의 회중뿐만 아니라 그 어떤 회중도 이 교리를 현실의 삶 속에서 믿는 것이 쉽지 않다는 것이다. 문제와 갈등의 소용돌이 속에서 겨우 연명해 가는 듯한 작은 교회가 사람들에게 매력적이거나 거룩해 보이기 힘든 것이 현실이다. 심지어 가장 활력이 넘치는 교회에서도 지치는 사람들은 생겨나기 마련이다. 그들의 다리는 휘청거리고 손의 힘은 빠진다. 예배는 무미건조하고 생명력이 느껴지지 않는다. 갈등은 그들 가운데서 계속적으로 생겨난다. 선교의 일은 계속 위기에 봉착한다. 실로 그러한 하나님의 집 또는 교회는 인간적인 눈으로 볼 때, 임시로 세워진 천막처럼 보여서 금방이라도 쓰러질 것 같고, 한순간에 날아가 버릴 것처럼 위태로워 보인다.

C. S. 루이스(C. S. Lewis)의 책 가운데 실감나게 묘사되고 있는 가상

마귀 스크루테입(Screwtape)이 부하 귀신들에게 매우 그럴듯한 말을 했다. 그는 부하들에게 인간들로 하여금 상상 속에 있는 완벽한 교회와 문제가 많은 실제 교회 사이에서의 괴리감으로 인해 끊임없이 실망하도록 사람들을 유도하라고 지시한다.

> (네가 노리는 희생양이) 교회 안으로 들어가면, 그는 얼굴에 기름이 번지르르한 이웃 가게 주인으로부터 도무지 이해할 수 없는 작고 번쩍이는 예식서 한 권과 지키지도 못하는 수많은 기도문들이 제멋대로 나열되어 있는 너덜너덜한 책 한 권을 받게 된다. 그가 고개를 들어 주위를 둘러보면, 평소 그가 마주치기를 꺼려하던 사람들만 뽑아다 놓은 것처럼 정나미가 떨어지는 얼굴들만 보인다. 너는 그 얼굴들을 잘 활용해야 한다. 그 희생양의 맘속에 소위 '그리스도의 몸'과 같은 거룩한 이미지와 실제 회중석에 앉아 있는 얼굴들을 계속 대비시켜 주어라.[1]

히브리서 설교자의 설교를 듣고 있는 회중들은 지금 교회의 부족함과 연약함으로 인한 낙심뿐만 아니라, 핍박이라고 하는 현실적인 난제도 안고 있다. 어떤 형태의 핍박이 있었는지 정확히는 알 수 없으나, 확실한 것은 과거와 현재에 상당한 핍박이 있어서 그들의 믿음의 토대를 흔들고 신앙고백의 기둥을 헐고 있다는 점이다. 그들은 지금 "피곤한 손과 연약한 무릎"(12 : 12)으로 인해 고통을 받고 있고, 고난과 비방과 환란의 기억이 여전히 생생하다(10 : 32-34). 어떤 곳에서는 혼란의 한복판에서 자기 소유를 약탈당하는 일도 있었다(10 : 34). 그런데 더 중요한 것은 신학적 확신마저 흔들리고 있다는 점이다.

이러한 이유들 때문에 설교자는 이제 낙심해 있는 회중을 향해 정면으로 대면해서 선다. 그들은 반복되는 교회 사역에 지쳐 있고, 지속되는 분쟁 속에 지쳐 있으며, 섬기기만 하는 현실에 지쳐 있다. 아니, 그들은 그리스도인이라는 사실 하나만으로도 몸서리치고 있다. 이러한 현실의

---

1. C. S. Lewis, *the Screwtape Letters*(New York : Macmillan co., 1962.), pp. 15-16.

고초는 그들의 신앙을 좀먹는다. 이들에게 있어 즐거워야 할 그리스도인의 삶은 고통과 좌절 외에는 아무것도 아니다. '하나님의 집'은 도리어 고통의 집처럼 여겨질 뿐이다.

그리고 그들의 환멸에 대해 말씀을 전하기 위해 설교자는 이 설교의 가장 중요한 주제로 돌아간다 : 변함없는 지속적인 믿음 가운데서 외관은 기만할 수 있다. 실로 하나님의 약속은 그들이 귀로 듣는 것과 같지 않다는 것은 언제나 진리이다. '거룩한 나라'에 대한 약속은 위험 가운데 빠진 이삭, 교활한 야곱, 음탕한 다윗에게서 보는 것과 같이 연약한 인간의 의지에 의해 매달려 있다. 하나님의 택함받고 구원받은 백성들은 하나의 국가라기보다는 이리저리 광야를 방황하는 유목민과 같이 보였다. 그들은 그러한 여정에서 두려워하고, 그들의 삶의 여건 때문에 불평하고, 애굽에서의 과거의 시간들을 더 좋게 생각하면서 어리석게도 차라리 그곳으로 돌아갔으면 하고 옛날을 그리워하는 사람들이다. 젖과 꿀이 흐르는 약속의 땅은 피와 땀과 눈물의 땅과 같이 느껴진다. 구주가 되시는 메시야를 대망해 왔지만 그것은 베들레헴의 어느 마구간 여물통에 넝마와 같은 누더기에 싸여 있는 아기로 현실로 드러나게 되었다. 그리고 그리스도 안에서 기쁨에 넘치는 삶은 고작 저항하는 삶과 고난으로 가득 찬 삶으로 판명되게 되었다. 하나님의 약속은 그들이 들었던 것과 같지 않았다. 이와 같이 질문은 여기에서 다시 제기되게 된다 : 교회는 그들이 들은 것과 본 것, 즉 복음 혹은 고난을 믿어야 하는가?

## 안식일의 안식(3 : 7-11)

낙심한 회중의 감정을 위로하기 위해 설교자는 "안식"이란 주제로 설교 속에 별도의 짧은 설교를 제시한다. 그 설교는 세 개의 대지로 되어 있고, 내용이 성경에 매우 충실하다. 설교자는 이 설교가 당시의 회중에게 적합한 성령님의 음성이라고 믿었다(3 : 7). 그는 시편 95 : 7b~11을 본문으로 삼아 회중에게 길게 인용하며 설교를 한다(3 : 7-11). 본문의 선택은 두 가지 점에서 옳았다. 먼저, 본 시편은 히브리서 설교자가 이미 다루었던 몇 개의 주제들과 연결점을 가지고 있다. 가령 본문은 광야에서 이스라엘 백성이 불순종했던 예를 드는데, 이것은 3 : 1~6에서 강조했던 모세의 행적과 명백히 연결점을 갖는다. 더욱이 히브리서 설교자가 앞서 강조하고자 했던 주제(2 : 1-4 참조), 곧 '방황과 불신앙의 위험'에 대해 본문은 잘 묘사하고 있다. 또한 본 시편은 "오늘날 너희가 그의 음성을 듣거든"(3 : 7)이라는 구절을 담고 있는데, 이는 눈과 귀의 싸움, 그리고 사실이라고 느끼는 것(what is felt to be true)과 믿을 만한 증언에 의해 뒷받침된 말(the word reported by faithful witness) 사이의 싸움에서 언제나 귀와 말이 승리한다는 점을 보여 준다. 따라서 히브리서 설교자의 강조점은 복음에 대한 들음과 그 '들은 것'에 바탕을 둔 믿음에 전적으로 놓여져 있다.

둘째, 본 시편은 중요한 두 개의 신학적 용어, 즉 "오늘날"(3 : 7)과 "안식"(3 : 11)이라는 단어들을 제시하는데, 히브리서 설교자는 이 두 단어를 사용하여 자신의 설교의 내용을 일관되게 통일시키고자 한다. 히브리서 설교자는 다른 대지들보다 이 두 번째 대지를 가장 중요하게 생각한다. 히브리서 설교자가 사용한 '오늘날'이라는 단어는 단지 달력상의 오늘을 가리키는 말이 아니라, 인간의 경험이 이루어지는 일상적인 의미에서의 현재를 의미한다. 다시 말해 매일매일이 바로 오늘이다. 또한 '오늘날'이란 개념은 긴박한 시간, 믿음을 위해 중요한 시기 또는 결단을 내려야 할 신성한 시간, 즉 '영원한 현재'를 뜻하는 카이로스(kairos)의 시간을 의미한다.

히브리서 설교자가 사용한 '안식'이라는 용어는 그 의미가 더 복잡한데, 이 한 단어에 중요한 세 개의 주제가 담겨져 있다. 먼저, '안식'은 태초에 있었던 창조 사건(창 2 : 1-3)을 떠오르게 한다. 당시 하나님은 '그 창조하시며 만드시던 모든 일을 마치시고' 일곱째 날에 '안식'하셨다. 두 번째로, '안식'은 시간의 끝, 다시 말해 그리스도가 주님으로 나타나셔서 구속 사역을 모두 마치는 때를 의미한다. 그때가 되면 모든 슬픔과 고통은 끝이

나고, 죽음도 삼킨 바 될 것이다. 또한 인간과 피조세계의 만족을 위해 하나님의 뜻을 거슬렀던 모든 것들이 무너질 것이다. 세 번째로, '안식'은 중간 시기를 사는 신실한 그리스도인들에게 가능성을 제시해 준다. 이 중간 시기는 하나님의 사람들이 인생에서 안식일(Sabbath Days)로 삼을 만한 시기인데, 이 시기는 완성된 하나님의 사역에 대해 감사하는 시기인 동시에 소망 안에서 그분의 최종적인 사역 마무리를 기다리는 시기이기도 하다. 하나님의 사람들이 예배의 처소에 나아가 하나님의 승리를 확신하며 찬양할 때, 그리고 현재의 위기 속에서도 하나님의 승리를 확신하는 자들로서 윤리적인 삶을 살아갈 때, '오늘날'(today)은 바로 '안식 휴일'(Sabbath rest)이 된다.

'안식'과 관련된 이 세 가지 측면이 모두 실려 있는 찬송이 있으니, 바로 "교회의 유일한 기초"(Church's One Foundation, Samuel J. Stone 곡, 1866)라는 곡이다. 1절은 창조에 대한 내용을 담고 있는데, 특히 그리스도 안에서의 새 창조를 그리고 있다.

> 교회의 기초는 예수 그리스도, 우리 주님이시라네
> 교회는 그분 안에서 물과 말씀으로 새로이 창조되었다네
> 그는 하늘로부터 오시어 교회를 거룩한 신부로 삼으셨네
> 자신의 피로 교회를 사시고, 교회를 위해 친히 죽으셨네

두 번째 절에서 찬송은 시간의 끝을 소망하는 '안식'에 대해 노래한다.

> 교회가 핍박과 고통과 근심 가운데 있을 때에도
> 교회는 영원한 평화가 이루어지길 기다리네
> 영광스런 환상 가운데 우리의 기다림이 꽃피는 그날까지
> 승리한 교회는 주님의 안식을 맛보게 되리

마지막 절은 중간 시기의 '안식'(Sabbath)을 의미하는 '쉼'을 구체적으로 묘사해 준다.

그러나 교회는 이 땅에서 삼위일체 하나님과 연합해 있다네
그리고 그분 안에서 안식을 얻은 이들도 서로 연결되어 있다네
주님, 주 안에서 기쁨을 얻은 우리에게 은혜 내려 주소서
겸손하고 마음이 가난한 자는 주와 함께 영원히 거하리라

"하나님"(God)이라는 제목의 고대 그리스의 한 드라마를 다룬 연극에서 우디 앨런(Woody Allen)은 예상치 못한 사고를 경험한 적이 있다. 당시 대본에 의하면, 신들의 아버지인 제우스 신이 혼란과 자기 파괴의 늪에 빠져 있는 인간을 구하기 위해 천둥과 번개 속에서 지상으로 하강하는 장면이 있다. 그런데 불행히도 제우스 역을 맡은 배우가 몸에 쇠줄을 묶은 채 천장으로부터 낙하하다가 줄이 꼬여서 목을 휘감았고, 이내 그 배우는 질식사하고 말았다. 그 광경을 보고 깜짝 놀란 모든 사람들은 혼란에 빠졌는데, 갑자기 한 배우가 그 혼란을 수습하기 위해 장엄한 목소리로 다음과 같은 대사를 했다. "신은 죽었습니다. …… 이제 모든 게 끝났습니다."[2)]

히브리서 설교자에 의하면 인생의 드라마를 끝내려는 시도, 즉 위기에 처해 있는 듯한 현 상황을 하나님의 대본보다 더 좋게 보이는 방향으로 바꾸려는 시도는 분명히 잘못된 것이다. 이 시도는 하나님이 죽었거나 없다고 생각될 때, 또는 하나님의 약속의 신실함에 대한 확신이 흔들릴 때, 또는 복음의 능력이 너무나 미약하게 느껴질 때 우리가 취하는 태도이다. 상황이 긍정적으로 돌아갈 때는 믿음을 지키는 일이 어렵지 않다. 그런데 문제가 발생하고, 슬픔의 폭풍이 일기 시작하고, 실패의 잡초들이 정원을 가득 메우고, 사망의 음침한 골짜기가 드리우고, 영적인 광야 속에서 갈증에 허덕이고, 지옥의 문이 가까이 있다고 느낄 때, 우리는 모든 것을 끝내 버리고 싶은 유혹을 받게 된다. 그리고 하나님의 원래의 대본을 좀더 행복하고, 쉽고, 흥미진진하고, 안전하고, 덜 부담스러운 방향으로 고치고 싶어한다. 아니, 적어도 우리가 직접 만지고, 보고, 잡을 수 있을

2. Woody Allen, *Without Feathers*(New York : Random House, 1975), pp. 141, 173-175.

정도로 현실성 있는 이야기로 바꾸고 싶은 유혹에 빠지게 된다.

하나님의 대본을 다른 방향으로 바꾸는 잘못은 역사적으로도 여러 번 나타났던 문제이다. 모세가 한없이 시내 산에서 지체하고 있을 때, 사람들은 도대체 들려오지 않는 말씀과 도무지 나타나지 않는 지도자(모세)를 기다리다가 지쳐 버렸다. 그래서 그들은 아론을 설득해서 그들을 위해 다른 결말을 만들어 내도록 다음과 같이 청한다. "……우리를 인도할 신을 우리를 위하여 만들라……"(출 32 : 1). 예수님이 제자들을 향해 앞으로 예정된 예루살렘으로의 여정이 고통과 죽음의 길이 될 것이라고 말했을 때, 베드로는 예수님께 대본을 다시 쓰도록 다음과 같이 요청한다. "주여 그리 마옵소서 이 일이 결코 주에게 미치지 아니하리이다"(마 16 : 22). 갈라디아 지역의 교회들에게 복음을 전하던 바울은 갈라디아 사람들의 갑작스런 의심과 불신으로 인해 어쩔 수 없이 그 지역을 떠나면서 다음과 같은 말을 했다. "그리스도의 은혜로 너희를 부르신 이를 이같이 속히 떠나 다른 복음 좇는 것을 내가 이상히 여기노라"(갈 1 : 6).

히브리서 설교자 역시 복음을 더 매력적인 다른 이야기로 쉽게 바꾸어 버리는 인간의 습성을 잘 알고 있었다. 회중에게 있어 정말로 힘든 것은 하나님의 약속된 구속이 하염없이 연기되는 것 같고, 믿음을 끝까지 지켜 줄 만한 확실한 증거가 없어 보이는 상황에서도 하나님의 약속을 굳게 신뢰하면서 자기 자리를 지키는 일이다. 신약의 종말론에 관한 강의에서 신학자 크리스토퍼 모스(Christopher Morse)는 "믿음 있는 자가 복음에서 들을 수 있는 진정한 핵심은 바로 약속이다. 그 약속은 오직 하나님만이 하실 수 있고, 지키실 수 있다. 그 약속은 어떠한 역경도 구원받은 주의 백성들에게서 그리스도를 빼앗아 가지 못하도록 지켜 주고, 모든 해로운 것들로부터 우리를 보호해 준다."[3] 히브리서 설교자는 믿음의 공동체에게 가장 중요한 것은 그 약속을 신뢰하는 일이라는 점을 알고 있다. 다시 말해 그리스도인들은 지금도 살아 역사하시는 하나님의 대본이 분명히

---

3. Christopher Morse, *Not Every Spirit : A Dogmatics of Christian Unbelief*(Valley Forge, Pa. : Trinity Press, 1994), p. 334.

결말까지 그대로 이루어지리라는 점을 깊이 신뢰하고, 그 대본의 플롯(plot)대로 살아가야 한다.

히브리서 설교자는 하나님의 창조와 구속의 이야기를 수없이 많은 인물들이 등장하는 한 편의 긴 드라마로 보고 있다. 인간은 도덕적으로 자유로울 수 있고, 대사와 장면들을 그때그때 바꿀 수 있는 권한도 부여받았다. 하지만 전체적인 플롯은 하나님이 직접 짜신 디자인에 따라 움직인다. 그러므로 신실하게 산다는 것은 하나님의 플롯에 맞추어 살아가는 삶을 의미한다. 일곱 번째 날에 극작가이신 하나님은 쉬셨고, 모든 기본적인 플롯의 윤곽은 마무리되었고 온전해졌으며 완벽해졌다. 배우들인 우리는 그 플롯에 대해 들었고, 하나님의 계획에 따라 그 연극의 방향이 어디로 향할지를 알고 있다. 하지만 우리는 대단원을 향한 여정에서 그 배역을 어떻게 소화해 낼지에 대한 자유를 부여받았다.

그러나 문제는 그 연극이 너무 길고, 매우 복잡한 플롯을 가지고 있다는 데 있다.

너무나 많은 우여곡절과 예상치 못한 난관이 기다리고 있고, 이해하기 힘든 부분도 많고, 비극적이고 고통스런 순간이 계속 이어진다. 그래서 우리는 쉽게 길을 잃어버리거나 한 장면에 너무 집착한 나머지 전체적인 흐름을 놓치곤 한다. 때로 어떤 배우들은 비극적인 한 장면에 지나치게 몰입해서 다음 장면을 이어 가지 못한다. 또 어떤 이들은 플롯의 흐름을 잃어버린 채 하염없이 방황하다가 중간에서 연극을 포기하는 경우도 있다. 그 밖에도 연극 속에서 참다운 의미를 발견하지 못하여 플롯을 무시하고 제멋대로 연기하는 배우들도 있다.

이런 복잡한 이유들로 인해 배우들은 지치고 혼란에 빠진다. 우리를 바로잡아 줄 수 있는 유일한 길은 지속적으로 원래의 플롯을 상기시키는 일밖에 없다.

이것이 바로 히브리서 설교자가 히브리서 설교 속 또다른 작은 설교를 통해 주고자 하는 메시지이다.

## 세 개의 대지와 한 편의 예화(3 : 12-4 : 13)

히브리서 설교자는 시편 95편을 본문으로 하여 소위 3대지 설교를 한다. 첫 번째 대지에서, 그는 과거에 이스라엘 백성들이 불순종했던 예를 들면서 "……너희 중에 누가 믿지 아니하는 악심을 품고 살아 계신 하나님에게서 떨어질까 염려할 것이요"(3 : 12)라고 경고한다. 다시 말해 선조들처럼 하나님의 신실하심에 대해 의심하거나 그분의 거룩한 드라마를 포기하지 말라는 의미이다. 교회의 구성원들은 "그리스도와 함께 참예한 자"(3 : 14)이자 하나님의 거룩한 드라마의 배우들로서, 서로에게 대본 전체를 늘 상기시켜야 하고, 매일 피차 권면해야 한다(3 : 13, '매일'은 '오늘'과 같은 의미이다). 그렇지 않으면 그들은 죄의 유혹으로 강퍅케 될 것이다(3 : 13).

죄는 거짓의 영으로서 교회에 다음과 같이 속삭인다. "이 연극은 방향을 잃었어. 하나님의 드라마는 목적도 의미도 잃어버린 부조리한 극일 뿐이야. 괜히 헛고생하지 마. 이 모든 고통과 희생과 괴로움은 절대로 보상받지 못해. 이 비극을 그만두더라도 넌 얼마든지 더 나은 배역을 맡을 수 있어. 너 스스로의 극본을 써 봐." 하지만 히브리서 설교자는 그러면 안 된다고, 자신의 극본을 마음대로 써서는 절대로 안 된다고, 힘들어도 낙심하지 말라고 간절히 호소한다. 히브리서 설교자는 우리가 예배를 통해 반복해서 리허설했던 내용을 기억하라고 촉구한다. "넌 아직 대단원까지 도달하지 못했어. 아직 대단원을 볼 수 있는 때가 아니야. 하지만 넌 그 대단원에 대해 들어서 알고 있잖아. 마지막에 어떻게 반전이 일어나는지를 기억해. 마지막까지 처음의 확신을 잃어버리지 마"(3 : 14 참조). 히브리서 설교자는 우리가 이스라엘 자손들처럼 되어서는 안 된다고 강조한다. 그들은 모세를 따라 이집트를 탈출할 때만 해도 대본을 충실히 따랐다. 하지만 광야에 들어서자 그만 그 대본과 하나님에 대한 믿음을 잃어버렸고, 마침내 반란을 일으켰다. 결국 그들은 안식의 처소인 대본의 마지막 장면까지 도달하지 못했다(3 : 16-19 ; 민 14 : 20-23 참조).

설교의 두 번째 대지(4 : 1－5)에서, 히브리서 설교자는 회중에게 비록 우리가 힘들고 지쳐 있지만, 하나님의 약속은 여전히 유효하기 때문에 그 약속에 도달하지 못하는 이들이 없어야 한다고 주의를 준다(4 : 1). 앞서 살펴보았듯이 '안식'이라는 말은 하나님의 완전한 뜻을 나타내는 신학적 용어이다. '안식'은 태초에 하나님이 창조 사역을 끝내신 후 취하셨던 '안식일의 휴식'(Sabbath rest)을 지칭하는 말이다. 또한 '안식'은 미래적 개념으로서 구속 사역의 마무리를 가리키는 말이다. 그때가 되면 주께서 하늘에 있는 자들과 땅에 있는 자들과 땅 아래 있는 자들로 모든 무릎을 예수의 이름에 꿇게 하시고, 모든 입으로 예수 그리스도를 주라 시인하여 하나님께 영광을 돌리게 하실 것이다(빌 2 : 10－11).

그러나 '안식'이란 말은 처음이나 마지막 시기에만 해당되는 말이 아니다. 그 말은 중간시기에 하나님의 뜻에 참여한 그리스도인으로서의 조용하고도 확신에 찬 삶을 나타내는 말이기도 하다(4 : 3). 지금도 그리스도인들은 혼란과 고통 속에서 매일을 살아가지만, 그들이 신실하게만 살아간다면 그 삶은 영원하신 하나님의 목적과 부합할 수 있다는 것이 하나님의 약속이다. 우리가 이해할 수 없는 신비한 방법으로 하나님은 우리의 기도와 신실한 행위들을 그분의 구원 역사에서 귀하게 사용하신다. 하나님의 역사의 때가 차면 비로소 다음과 같은 결과들이 나타날 것이다. 곧 악이 아니라 하나님의 선이 승리할 것이다. 미움이 아니라 하나님의 사랑이 이길 것이다. 하나님의 온전함이 질병을 극복할 것이다. 죽음의 권세가 아니라 하나님의 아들이 보좌에 앉으실 것이다. 따라서 이 중간시기에 사용되는 '안식'이란 말은 일을 멈추는 것을 의미하지 않는다(일의 정지는 나중에 이루어진다 ; 4 : 10 참조). 도리어 지금의 안식은 하나님의 약속을 성취하는 일에 동참하는 것이요, 그분의 은혜를 힘입는 일군으로서의 기쁨을 뜻한다. 따라서 하나님의 '안식'은 평안의 선물인 동시에 고통의 그림자이기도 하다. 즉, 예수님은 맑은 날에 안식을 주신 것이 아니라 배신이 있던 그 어두운 날에 제자들에게 안식을 선물로 주셨다. "평안을 너희에게 끼치노니 곧 나의 평안을 너희에게 주노라 내가 너희에게 주는 것은 세상이 주는 것 같지 아니하니라 너희는 마음에 근심도 말고 두려워하지 도 말라"(요 14 : 27).

하지만 그런 확신어린 '안식'은 쉽게 얻어질 수 있는 것이 아니다. 히브리서 설교자는 다시금 이스라엘을 부정적인 표본으로 제시하면서 회중에게 경고한다. 이스라엘과 교회는 모두 복음, 즉 하나님의 창조와 구원의 말씀을 받았다(4 : 2). 하지만 듣는 자가 믿음을 화합지 못했기 때문에 (4 : 2) 복음이 (이스라엘 자손)에게 유익을 끼칠 수 없었다. 그러면 그 '듣는 자'는 누구인가? 이 부분은 사실 조금 애매한 구석이 있지만, '교회'를 지칭한다고 보는 것이 가장 올바른 이해일 것이다. 이스라엘 자손이 복음의 유익을 얻지 못했다고 히브리서 설교자가 말한 이유는 그들이 교회에 연결되지 못했기 때문일 것이다. 어떤 사람들은 이 부분에 대해 다소 과격한 이해, 다시 말해 신실한 교회는 불순종한 이스라엘의 대체물이라고까지 생각한다. 하나님이 이스라엘을 아예 지워 버리시고, 대신 그리스도의 교회를 대안으로 세우셨다는 말이다.

하지만 그러한 이해는 히브리서 설교자의 본 의도와 상반된다고 하겠다. 여기에서 설교자는 현재의 교회에게 경고를 하기 위해서 과거 이스라엘이 경험한 실패들을 예로 사용하고 있다. 다시 말해 교회가 이스라엘보다 낫다고 두둔하려는 것이 아니라는 사실이다. 히브리서 설교자의 진정한 목적은 아담과 아브라함으로부터 마지막 때까지의 모든 하나님의 백성들이 전부 견고한 믿음의 끈으로 연결되어 있다는 점을 상기시키고자 하는 데 있다(11 : 1-40 참조). 연결점이 없으면 하나로 이어질 수 없는 법이다. 교회든 이스라엘이든 그 집단 내부에 믿음의 연결점이 없으면 하나님의 뜻은 절대로 그 안에서 성취될 수 없다. 우리의 시대가 하나님의 드라마로 펼쳐질 때 우리는 각자의 맡은 역할을 감당해야 하고, 하나님의 이름으로 말하고 행동해야 할 책임이 있다. 이를 위해 우리가 부르심을 받았기 때문이다. 그런데 그 드라마의 장면들이 진정한 값어치를 하려면 과거와 미래의 믿음을 연결할 수 있는 고리 역할을 해야 한다.

이런 의미에서 이스라엘을 위협한 문제는 히브리서 설교자의 회중에게도 똑같은 문제가 될 수 있다. 다시 말해 그 문제는 바로 이것이다. 회중은 자신의 시간과 역량을 벗어나는 일에 대해서는 너무나 둔감하다. 그 어떤 것도 확실히 알 수 없기 때문에 좌절에 빠지게 되는 것이다. 이러한 한계 때문에 이스라엘은 반항했고, 하나님의 각본에서 벗어났으며, 하나님의 구원에 대한 확신을 잃어버렸고, 하나님이 약속하신 안식으로 들어가지 못했다. 이는 하나님의 구원의 드라마 속에서 자신의 역할이 어떻게 앞뒤와 연결되어 있는지를 깨닫지 못했기 때문이다. 즉, 그리스도와 고회를 통한 하나님의 구원의 완성이라는 큰 그림을 그들이 알지 못했기 때문이다.

그러면 과연 이스라엘 자손이 그 기막힌 그림에 대해 알 수 있는 방법이 있었을까? 그들이 교회에 대해 미리 엿볼 수 있기라도 했단 말인가? 히브리서 설교자는 믿음으로 그들이 알 수 있었을 것이라고 주장한다. 하나님의 대본은 결코 불완전하거나 의심스런 내용으로 점철되어 있지 않다. 진실로 하나님의 대본은 "세상을 창조할 때부터"(4 : 3) 완성되어 있었다. 그들이 물론 이것을 직접 볼 수는 없었다. 하지만 모세와 선지자들과 다른 사람들로부터 그 약속에 대해 들어서 알고 있었다. 따라서 믿음으로 그들은 이 구원의 약속에 대해 신뢰할 수 있었고, 드라마가 진행 중이며 승리의 대단원을 향해 나아가고 있다는 것을 알 수 있었다. 하지만 그들은 역경 속에서 길을 잃게 되어 그 드라마가 전 우주적인 스케일을 가지고 있다는 것을 잊어버렸고, 하나님이 모든 나라를 회복하시리라는 믿음도 잃어버렸으며, 하나님이 결국에는 모든 적들을 파하실 것이라는 사실도 믿을 수 없었다. 그래서 그들은 방황했고, 반항했으며, 소망을 내동댕이쳐 버렸다.

하지만 과거 하나님의 사람들의 실패에 대해 지금의 교회가 조소할 만한 여유는 전혀 없다. 교회 역시 같은 유혹에 빠져 믿음을 잃어버리고 방황할 여지가 얼마든지 있기 때문이다. 이 점은 바로 히브리서 설교자가 본 설교에서 강조하고자 하는 세 번째 주안점이다(4 : 6-11). 교회는 기억을 새롭게 하기 위해 하나님의 대본 전체를 다시 들을 필요가 있고, 그 말씀을 믿음으로 삶 속에서 실천해야 한다. 우리는 언제 그렇게 해야 하는가? 물론 오늘이다. 진행되던 이야기가 끝나지 않았기 때문이다. 드라마는 여전히 계속되고 있다. 여호수아가 사람들을 약속의 땅으로 이끌고 들어간 이후에도 드라마는 끝나지 않고 계속되었다(4 : 8). 이것이 바로 오늘, 즉 긴박한 순간(the urgent moment)인 셈이다. 설교의 단어들이 회중의 귀에 꽂힐 때, 복음의 약속들이 예배당에서 울려 퍼질 때, 비로소 히브리서 설교자의 입을 통한 하나님의 말씀은 우리의 정신을 번쩍 들게 하고, '오늘'에 대해서 촉각을 곤두세우게 한다. "오늘날 너희가 그의 음성을 듣거든 너희 마음을 강퍅케 말라"(4 : 7). 하나님의 말씀을 제대로 들은 사람들은 정신을 차리고 다시 무대로 나아가, 나뒹굴고 있는 대본을 다시 주워들고 자신의 대사를 찾아 읽게 된다. 여전히 배역은 힘들고, 요구되는 책임은 과중하다. 참아야 할 고통이 있고, 짊어져야 할 십자가가 있다. 하지만 대본 전체를 통해 승리하신 주님에 대해 떠올리게 될 때 커다란 기쁨이 위로로 주어진다. 우리는 그 드라마가 안식일 휴식으로 거침없이 나아가고 있다는 사실을 발견하게 된다. 그 안식 안에서 하나님은 생명수 샘으로 인도하시고 저희 눈에서 모든 눈물을 씻어 주실 것이다(계 7 : 17). 이 약속을 듣고 믿은 자들은 드라마의 중간 부분인 지금 시점에서도 그 안식을 맛볼 수 있다. 히브리서 설교자는 이 세 번째 주안점을 다음과 같이 소리 높여 마무리한다. "그러므로 우리가 저 안식에 들어가기를 힘쓸지니 이는 누구든지 저 순종치 아니하는 본에 빠지지 않게 하려 함이라" (4 : 11).

히브리서 설교자는 설교 속의 또다른 작은 설교에서 강조한 세 가지 사항들을 한 편의 시 또는 찬송의 형태로 압축하여 표현한다. 그 내용은 하나님의 말씀의 능력에 대해 찬양하는 것이다(4 : 12-13). 좌우에 날 선 검보다도 더 날카로운 하나님의 말씀은 하늘과 땅 사이를 가로막는 커튼을 뚫고, 인간의 내면 깊숙한 곳을 찔러서 마음의 생각과 뜻을 감찰한다. 이 칼은 너무도 날카로워서 심지어 '혼과 영'을 쪼개기까지 하고, 정말로 중요한 것과 단지 중요해 보이는 것을 구별해 낸다. 어느 누구도 하나님의 말씀 앞에서 숨을 수 없다. 하나님의 말씀은 인간의 모든 비밀스런 막을 벗겨 내고, 마치 하나님 앞에서 벌거벗은 것처럼 모든 것을 드러낸다. 하나님의 말씀은 보통의 날들을 '오늘'로 변화시키고, 보통의 순간들을 위기와 결단의 때로 바꾸며, 평범한 사건을 하나님의 영광스런 사건으로 만들고, 평범한 인생을 거룩한 인생으로 부르신다. 인간은 하나님의 부르심을 피하고자 하고, 무대를 빨리 벗어나고 싶어하며, 휴식 시간만을 기다렸다가 로비를 서성이고 싶어하고, 끝 부분을 다르게 고쳐 쓰고 싶어한다. 하지만 하나님의 살아 역사하시는 말씀은 소망을 새롭게 하고 확신을 회복시켜 준다. 하나님의 말씀은 방황하는 인간을 거룩한 구원 역사의 주인공으로 바꾸고, 나무 아래 숨어 변명만 늘어놓는 겁쟁이들을 당당하고 책임감 있는 예수님의 귀한 동역자로 변화시킨다.

# 위대하신 큰 대제사장

## 히브리서 4 : 14~5 : 10

앞서 살펴보았다시피 히브리서 설교자는 그의 설교에서 탁월한 설교 기법들을 도입한다. 이 단락에서는 또다른 설교 기법이 등장하는데, 이른바 '장차 있을 흥미로운 일들을 미리 보기' 정도로 부를 수 있는 방법이다. 이 기법은 단락의 중간중간에 앞으로 이루어질 일들에 대해 히브리서 설교자가 힌트를 줌으로써, 회중이 히브리서 설교자의 첫 문장을 통해 장차 등장하게 될 주제에 대해 미리 예상해 볼 수 있도록 유도하는 방식이다.

히브리서 설교자는 이 미리 보기 기법을 앞에서 희미하게 사용한 적이 있다. 이제 우리는 그 정체를 확연하게 볼 수 있다. 앞서 두 장 전에 히브리서 설교자는 이 기법에 대한 씨앗을 뿌렸다. 즉, 아주 빠르고 간략하게 '대제사장'으로서의 예수님에 대해 소개했다(2 : 17 ; 3 : 1). 당시 이 기독론적인 이름은 만개할 때를 기다리며 온통 베일에 싸여 있었다. 이제 때가 도래하여 4 : 14을 필두로 10장까지 줄곧 히브리서 설교자는 대제사장으로서의 예수님에 대해 자세히 다룬다.

이 연막작전과 같은 기법은 대체 어떤 효과를 내는가? 이 기법은 예상과 참여라는 방식을 통해 회중의 적극적인 관심을 끌어 낼 수 있고, 히브리서 설교자로 하여금 그의 복잡한 기독론을 효과적으로 전달할 수 있게 해 준다. 히브리서에 나타난 예수님의 기독론적 정체성은 여러 신학적인 문제들이 얽혀 있는 화려한 융단과 같다. 예수님은 여러 기독론적 명칭들을 가지고 있다. 가령 거룩한 아들(divine Son), 고통받는 개척자(suffering pioneer), 하나님의 본체(imprint of God's very being), 하늘의 상속자(heavenly heir), 큰 대제사장(great high priest) 등이 그러하다. 하지만 이 이름들은 각각 별개의 의미를 담고 있지 않다. 그들은 의미상 서로 중복되고 얽혀 있다. 그렇다. 예수님은 영광과 존귀로 관을 쓰신 하늘의 상속자이시다. 하지만 동시에 그는 인간의 모든 고통을 똑같이 경험하고서도 하나님을 향한 신뢰를 저버리지 않은 믿음의 개척자이시다. 또한 그는 인간과 똑같은 고통을 경험하셨지만, 여전히 거룩한 아들이시자 하나님의 영광을 그대로 반영하신 분이다. 다시 말해 모든 그리스도의 이름들은 옳고 동시에 사용 가능하다. 따라서 한편으로는 큰 대제사장이신 그분이 일면 신실한 아들로서 비춰질 수도 있는 것이다. 이렇듯 예수님의 이름들은 서로 얽히고설켜서 기독론적 구조를 형성한다.

## 믿는 도리를 굳게 잡고 담대하게 기도하면서(4 : 14-16)

히브리서 설교자의 설교를 가만히 들여다보면, 이미 언급된 적이 있는 고전적이고도 친숙한 설교 유형을 만나게 된다. 바로 우리가 "구원의 포물선"이라고 불렀던 그 형태이다.[1] 1장과 2장에서 히브리서 설교자는 이 포물선의 자취를 뒤좇았다. 하늘 보좌를 버리고 땅으로 내려오신 아들 예수님은 고통받는 개척자로서 역사 속으로 들어오셔서 인간의 모든 경험을 공유하셨다. 또한 그분은 부활하신 뒤 승천하셨고, 지금 하나님의 우편에 앉아 계신다.

1. 1 : 5~14과 2 : 1~4의 주석, 그리고 〈그림 2〉를 참조하라.

이제 4 : 14~16에서 그는 우리에게 친숙한 포물선을 그리며 다시 다가오신다. 하지만 히브리서 설교자가 단순히 기술적으로 이 기법을 반복하고 있는 것은 아니다. 히브리서 설교자가 이 기법을 사용할 때는 언제나 각각 다른 신학적 주제가 등장한다. 포물선을 처음으로 사용했을 때(1 : 1-4)는 '확신'이라는 주제가 중심이 되었다. 히브리서 설교자는 회중에게 혼란스럽고 위험한 현실이 실상은 거룩한 아들에 의해 다스려지고 있고, 그 아들은 하나님 우편에 앉으셔서 능력의 말씀으로 만물을 붙드시고 계신다는 사실(1 : 3)을 각인시키고자 했다. 두 번째 포물선의 주제는 '소망'이다(2 : 5-18). 히브리서 설교자는 하늘로부터 내려오신 예수께서 인간의 모든 고통과 경험을 공유하셨기 때문에 "시험받는 자들을 능히 도우실 수 있다."고 회중을 권면한다(2 : 18). 그런데 흥미롭게도 세 번째 포물선의 주제는 '기도'이다. 히브리서 설교자는 예수님이 이번에는 포물선상에서 대제사장의 역할을 감당하신다는 점을 강조하면서, 회중에게 더 담대하고 열정적인 기도의 삶을 살라고 권면한다.

참으로 이 부분에서 히브리서 설교자의 주목적은 회중으로 하여금 담대하고, 심지어 어떻게 보면 매우 뻔뻔스럽다고 생각될 정도로 대범하게 기도하여 은혜의 보좌 앞에 담대히 나아가도록 권면한다(4 : 16). 히브리서 설교자는 회중이 두려워 떠는 기도, 정숙한 기도, 의례적인 기도를 넘어서 정직하고 진실된 부르짖음을 통해 하늘 문을 두드리기를 바란다. 히브리서 설교자는 회중이 사무적인 관료처럼 기도할 것이 아니라, 한밤중에 깨어 자신의 목소리가 응답될 줄을 믿고 부르짖는 어린아이처럼 기도할 것을 권한다. 히브리서 설교자가 말하고자 하는 바는 다음의 찬송에 잘 나타나 있다.

> 쉬임 없이 다가오는 고난과 유혹이 있나요
> 커다란 문제가 있어도 좌절하지 마세요
> 모든 어려움들을 기도를 통해 주님께 가져가세요
> 우리의 모든 슬픔을 함께할 신실한 친구 있나요
> 우리 모든 연약함을 아시는 주님

주님께 모든 문제를 가져가세요
간절한 기도를 통해 주님께 나아가세요

히브리서 설교자가 여기에서 기도의 중요성에 대해 강조하고 있긴 하지만, 그는 담대한 기도가 결코 기술적으로 행해질 수 없다는 점을 잘 알고 있다. 결국 담대한 기도는 신학적인 확신의 표현이다. 실질적으로 기도는 우리가 하나님에 대해 믿고 있는 바와 하나님과 우리 사이의 관계에 달려 있다. 간단히 말해 우리가 어떻게 간구와 중보적 기도를 할 수 있느냐는 우리가 굳게 붙잡고 있는 신조에 달려 있다. 이것이 바로 히브리서 설교자가 이 단락을 '우리가 믿는 도리', 즉 예수님은 하나님의 아들이시고 "하나님의 영광의 광채시요 그 본체의 형상"(1 : 3)이라는 사실을 "굳게 잡을지어다"(4 : 14)로 시작하고 있는 이유이다.

그러면 어떻게 신학적 고백이 담대한 기도를 할 수 있도록 도울 수 있는가? 먼저 그것은 하나님께로 나아갈 수 있는 가능성에 대해 알려준다. 종종 현대의 그리스도인들은 잘못된 하나님상을 교육받아서 하나님께로 담대히 나아갈 수 있다는 사실을 잊어버린다. 따라서 우리는 식당에서 주문을 하듯이 "하나님, 저 이것 하고 싶어요. 저것 하고 싶어요."와 같은 요구만 태연하게 되풀이한다. 마치 우리가 그런 식으로 요구할 권리가 있고, 하나님은 이 요구에 응답해야 할 의무가 있는 것처럼 말이다.

그러나 진정한 기도는 두려움으로 시작된다. 우리는 기도를 통해 감히 거룩하신 주님(the Holy One)께 우리의 목소리를 높이게 된다. 따라서 우리의 모든 기도는 먼저 하나님의 거룩한 영광과 우리의 자격 없음이라는 문제와 심각하게 부딪히게 된다. 모세는 거룩한 그분 앞에서 신을 벗으라는 요구를 받았다(출 3 : 5). 이사야는 성전에 계신 주님을 뵈었을 때 "화로다 나여 망하게 되었도다……"(사 6 : 5)라고 한탄했다. 예수님의 비유에서 세리는 감히 하늘을 쳐다보지도 못하고 가슴을 치며 "……하나님이여 불쌍히 여기옵소서……"(눅 18 : 13)라는 외침밖에는 아무것도 할 수 없었다.

누가 감히 하나님께 말할 자격이 있는가? 누가 감히 기도할 자격이 있는가? 그리스도인으로서 가슴에 손을 얹고 대답해 보면, 죄가 없으신 예수님 외에는 아무도 자격이 없다(4 : 15). 그런데 감사하게도 예수께서 우리 스스로는 절대로 얻을 수 없는 그 자격을 부여해 주셨다. "예수님이 죄가 없으시다."는 사실은 그분에게서 인간적인 속성을 빼앗아 갈 수 없다. 오히려 그 사실은 예수님의 인간적인 속성을 돋보이게 한다. 다시 말해 예수님은 하나님이 태초에 피조물을 향해 품으셨던 원래의 의도를 가장 잘 구현하신 분이다. "예수님은 죄가 없으시다."는 말은 그가 99%는 인간인데 1%(죄가 없다는 점)는 인간이 아니라는 말이 아니다. 도리어 그 말은 예수님은 친히 인간의 모든 유혹과 혼란과 연약함과 고통을 경험하셨지만, 결코 그 인간적인 약점들과 타협하지 않으셨고, 또한 인간이 되도록 하신 그 부르심에 어긋나지 않으셨음을 보여 주는 말이다. 따라서 그는 하나님께로 가는 방법을 알게 해 주시는 우리의 '큰 대제사장'이 되신다. 나아가 그는 우리의 형제로서 흩어진 형제자매들을 하나님의 집으로 다시 모으시는 분이다.

제사장의 역할은 백성을 위해서 하나님께로 나아가고, 백성들이 가져온 것들, 가령 그들의 제물, 그들의 기도, 그들의 회개의 상징물들, 그들의 필요들, 그들의 소원들을 모으는 일이다. 제사장은 이 모은 것들을 가지고 하나님의 존전으로 나아간다. 따라서 제사장은 두 방향으로 나아가게 된다. 즉, 백성을 위해 하나님께로 향하고, 제물을 가지고 성소로 나아간다. '큰 대제사장'이신 예수님은 우리를 위하여 하늘에 계신 하나님께로 나아가셨다("승천하신 자", 4 : 14). 더욱이 예수께서 하나님께로 나아가 우리의 제물을 그분 앞에 두실 때, 그분은 우리와 동떨어진 분처럼 하지 않으셨다. 우리의 대제사장은 우리의 연약함을 체휼하신 분이다(4 : 15). 그러므로 예수님은 단지 양이나 곡식이나 헌금과 같은 보통의 제물을 하늘의 제단에 바치지 않으신다. 그분은 대신 인간의 상황을 하나님 앞으로 가지고 나가신다. 우리의 대제사장은 우리의 필요, 고뇌, 아픔, 연약함, 정의에 대한 갈증, 평화를 위한 외침 등을 하나님의 존전으로 가지고 나가신다.

그런데 인간을 위해 하나님께로 향하는 그 제사장은 마찬가지로 하나님을 위해 인간에게로 향한다. 제사장은 사람들 사이에서 하나님의 거룩한 임재를 대변한다. 교회는 그 대제사장의 얼굴을 바라볼 때 무엇을 발견하게 되는가? 교회는 예수님의 얼굴 속에서 '하나님의 본체의 형상'을 발견하게 된다(1 : 3). 교회는 하늘로부터 내려오셔서 우리의 슬픔을 품으시고 우리의 근심을 가져가시는 하나님을 바라보게 된다. 교회는 "긍휼하심을 받고 때를 따라 돕는 은혜를 얻기 위하여"(4 : 16) 자유롭게 기도할 수 있는 하나님을 만나게 된다.

## 예수님과 대제사장의 직무(5 : 1-10)

큰 대제사장이신 예수님이 우리의 가장 깊은 슬픔과 가장 진실된 기도를 하나님의 존전으로 가져가시고, 우리는 그곳에서 긍휼과 은혜의 잔치를 맛보게 될 것이라고 들려주시는 생생한 메시지가 여전히 예배당 천장을 맴돌면서 우리 귓가에 들려오고 있다.

하지만 히브리서 설교자는 지금 상황이 그리 호락호락하지만은 않다는 사실을 알고 있다. 위의 대제사장 이론은 신학적으로, 목회적으로 매우 중요한 문제인 동시에 회중에게는 받아들이기 어려운 난제이다. 눈을 가지고 있는 사람이라면 예수님이 연약하다는 사실을 모를 리가 없다. 그런데 문제는 그렇게 연약한 분이 어떻게 우리를 도울 수 있냐는 점이다. 회중은 예수님이 함께 고난당한 분이라는 것을 잘 알고 있다. 많은 사람들이 십자가 옆을 지나면서 실제로 목격한 일이기 때문이다. 하지만 이 연약하고 고통받는 예수님이 정말 거룩한 하나님의 아들이 맞는지, 태초부터 마지막 때까지, 그리고 지금 이 순간에도 피조물을 구원하시고, 하나님의 사람들을 본향으로 이끄실 수 있는지가 의심스럽다.

마가복음에서 백부장은 십자가에서 돌아가신 예수님을 보고 "참으로 이분은 하나님의 아들이셨다."고 고백한다. 이 고백은 "어떻게 그런 이가 하나님의 아들일 수 있겠는가?"라는 의문이 들게 하는 고백인 동시에,

진정한 믿음의 고백이기도 하다. 이와 비슷하게 히브리서 설교자는 예수님을 '큰 대제사장'이라고 선언하는데, 이 말 역시 의문의 소지가 있는 말이라는 것을 히브리서 설교자 본인도 알고 있다. 설교자는 회중들이 그들의 가슴 깊은 곳으로부터 의심에 사로잡혀 있음을 잘 알고 있는데, 그들은 지금 이렇게 외치고 있는 것이다. "고통받으시고 사람들로부터 거절당하시고 패배하신 예수님이 어떻게 큰 대제사장이 될 수 있다는 말인가? 말도 안 돼!"

그러면 히브리서 설교자는 어떻게 회중을 설득할 수 있겠는가? 그가 할 수 있는 것은 오직 말뿐이다. 복음은 결코 눈으로 확인될 수 없다. 복음은 보통 사람들의 눈에는 가려져 있고, 오직 들려질 수 있을 뿐이다. 믿음은 들음에서 나기 때문에 회중은 믿는 도리(confession)를 굳게 잡아야 하고(4 : 14), 모든 들은 것을 더욱 간절히 지켜 나가야 한다(2 : 1). 히브리서 설교자는 예수님이 큰 대제사장이라는 진리를 확고히 하기 위해 더욱 말로 설득해 가야만 한다.

히브리서 설교자는 이제 여러 상황에서 두루 사용할 수 있는, 신학적으로 매우 깊이가 있는 설교 방식을 하나 취하는데, 이른바 "이 사람이 바로 그 일에 적임자"(this is the right person for the job)라는 제목의 설교이다. 이 설교 방식은 정치가가 후보로 나설 때, 신임 교수가 교수회에 들어올 때, 최고경영자(CEO)가 새로이 이사회를 담당하게 될 때와 같은 상황에서 사용될 수 있는 방식으로, 언급된 다양한 상황에서 공통적인 틀을 제공한다. 이 방식은 해당 일에 대한 설명을 먼저 하고, 이어서 대상자가 그 일에 얼마나 적합한지를 보여 주는 방식이다.

5 : 1~10에서 히브리서 설교자는 이 방식을 취한다. 그는 먼저 레위 가문의 대제사장직에 대해 설명하고, 예수님이 이 직책을 어떻게 수행하시는지에 대해 서술한다. 히브리서 설교자는 예수님의 자격이 성경에 제시된 대제사장의 요건을 훨씬 능가한다는 것을 증명할 것이고, 이 점은 회중에게 큰 호소력을 지니게 될 것이다. 예수님은 실로 모든 면에서 대제사장의 요건을 갖추셨다. 하지만 그는 단순한 대제사장이 아니라 '큰 대제

사장'(great high priest)이시다. 이전의 대제사장들 역시 좋은 사람들이었지만, 문제는 여느 다른 사람들처럼 연약한 인간인지라 삶의 고난이 그들의 약점을 들추어냈다는 데 있었다. 반면에 예수님은 인생의 고통을 통해 '온전해지신' 분이다. 더욱이 이전의 제사장직은 역사 속에서 일시적으로 하나님이 부여하신 직책인 데 반해, 예수님의 제사장직은 영원하다. 그런데 뭐니뭐니해도 다른 제사장들과 확연히 차별화되는 예수님의 면모는 바로 "멜기세덱의 반차를 좇은 대제사장"(5 : 10)이시라는 점이다. 이 점은 중요하고도 난해한 부분으로서, 나중에 자세하게 다루어질 것이다(6 : 20 – 7 : 28).

본문은 교차 대구법을 사용하고 있는데, 앞부분에서 히브리서 설교자는 먼저 과거의 대제사장직에 대해 세 가지 사항들을 열거한다. 이어서 그는 순서를 바꾸어 예수님이 이 직무를 어떻게 담당하셨는지, 다시 말해 그분이 얼마나 탁월한 대제사장이셨는지에 대해 묘사한다.[2]

A 대제사장의 역할(1절)
  B 대제사장의 성품(2 – 3절)
    C 대제사장의 지명(4절)
    C' 큰 대제사장이신 예수님의 지명(5 – 6절)
  B' 큰 대제사장이신 예수님의 성품(7 – 8절)
A' 큰 대제사장이신 예수님의 역할(9 – 10절)

전체적으로 보면 이 본문은 세 개의 비교 – 대조의 구조로 이루어져 있음을 알 수 있다.

### 1. 대제사장의 역할(5 : 1, 9 – 10)

대제사장들 중에는 먼저 대제사장으로 봉사하는 평범한 사람들이 있다("사람 가운데서 취한 자", 5 : 1). 그들은 비록 인간적으로는 다른 사람들과

---

2. Attridge, *The Epistle to the Hebrews*, p. 138.

다를 바 없지만, 직무에 있어서는 하나님과 인간 사이의 중재자로서 하늘과 땅을 이어 주는 역할을 한다. 특히 그들은 백성의 제물과 헌물을 받아서 하나님께 드림으로써 바친 이들의 죄가 사해지도록 돕는 역할을 한다(5 : 1). 물론 대제사장이 사람들의 죄를 직접 사할 수는 없고, 오직 하나님만이 죄 사함의 권세가 있다. 대제사장은 그저 구원의 전령사로서 회개의 상징물을 인간에게서 하나님께로 옮긴 다음, 다시 하나님으로부터 사죄의 좋은 소식을 받아 사람들에게로 돌아올 뿐이다.

예수님 역시 대제사장으로서 하나님과 죄 많은 인간 사이를 중재한다. 하지만 적어도 두 가지 면에서 예수님은 과거의 제사장들을 훨씬 능가한다. 먼저, 그는 단지 중재자가 아니라 구원의 원천이시다(5 : 9). 두 번째로, 과거의 제사장들은 반복되는 죄에 대한 반복적인 제사를 지속적으로 드려야 했던 반면에 예수님은 단번에 영원한 제사를 드리셨다(5 : 9). 이 두 상반된 사항들은 9장에서 더욱 자세하게 다루어질 주제이다. 9장에서 예수님은 구원의 원천으로 제시된다. 왜냐하면 소와 염소 대신에 그는 자기 자신을 흠 없는 희생 제물로 드렸기 때문이다. 또한 예수님은 영원한 구원을 주신 이로 소개한다. 왜냐하면 매년 반복적으로 제사를 드리는 제사장들과 달리 예수님은 자신을 '단번에 모두를 위해' 드리셨기 때문이다(9 : 1-28 참조).

### 2. 대제사장의 성품(5 : 2-3, 7-8)

과거의 대제사장들은 단지 의무감으로 주어진 의식만 진행하는 종교인들이 아니라 목회자들이었다. 누군가로부터 헌물을 받는다는 것은 그 사람의 깊은 삶의 비밀들을 받는 것과 동일하다. 그 비밀에는 죄, 허물, 두려움, 소망, 구원의 갈망 등이 어우러져 있다. 과거의 대제사장은 거룩한 직분을 담당했지만, 동시에 아주 애정이 많고 사람들의 연약함을 깊이 동정할 줄 아는 사람일 필요가 있었다. 대제사장들은 다른 이들과 마찬가지로 인간이었기에 연약함과 실패의 경험들을 가지고 있었다. 이러한 면은 장점으로 작용하여 고통과 혼란에 빠져 있는 죄인들을 더욱 세심한 배려와 공감어린 이해로 받아 줄 수 있게 했다. 뿐만 아니라 대제사장이 양들 못지않은 죄성이 있다는 점은 그로 하여금 제단에 나아갈 때, 타인 뿐만 아니라 자기 자신을 위해서도 속죄를 구할 수밖에 없도록 만들었다(5 : 2－3).

그렇다면 큰 대제사장이신 예수님 역시 선하고 사랑이 많은 목회자이신가? 참으로 그러하다. 예수님은 사람들의 고통과 혼란한 마음을 이해하신다. 그분은 스스로 인간이 되셔서 그 처절한 무기력과 한계를 체휼하셨다. 성육신은 하나님의 아들이 인간의 경험 속으로 완전히 들어오신 사건이다. 그분은 인간적인 모든 고통과 괴로움을 회피하지 않으셨다. 히브리서 설교자는 이 사실을 회중에게 강조하기 위해 강력하고 호소력 있는 언어로 외친다 : "그는 육체에 계실 때에 자기를 죽음에서 능히 구원하실 이에게 심한 통곡과 눈물로 간구와 소원을 올렸고……"(5 : 7). 히브리서 설교자의 이러한 말을 통해 비로소 회중은 육안으로는 볼 수 없는 진리를 믿음의 상상력으로 보게 된다. 즉, 하늘의 제단에 서서 하나님께 모든 인간의 힘든 상황을 아뢰고, 눈물과 통곡으로 구원의 하나님께 그 자신과 모든 인류를 위해 기도하시는 예수님을 바라보게 된다.

예수님이 눈물로 기도하시는 이미지를 떠올리다 보면 "도대체 예수님이 언제 그렇게 기도하셨는가? 히브리서 설교자는 예수님의 인생에서 어떤 순간을 묘사하고 있는 것인가?"라는 의문을 가지게 된다. 어떤 이들은 예수님의 겟세마네 기도를 떠올린다. 또 어떤 이들은 복음서에 나온 어떤 특정한 장면이 아니라, 예수님의 생애 전체를 히브리서 설교자가 압축적으로 묘사한 것이라고 주장한다. 하지만 예수님의 십자가상에서의 기도, 가령 "나의 하나님, 나의 하나님, 어찌하여 나를 버리셨나이까?"와 같은 기도를 의미한다고 보는 것이 가장 타당하다고 여겨진다. 시편 22편에서 따온 이 기도문은 고통의 와중에서 하나님께 울부짖는 기도자의 모습을 생생하게 그리고 있다(시 22 : 2, 5, 24).

이 단락에서 히브리서 설교자가 말하려는 요지는 예수님이 고통을 통해 대제사장의 목회적 사명을 충실히 감당했다는 점이다. 동시에 히브리서 설교자는 예수님이 과거의 대제사장들을 훨씬 능가한다는 점을 강조하고자 한다. 예수님은 비록 이전의 대제사장들처럼 인간이셨지만, 그 인간적인 연약함이 결코 절망과 불신과 죄로 이어지지 않았다. 고통은 그 자체로 죄가 아니다. 고통은 그저 인간의 상황에서 부득이하게 경험되는 현실이다. 한계와 연약함은 죄가 아니다. 이 모든 것은 인간으로서 당연히 안고 가야 할 문제들이다. 인간이신 예수님은 고통과 연약함으로 인한 한계에 직면하셨지만, 그 고통은 그에게 불신의 절망이 아니라 순종을 가르쳐 주었다(5 : 8). 그의 연약함은 반발심이 아니라 오히려 하나님을 향한 경외감을 고취시켰다(5 : 7). 고뇌와 절망의 늪에서도 예수님은 자신이 아들이라는 점을 결코 잊지 않았다. 이러한 점 때문에 예수님은 하나님의 자녀라는 사실을 망각하고 있는 자들에게 긍휼을 베푸시고, 그들을 본향으로 인도하실 수 있다.

### 3. 대제사장의 지명(5 : 4–6)

고대 대제사장들 중 어느 누구도 자원해서 그 자리를 맡거나 감히 그 자리를 차지하려고 수를 쓰지 않았다. 그 자리는 아론처럼 하나님의 지명을 받은 사람들만이 섬길 수 있는 자리였다(5 : 4). 마찬가지로 예수님 역시 스스로의 노력이 아니라 하나님에 의해 지명된 대제사장이시다. 히브리서 설교자는 이 점을 분명히 하기 위해 시편 2 : 7과 110 : 4을 인용한다.[3] 여기에서 그는 다시 한번 예수님이 다른 과거의 대제사장들보다 훨씬 우위에 있다는 점을 강조한다. 그렇다. 시편 2 : 7(5 : 5)은 예수님이 하나님에 의해 지명된 분이라는 메시지를 전한다. 하지만 그 지명은 단지 대제사장직으로의 부르심만이 아니라 아들로서의 부르심이었다는 점을 분명히 한다. 시편 110 : 4 말씀 역시 두 부르심 모두를 전하고 있다. 예수님은 단지 공생애 동안만이 아니라 영원한 대제사장으로 부르심을 받았다. 또한 그는 일반적인 반열에 의해서가 아니라 멜기세덱의 반차를 좇아 대제사장이 되셨다(5 : 6). 이 점에서 다시 한번 일반 대제사장들에 비해 예수

3. 이 시편에 대해서는 1 : 3 ; 1 : 5 ; 1 : 13의 주석을 참조하라.

님의 우월성이 확연해진다.

이 부분에서 아마 회중은 멜기세덱이란 인물이 어떤 의미를 가지고 있는지 의아해할 것이다. 게다가 5 : 10에서 그에 관한 언급이 또 한 번 있기 때문에 호기심은 더욱 증폭될 것이다. 이쯤에서 그에 대한 설명이 필요하다는 것을 히브리서 설교자도 알고 있다. 하지만 그는 설명을 연기하기로 한다. 잠시 동안 회중을 애타게 한 다음, 자세한 내용은 다음에 이어지는 7장에서 다루어질 것이다.

# 유능한 교사인 히브리서 설교자

## 히브리서 5 : 11~6 : 12

어떤 교사가 학생들에게 새롭고 어려운 이론을 가르치려 한다고 가정해 보자. 그 이론을 이해하기 위해서는 상당한 집중력과 인내를 요한다. 그런데 그 교사는 학생들이 그 이론을 받아들이기 힘들 것이라고 생각하고 있다. 이미 학기는 중반에 접어들었고, 학생들은 지쳐 있는 상태이기 때문이다. 게다가 학생들은 이전 시간에 다루어진 훨씬 더 기초적인 내용도 제대로 소화하기 힘들어했다. 그 교사는 학생들이 과연 훨씬 더 어려운 이론을 받아들일 수 있을지 회의가 든다. 더욱이 새로운 이론은 기존의 상식을 깨는 경우가 많아서 학생들에게 매우 큰 충격을 줄 수도 있는 상황이다. 과연 학생들이 마음을 굳게 먹는다고 해서 이처럼 생소한 이론을 제대로 이해할 수 있겠는가?

이 교사는 난관에 부딪혔다. 하지만 고심 끝에 그 난관을 극복해 보리라 결심한다. 그녀는 지금 학생들에게 가르치려고 하는 일이 쉽지 않다는 것을 알지만, 학생들이 제대로 성숙하기 위해서는 이 과정이 꼭 필요하다는 사실 역시 알고 있다. 그러면 그녀가 취해야 할 행동은 무엇인가? 그녀는 어떻게 하면 의기소침해 있는 학생들을 험난하고 생소한 배움의 길로 인도할 수 있겠는가?

그럴듯한 방법들 중 하나는 학생들의 심리를 역으로 이용하는 것이다. 그녀는 학생들에게 아주 놀랍고 멋진 것을 가르쳐 주고 싶은데, 학생들이 아직 준비가 잘 안 되어 있다고 말을 시작한다. 그녀는 책을 덮고는 머리를 흔들며 그 수업을 위해 준비가 되어 있지 않은 학생들 때문에 힘들다는 시늉을 한다. 그리고 이대로 계속 가면 학생들이 인생의 낙오자가 될지도 모른다고 한탄한다. 그녀가 이런 행동을 한 목적은 그 학생들에게 창피를 주려는 것이 아니라 동기부여를 하려는 데 있다. 그녀의 심리전에 말려든 학생들이 지적 자존감에 손상을 입어 그 수업에 대한 의지를 보이게 되면, 이제 그 교사는 마치 떠밀려서 하는 것처럼 그 어려운 수업을 시작할 수 있게 된다. 이 작전이 의도한 대로 되기만 하면 학생들은 지적 욕구에 불타서 한 치의 흐트러짐도 없이, 마치 교사에게 대들 듯한 자세로 수업에 임하게 되고, 교사는 그런 학생들에게 새롭고 어려운 이론을 가르칠 수 있게 된다.

히브리서 설교자는 이 단락에서 위의 교사가 취했던 것과 비슷한 교수법을 사용한다. 다음에 이어질 장들에서 설교자는 심오한 기독론을 다루려고 하기 때문에, 이쯤에서 그는 회중을 준비시킬 필요가 있다고 느낀 것이다. 그 이론은 복잡하고 어렵고 심지어 위협적이기까지 하기에, 히브리서 설교자는 회중의 주의를 집중시켜서 새롭고 고차원적인 신학적 이해로 몰고 가려 한다. 이를 위해 히브리서 설교자는 위의 교사처럼 느슨한 정신상태로 있는 회중의 심리를 역으로 이용한다. 즉, 그는 회중들이 자만심에 빠져 있는 것을 탓하고, 조롱하듯이 말하면서 그들로 하여금 담대하게 깊은 신학의 세계로 그와 함께 뛰어들도록 유도한다.

히브리서 설교자가 뛰어오를 발판은 이미 설교의 이전 단계에서 만들어졌다. 즉, 설교자는 '예수님의 대제사장 역할'이라는 주제를 앞서 발전시켰고, 이를 통해 점점 기독론적인 대단원을 향해 나아가고 있다. "그가 아들이시라도 받으신 고난으로 순종함을 배워서 온전하게 되었은즉 자기를 순종하는 모든 자에게 영원한 구원의 근원이 되시고 하나님께 멜기세덱의 반차를 좇은 대제사장이라 칭하심을 받았느니라"(5 : 8 – 10).

위의 구절보다 히브리서 전체의 내용을 더 잘 요약하고 있는 구절은 없다고 해도 과언이 아니다. 참으로 복잡하고도 여러 의미가 담겨 있는 위의 구절이 바로 본 설교의 핵심이다. 히브리서 설교자의 회중이 이 깊은 진리의 말씀을 이해하고 믿고 신뢰하기만 한다면, 그들은 모든 무거운 것과 얽매이기 쉬운 죄를 벗어 버리고 인내로써 우리 앞에 당한 경주를 경주할 수 있을 것이다(12 : 1). 하지만 그들이 자라지 않고 계속 영적인 어린아이로만 남아 있게 된다면, 그들은 쉽게 지쳐서 시류를 좇아 헤매게 될 것이다.

따라서 상황은 매우 절박한 상태다. 만약 회중이 성숙을 향해 나아가려면, 그들은 착하고 의욕이 넘치는 학생들이 되어 신학적인 진리들을 섭렵하고, 그것들을 삶의 근저에 뿌리내리도록 해야 한다. 히브리서 설교자는 앞으로 회중이 힘든 과제를 해 나가야 될 것을 알고, 뒷자리에서 앞자리로 회중을 옮겨 앉게 한 다음 세 단계로 나누어 그들을 훈련한다.

### 1. 둔해서 해석하기 어려우니라(5 : 11 – 14)

히브리서 설교자는 회중을 약간은 무시하면서 조롱하는 듯한 어조로 이야기를 시작한다. 그는 회중에게 해 줄 말은 많지만, 어차피 이해할 수도 없을 거라고 말한다. 그는 회중을 향해 "그들이 둔해서 해석하기 어렵다."고 말하고(5 : 11), 나아가 그들이 벌써 여러 학년이 유급된 상태라고 핀잔까지 준다. 그들은 졸업해서 선생이 되었어야 마땅할 나이에 아직도 초급반에 있는 형편이다(5 : 12). 더욱이 그들은 도덕적으로 미성숙한 어린아이와 같아서, 윤리와 지혜의 측면에서 딱딱한 음식을 먹어야 함에도 불구하고 항상 우유만 달라고 보채는 것과 같다(5 : 13 – 14).

물론 이런 어투를 수사학적인 기법으로 이해할 수도 있다. 히브리서 설교자가 다소 과장되고 익살스럽게 말을 하고 있는 것이 사실이다.[1] 히브리서 설교자가 회중에게 이런 식으로 말하는 목적은 그들을 무시하고

---

1. 히브리서 설교자는 이 점에 대해 6 : 9에서 인정한다.

낮추려는 것이 아니라, 그들을 세워 주고 자극해서 앞으로 전개될 이야기에 집중하도록 유도하기 위함이다. "둔해서 해석하기 어렵다."는 표현을 통해 히브리서 설교자는 회중이 좀더 주의력과 이해력을 높일 수 있기를 바란다. 또한 히브리서 설교자는 회중에게 어린아이와 같이 편식을 한다고 핀잔을 줌으로써, 그들이 앞으로 전개될 깊고 풍성한 신학의 식탁에서 마음껏 먹을 수 있기를 희망한다.

2. 옛날로 돌아가지 말라(6 : 1-8)

눈에 보이지는 않아도 5 : 14과 6 : 1 사이에는 엄청난 공백이 있다. 회중에게 진정한 믿음의 고기를 먹기에는 너무나 미성숙하다고 핀잔을 준 뒤, 히브리서 설교자는 회중에게 생각할 시간을 준다. 그 시간은 회중이 점점 화가 치밀어 올라서 "아니, 당신이 대체 뭐기에 우리를 보고 미성숙하다는 거요? 도대체 우리가 왜 해석을 못할 정도로 둔하다는 겁니까? 당장 신학적인 고기를 줘 보시오."라고 항의하기에 충분한 시간이다.

"좋습니다." 히브리서 설교자는 이제 자신의 작전이 잘 맞아 떨어지고 있음을 확신하면서 긍정적인 자세로 나온다. "그러므로 우리가 그리스도도의 초보를 버리고…… 완전한 데 나아갈지니라"(6 : 1). 이제 히브리서 설교자는 회중의 항의를 받아들여 초보적인 수준을 넘어 고급 과정인 기독론으로 나아간다.

"완전한 데 나아갈지니라."는 말은 사실 매우 파격적이다. 왜냐하면 '완전한'이란 말은 이제까지 오직 예수님을 가리킬 때만 사용했던 단어이기 때문이다(2 : 10 ; 5 : 9). 회중에게 '완전한 데'로 나아가라는 요청은 기본적으로 예수님을 본받으라는 말이다. 하지만 맹목적이거나 기계적인 방법으로 그렇게 하라는 의미는 결코 아니다. 히브리서는 그 어디에서도 예수님을 인간이 모방할 수 있는 윤리적인 모범으로 제시하고 있지 않다.

히브리서는 전반에 걸쳐서 예수님을 어느 누구도 흉내낼 수 없는 고귀한 제사장직을 수행한 거룩한 아들로 묘사한다. 예수님의 성품과 사역은 너무나 특별해서 교회 공동체로 하여금 순종하도록 만든다. 예수님은 따라야 할 개척자이시지, 모방할 수 있는 동료 여행자가 아니다. 어느 누구도 그가 가신 길을 따를 수 없다. 예수님을 신실하게 모방하는 그리스도인이 있다고 해도, 그는 단지 모차르트(Mozart)를 그럴듯하게 흉내내는 피아니스트에 불과하다. 설사 그 피아니스트가 모차르트의 작품을 완전하게 연주했다손 치더라도, 여전히 그 연주는 모차르트 본인의 완전함과는 근본적으로 차원이 다른 것이다. 따라서 연주자의 '완전함'(perfection)은 언제나 작곡가의 완전함에 귀속될 수밖에 없다. 이것은 그리스도인의 삶에서도 똑같이 적용된다.

히브리서 설교자는 '완전한 데'로 나아가는 방법은 '그리스도 도의 초보를 버리는 데'서부터 시작된다고 말한다(6 : 1). 이 말의 의미는 무엇인가? 분명히 이 초보적인 그리스도의 도는 교회 공동체로 처음 들어온 이가 기본적으로 배워야 할 것들, 다시 말해 기독교 신앙의 핵심적인 진리를 담고 있다고 하겠다. 히브리서 설교자는 이 진리를 "터"(foundation, 6 : 2)라고 부르고, 그 내용을 요약해서 제시한다. 그 내용은 분명히 세례 준비 교육을 받는 초보 신자들이 배워야 할 사항으로, 가령 회개와 믿음의 필요성, 세례와 안수의 의미, 부활과 마지막 심판의 약속 등과 같은 것들이다(6 : 1-2).

히브리서 설교자는 지금 그 기초적인 진리들을 잊어버리거나 무시하라고 말하는 것이 아니다. 그는 기초적인 것들을 넘어서 앞으로 나아가라고 촉구하는 것이다. 그는 그리스도인의 삶은 절대로 정체되어서는 안 된다고 믿는다. 그리스도인은 항상 움직여야 하는데, 그 방향은 오직 두 갈래밖에 없다. 즉, 성숙으로 나아가 믿음의 깊이가 더 깊어지든지, 아니면 게으르게 늘 피상적으로 표류하든지, 둘 중의 하나이다. 표류하는 자는 머지않아 급류가 몰려와서 그를 단숨에 삼켜 버릴 거라는 사실을 모른다.

이러한 표류의 가능성 때문에 히브리서 설교자는 다음과 같이 근엄한 경고를 내린다. "한 번 비췸을 얻고 하늘의 은사를 맛보고 성령에 참예한 바 되고 하나님의 선한 말씀과 내세의 능력을 맛보고 타락한 자들은 다시 새롭게 하여 회개케 할 수 없나니……"(6 : 4-6). 이 두려운 말씀은 마치 믿음에서 떨어진 자는 회생의 가능성이 전혀 없고, 한 번의 기회란 아예 존재하지 않는다는 말처럼 들린다.

하지만 그 말이 실제로는 그렇게 엄한 말이 아닐 수도 있는 몇 가지 근거가 있다. 우선 문맥상 히브리서 설교자의 의도는 회중을 격려하려는 것이지 겁주려는 것이 아니다. 그는 그의 말이 매우 엄격하게 들릴 수도 있다는 것을 알고, 다음과 같이 덧붙인다. “사랑하는 자들아 우리가 이같이 말하나 너희에게는 이보다 나은 것과 구원에 가까운 것을 확신하노라”(6 : 9). 다시 말해 그리스도인들이 재앙에 빠져드는 무시무시한 그림을 그린 주된 목적은 그 무서운 재앙과 회중의 소망 있는 현 상황을 대조시킴으로써 그들에게 그리스도인의 삶에 대한 동기부여를 하려는 것이다. 그는 실제로 “나는 그대들이 진리에서 떠나지 않을 거라고 믿습니다. 그대들은 확고하고 진실되게 옳은 길을 고수하리라고 나는 확신합니다.”라고 말하고 있는 것이다. 히브리서 설교자는 마치 고민이 많은 아이를 어르는 부모처럼 다음과 같이 말하는 듯하다. “네가 만일 어려서 나쁜 길에 접어들면 커서도 그 길을 벗어나기 힘들단다. 하지만 너는 아주 좋은 아이야. 정말로 괜찮은 아이지. 그래서 나는 네가 잘 해 내리라 믿는다.”

두 번째로, 믿음에서 떨어진 자의 회복 불가능성에 대한 주장은 하나님의 인내와 자비를 시험하는 말이 아니라, 히브리서 설교자 자신이 목회 경험을 통해 실질적으로 얻은 연륜에서 나온 말이라 하겠다. 그가 회복이 ‘불가능하다’라고 말할 때, 그는 하나님의 은혜에 한계를 긋고 있는 것이 아니라, 자신의 교회에서 있었던 슬픈 경험을 이야기하고 있는 것이다. 과거에 그 회중 가운데 신실했던 신앙을 잃어버리고 교회를 등진 이들이 있었는데, 그들을 위해 온 교회가 아무리 기도하고 염려를 해도 결국 돌아오지 않았던 것이다.[2] 따라서 현실적으로 믿음에서 떨어진 자들을 다시 양의 문 안으로 들어오게 하는 일은 불가능에 가깝다고 할 수 있겠다.

사람들은 많은 이유로 기독교 신앙을 저버린다. 어떤 이들은 교회의

---

2. 이를 위해서는 10 : 32~39을 참조하라.

위선적인 모습 때문에 실족하여 '교회'란 말만 들어도 몸서리를 친다. 또 어떤 이들은 진정한 복음을 들어 보지 못하여 믿음을 갖지 못한다. 또 어떤 이들은 설교를 통해 복음을 자주 듣긴 했으나, 그 복음이 자신의 상황이나 필요와는 무관하다고 여겨서 마음을 열지 못한다. 또다른 이들은 믿음이 진보적인 사고를 막을 뿐이라고 생각하여 지적인 관점에서 신앙을 도저히 받아들일 수가 없다. 이렇듯 사람들이 믿음에서 떠나는 이유는 가지각색이다.

기독교 신앙은 그 깊이와 능력에 대해 알지 못하는 이들이나 교회에 무관심한 이들, 믿음에 대해 껍데기만을 알고 있는 이들에게는 거절당하기 십상이다. 그러한 거절은 슬픈 일임에 틀림없으나, 그렇다고 비극적인 일만은 아니다. 사람들은 자신이 제대로 알지 못하거나 잘못 이해한 것을 버리곤 하는데, 이를 다른 관점에서 보면 나중에 그들이 제대로 알게 될 날이 오리라는 희망을 기대해 볼 수 있다. 그들이 제대로 알게 되면 그 발견은 관심으로 이어지고, 그 관심은 회개와 거듭남의 열매를 맺을 수 있다.

그런데 문제는 이미 신앙의 깊이를 체험해서 알고 있고, 하나님의 선한 말씀과 내세의 능력을 맛본(6 : 5) 사람이 믿음에서 떨어지는 경우이다. 이 경우는 훨씬 더 비극적이라 할 수 있다. 히브리서 설교자의 말(6 : 4-6)을 풀어 보면, 복음에 대한 깊은 통찰력을 가지고 있고, 삶 속에서 깊은 은혜를 체험했고, 성령님의 인도하심과 안위하심을 받았고, 하나님의 음성을 들었고, 세상이 줄 수 없는 평화를 맛본 사람들이 신앙을 버리고 등을 돌릴 때는, 정말이지 참혹하고 가슴 아픈 비극이 아닐 수 없다. 그들은 이해가 되지 않아서 믿음을 버린 것이 아니라, 이해하고 있으면서도 믿음을 박차고 나간 것이다. 그들은 하나님의 긍휼과 사랑을 맛보지 못해서 떨어져 나간 것이 아니라, 이미 맛보았음에도 불구하고 제 발로 나가 버린 것이다. 그들이 교회 문을 박차고 나갔을 때 그들은 교회에 등을 돌린 것이 아니라 하나님의 은혜를 저버린 것이고, 히브리서 설교자가 표현한 대로 하나님의 아들을 다시 십자가에 못 박아 현저히 욕을 보인 것이다(6 : 6).

모든 목회자는 이런 일이 교회 내에서 벌어지고 있다는 사실을 잘 알고 있다. 히브리서 설교자 역시 목회자이다. 목회자는 믿음의 삶이 고되고 힘들다는 것을 안다. 우리는 모든 일이 행복하게 마무리되기를 바라지만, 항상 그럴 수만은 없다. 회중 가운데 어떤 이들은 비옥한 땅과 같아서 은혜의 비가 내리면 풍성한 감사의 열매를 맺는다. 하지만 어떤 이들은 황무지와 같아서 아무리 많은 은혜의 비가 내려도 오직 가시와 엉겅퀴만 낼 뿐이다(6 : 8).

### 3. 우수 학생들(6 : 9－12)

지금까지 학생들에게 주의를 촉구하고 잘못된 길로 들어서지 않도록 나무라고 야단쳤던 히브리서 설교자는 이제 그들을 달래고 칭찬할 차례가 되었다. 그리스도인으로서 성숙할 필요성과 이를 위해 요구되는 것들을 강조했던 설교자는 이제 그들을 격려하기 원한다. 설교자의 주의와 경고를 들은 회중은 어느덧 인내할 마음의 자세가 되었다. 설교자는 다른 이들은 몰라도 자신의 회중은 절대로 믿음에서 떠나지 않을 것으르 확신한다. 실제로 그들은 과거에도 그랬고, 현재에도 매우 아름답고 신실하게 주의 일을 감당해 왔다(6 : 11).

이 단락의 초반에만 해도 둔한 회중을 조롱하고 비꼬았던 히브리서 설교자는 이제 회중이 더욱 성숙한 방향으로 나아가도록, 그들이 들려지는 말씀에 더욱 주의를 기울이도록 격려하고 있다. 설교자는 그들이 이 신학 수업이 진행되는 동안 짧은 시간에 얼마나 많이 변했는지를 강조한다. 처음에는 오합지졸에 만년 초등학교 1학년생 취급을 받던 학생들이 이제 어느덧 졸업생 대우를 받고 있다. 그들은 끝까지 소망의 풍성함에 이를 준비가 되어 있다(6 : 11). 그들은 얼마 전까지만 해도 "둔해서 해석하기 어렵다."는 핀잔을 들었었다(5 : 11). 하지만 이제 히브리서 설교자는 똑같은 헬라어를 반대로 사용하여 그들이 결코 둔하지 않고("게으르지 아니하고"), 도리어 "약속들을 기업으로 받는 자들을 본받는 자"(6 : 12)가

될 것이라고 확신한다.

이 마지막 구절은 두 가지의 의문점을 제기한다. 히브리서 설교자가 "믿음과 오래 참음으로 말미암아 약속들을 기업으로 받는 자들"이라고 했을 때, 그들은 누구를 지칭하는가? 히브리서의 회중이 본받을 그들은 대체 누구인가? 어떤 이들은 구약의 성인들, 특히 아브라함을 지칭한다고 주장한다. 이 주장은 히브리서 설교자가 곧이어 아브라함 이야기(6 : 13-20)를 한다는 점에서 매우 설득력이 있다고 하겠다. 또 어떤 이들은 6 : 12을 보다 넓게 해석해서, 역사상 하나님의 신실한 사람들 전체를 가리킨다고 해석한다. 이는 11 : 1~39에 나오는 여러 믿음의 표본들을 떠오르게 한다. 또다른 이들은 이 구절이 보다 현대적인 의미를 지니고 있다고 주장한다. 즉, 현재의 회중 안에서 신실한 이들, 믿음과 인내를 저버리지 않은 이들이 바로 본받을 대상들이라는 것이다. 이에 대해서는 13 : 7이 약간의 도움을 줄 수 있는데, 즉 그 구절 속에는 "너희를 인도하던 자들을…… 주의하여 보고 저희 믿음을 본받으라"는 말씀이 들어 있다.

이 주장들 중 어느 하나만을 고집할 이유는 없다. 왜냐하면 히브리서 설교자는 분명히 이 주장들 모두를 염두에 두고 있기 때문이다. 저자는 하나님의 사람들을 삶 속에서 하나님의 구원을 증거하며 사는 이들, 역사상 하나님의 말씀을 듣고, 믿고, 그 말씀을 신뢰하며 산 이들로 정의하고 있기 때문이다. 이 믿음의 계보는 아브라함으로부터 시작되어 이스라엘의 많은 하나님의 사람들로 확대되었고, 예수님 시대의 신실했던 이들과 오늘날 교회 안의 충성스런 이들로 이어져 오고 있다. 독자들은 하나님의 궁극적인 승리를 비전으로 삼고, 그 비전으로 인해 현실의 고난을 극복하며 순례의 길을 지속해 왔던 믿음의 사람들에게 주의를 집중해야 한다. 그들은 하나님의 약속을 신뢰했고, 궁극적인 승리 안에서 소망을 품었기에 역경 속에서도 인내할 수 있었다. 히브리서 설교자는 지금 회중이 그 믿음의 사람들을 본받아 약속의 계승자들이 되기를 바라고 있다.

이것은 두 번째 질문으로 이어진다. 히브리서 설교자에게 '약속'이란 무엇을 의미하는 말인가? 이 말 역시 히브리서 설교자는 두 가지 의미,

즉 좁은 의미와 넓은 의미, 구체적인 의미와 보다 포괄적인 신학적 의미를 담고 있는 말로 사용한다. 좁은 의미에서 하나님은 역사적으로 많은 구체적인 약속들을 해 오셨다. 예를 들어 아브라함에게 크고 창대한 나라를 이루겠다고 하신 약속(창 12 : 1-3), 이스라엘 자손들에게 젖과 꿀이 흐르는 땅으로 들어가게 해 주시겠다는 약속(출 3 : 8), 이스라엘 가문과의 새로운 언약(렘 31 : 31-34) 등이 그러하다. 하지만 보다 넓은 의미에서 하나님은 약속을 하시고, 그 약속을 지키시는 분이라는 점이 중요하다. 시간과 공간을 초월해서 하나님은 늘 이와 같은 약속을 해 오셨다. "순종과 믿음의 길을 걸어가라. 그리하면 내가 너희를 안식과 기쁨이 있는 곳으로 인도하겠다." 많은 사람들이 그 길을 걸어갔다. 하지만 예수님보다 더 신실하게 그 길을 따른 사람은 없다. 이제 그리스도께 속한 성실한 학생들인 히브리서 독자들은 순례자의 길을 위해 발걸음을 내딛기를 요청받고 있다. 히브리서 설교자는 그들에게 안식과 승리의 약속을 굳게 믿고 인내하라고 격려한다.

# 확실하고 변함없는 하나님의 약속

히브리서 6 : 13~20

회중의 심리를 역으로 이용해서 그들에게 결단을 촉구했던 히브리서 설교자(5 : 11－6 : 12)는 이제 그들에게 긍정적인 신학적 확신들을 불어넣으려 한다. 이 어려운 기독론 강의를 시작하기에 앞서 히브리서 설교자는 회중의 자만심에 상처를 주고, 그들이 예수님의 대제사장직을 이해하기에는 너무 둔하다고 자극하여 그들로 하여금 정신이 번쩍 들도록 만들었다(5 : 11). 이제 히브리서 설교자는 그들이 신학적으로 더 깊이 있는 경지로 나아가도록 격려한다. 예수님의 대제사장직에 대해 더 깊은 복음적 진리를 이해하는 사람들은 소망의 열쇠를 쥐게 될 것이다. 그들은 마지막 날까지 인내로써 믿음의 삶을 경주해 나갈 것이고, 약속의 상속자들이 될 것이다.

히브리서 설교자는 하나님의 약속(6 : 12)을 아브라함의 이야기와 연결하여 설교를 이어 간다. 아브라함 이야기는 역사상 약속을 하시고 지키시는 하나님의 행위의 시작이기도 하다. 고급 과정에 들어온 회중을 격려하기 위해 먼저 히브리서 설교자는 아브라함이 복을 받은 이야기 속으로 그들을 초대한다.

## 하나님이 굳게 약속하시다(6 : 13-18)

이 단락은 맹세나 서약과 관련된 구술 전통에 그 기초를 두고 있다. 고대 사회에서 약속이나 자신의 말에 힘을 싣고 싶을 때에는 거룩한 이름으로 맹세하는 풍습이 있었다. 필로(Philo)는 "맹세란 논란의 여지가 있는 문제에 대해 하나님을 증인으로 내세워 그분께 호소하는 행위"라고 말한다.[1] 만약 두 사람 사이에 언쟁이 생기면 그 중 한 사람이 거룩한 존재께 맹세하여 다음과 같은 책임 있는 발언을 할 수 있다. "만약 내 말이 진실이 아니면 신께서 내게 상당한 보응을 하시기를 원합니다." 말과 행동이 매우 긴밀하게 연결되어 있는 사회에서 거룩한 맹세를 하는 행위는 마지막 수단으로서 자신의 모든 것을 거는 행위였다. 다시 말해 "당신은 내 말을 믿어도 좋소. 만약 내 말이 거짓이라면 당신에게 내 목숨까지도 내어 줄 수 있소."라고 말하는 행위인 것이다.

사실 요즘처럼 말보다는 글로써 계약을 체결하는 사회에서는 맹세의 행위가 그다지 흔하지는 않다. 하지만 우리는 여전히 여기저기에서 맹세하는 모습들을 발견할 수 있다. 가령 어떤 아이가 손을 가슴에 얹고 "십자가에 대고 맹세할 수 있어. 아니면 죽어도 좋아."라고 말한다든지, 논쟁 중에 어떤 이가 "하나님이 나의 증인이야."라고 말한다든지, 결혼식에서 주인공들이 '거룩한 맹세'를 하는 경우가 있다. 더 공적인 자리에서의 예로는, 법정에서 증인이 다음과 같은 맹세를 요구받는 경우를 들 수 있다. "당신은 하나님 앞에서 진실만을 말할 것을 맹세합니까?"

구약성경은 그러한 맹세의 행위를 금하지 않는다. 하지만 오직 하나님의 이름만으로 맹세할 것을 명한다.[2] 따라서 맹세를 어기는 것은 진실을 왜곡하는 행위인 동시에 하나님의 이름을 욕되게 하는 행위이다. 이 때문에 거짓되게 맹세를 하는 경우에는 저주를 받는다고 성경은 말한다(슥 5 : 3-4 참조).

그런데 하나님의 약속의 신실성에 대해 논할 때는 이 전통을 따르기

---

1. *De Sacrificiis Abelis et Caini*, pp. 91-94.
2. 성경은 다른 신의 이름으로 맹세하는 것을 금한다. 신명기 6 : 13을 참조하라.

힘들다. 인간은 맹세할 때 늘 자신보다 더 큰 존재의 이름으로 맹세한다(6 : 16). 그들은 성경에 손을 얹거나, 하늘을 바라보거나, 하나님의 이름을 거명하거나, 십자가 성호를 그으며 맹세한다. 하지만 하나님은 당연히 더 큰 힘에 의지하여 맹세하실 수 없다. 따라서 하나님은 아브라함이나 다른 구도자들에게 거룩한 약속의 신실성에 대해 말씀하실 때, 자기를 가리켜 맹세하실 수밖에 없다(6 : 13).

하나님이 자신의 이름으로 맹세하신다는 히브리서의 사고는 유대인들 사이에서 잘 알려진 창세기 22 : 16의 정신을 담고 있다고 할 수 있다. 이 구절에 대한 해석은 헬라 지역의 회당에서 설교의 재료로 많이 사용되었다.[3] 하나님은 약속하셨고, 자신의 이름으로 맹세하셨다. 다시 말해 하나님은 확고하게 약속하셨고, 보증도 하신다. 이 '변하지 않는 두 가지 것들', 약속 그 자체와 그것에 따라오는 맹세는(6 : 18) 회중에게 하나님은 절대로 약속을 어기실 수 없는 분이라는 확신을 심어 준다. 그러면 회중은 어떻게 반응을 해야 할까? 아브라함이 했던 것과 똑같이 오래 참아 약속된 것을 받아야 한다(6 : 15).

## 소망 : 영혼의 닻(6 : 19-20)

이제 히브리서 설교자는 왜 그렇게 힘들여서 하나님의 신실하심과 그의 약속의 변함없음에 대해 강조했는지를 이야기한다. 그 이유는 바로 그리스도인의 소망은 하나님의 약속에 닻을 내리고, 그분의 변함없는 신실하심에 전적으로 의존하기 때문이다.

탐 스토퍼드(Tom Stoppard)의 「진정한 것」(*The Real Thing*)이란 연극에서 비밀이 드러나는 장면이 나온다. 거기에서 한 남편과 아내가 평범한 대화를 나누는데, 그 대화는 겉으로 보기에는 장난스럽고 별 내용이 없는 것 같지만, 실제로는 질시와 위협이 도사리고 있다. 남편은 아내에게 결혼

3. Attridge, *the Epistle to the Hebrews*, p. 179 ; Lane, *Hebrews 1-8*, p. 149.

생활 동안 정말로 그녀가 그에게 진실했는지를 추궁한다. 그는 아내가 외도를 했을 것이라고 의심한다. 마침내 그녀는 진실을 폭로한다.

> 남편은 용기를 내어 말한다.
> "며…… 몇 명이야? 도대체 몇 명이랑 놀아난 거야?"
> "아홉 명!" 그녀는 대답한다.
> "이런……."
> 그는 치밀어 오르는 화를 참지 못하고 소리친다.
> "배신당한 느낌이야?" 그녀가 묻는다.
> "놀랐어. 난 정말 우리가 서로를 향해 헌신적이라고 생각했어."
> "헌신? 그런 건 없어."
> 그녀가 반발한다.
> "오직 거래만 있을 뿐이지."[4]

진실한 헌신은 없고 오직 거래만 있을 뿐인 세상에는, 영원한 소망은 있을 수 없고 오직 자신의 이익만을 위한 속임수밖에 존재하지 않는다. 그러나 히브리서 설교자는 하나님이 피조물을 구원하시기 위해 얄팍한 거래가 아닌 진실한 헌신과 약속하셨다는 것을 안다. 그 견고한 약속 위에 서 있는 자들은 진정한 소망을 소유하게 된다.

히브리서 6 : 19~20에서 설교자는 지금 소망의 찬가를 부르고 있다. 이 구절에서 설교자는 여러 비유법을 혼합해서 쓰고 있기 때문에, 우리는 찬찬히 주의 깊게 살펴볼 필요가 있다. 간단히 말해 소망은 닻에 달린 줄과 같다. 닻은 우리를 위해 "앞서 가신 예수"(6 : 20)께서 하나님의 비밀스런 장소("휘장 안", 6 : 19)인 하늘에 내리셨고, 하나님의 보좌와 든든히 연결되어 있다. 따라서 그 닻은 매우 든든하다. 왜냐하면 그 닻은 약속을 지키시는 하나님의 신실하신 헌신과 맞닿아 있기 때문이다.

그 줄은 하늘로부터 땅에 맞닿아 있어서, 신실한 사람들이 "앞에 있는 소망"(6 : 18)을 잡을 수 있다. 높은 산을 오르는 암벽등반 대원들처럼,

---

4. Tom Stoppard, *The Real Thing*(Boston : Faber & Faber, 1984), p. 64.

그리스도인들은 하나님의 약속과 소망의 닻줄을 굳게 붙잡고 힘차게 나아가야 한다. 이 닻과 닻줄의 이미지는 분명히 회당의 설교 전통에 의해 영향을 받은 것으로서 지금도 유대교에서는 사용되고 있다. 가령 마르틴 부버(Martin Buber)는 유대인들의 소망에 대해 다음과 같이 은유적으로 표현했다. "우리의 메시야 신앙은 큰 닻줄과 같은데 매듭이 없다. 그 줄은 시내 산 위의 바위에 고정되었고, 이 세상의 토대를 고정하고 있는 말뚝과 연결되어 있다."[5] 부버에게 있어 소망의 닻줄은 시내 산과 세상의 토대를 잇고 있다. 히브리서 설교자에게 있어 소망의 닻줄은 그리스도를 통한 모든 창조와 그리스도 안에서의 모든 구원을 연결한다. 그 줄은 역사 전체에 걸쳐 아래로 포물선을 그리며 양 끝이 하늘에 닿아 있다. 다시 말해 이미 우리에게 친숙한 구원의 포물선이 이 경우에 딱 들어맞는다. 즉, 소망의 닻줄은 인간의 역사를 포괄적으로 담아내면서 아래쪽으로 원호를 그리고 있고, 회중은 경건한 삶을 위해 그 줄을 붙들어야만 한다.

**하나님의 아들, 그를 통해 피조물이 창조되었다 :**
창조의 도구, 하나님의 영광,
존재의 표현

**아들, 그를 통해 피조물이 다스려진다 :**
모든 만물의 상속자,
하나님 오른편에 좌정하시고,
천사들을 관장하시고,
영광과 명예의 면류관을 쓰신 분

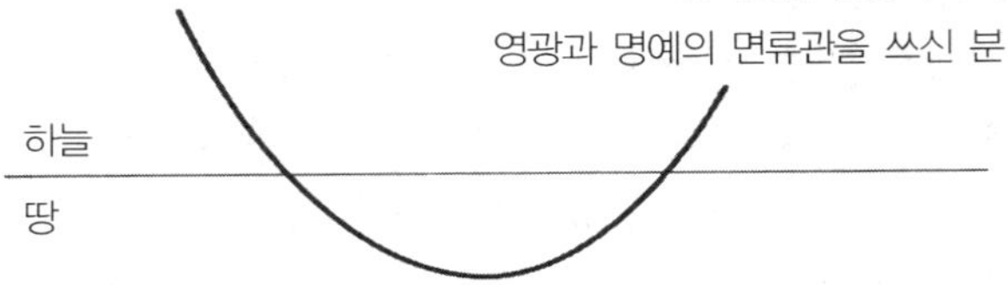


**피조물의 구속주, 하나님의 아들 :**
죄를 씻으시려 잠시 천사보다 낮아지신 분,
고통 가운데 죽으시고, 인간의 구원을 성취하신 분

〈그림 4〉

5. Martin Buber, Ernst Simon, "Martin buber : His Way Between Thought and Deed," *Jewish Frontier*, 15(1948), p. 26에서 재인용.

그리스도인의 소망을 하늘에 내려진 닻이라고 묘사할 때, 히브리서 설교자는 광야의 회막으로부터 그 이미지를 따와서 하늘을 '휘장 안'이라고 표현한다(출 26 : 31-35 참조). 실제의 회막에서는 오직 대제사장만이 휘장 안의 지성소에 들어갈 수 있었다. 히브리서 설교자는 이 이미지를 예수님께 사용하여, 그분이 우리를 위해 하늘의 지성소에 들어가셨다고 묘사한다. 이러한 연관성 때문에 설교자는 예수님을 가리켜 '멜기세덱의 반차를 좇아 영원히 대제사장이 되신 분'으로 소개한다. 이 주제는 5 : 6에서 시작되어 다음 네 장에 걸쳐 계속 이어질 것이다.

# 예수님의 대제사장직 : 고급 과정

## 히브리서 7 : 1~10 : 29

마침내 히브리서 설교자는 5 : 11에서 약속한 예수님의 대제사장직에 대한 자세하고도 어려운 강론을 시작하려 한다. 이 주제에 대한 기초적인 내용은 4 : 14~5 : 10에서 이미 소개되었다. 이제 설교자는 속셈에서 수학으로, 초급에서 고급으로, '젖'에서 '단단한 식물'로 단계를 높여 간다 (5 : 12 – 14).

우리가 이미 살펴보았듯이 히브리서 설교자는 "할 말이 많으나"(5 : 11), 나태한 회중이 그 어려운 과정을 능히 소화해 내도록 정신적인 교육을 먼저 한다. 이 과정을 통해 히브리서 설교자는 졸려서 시계만 쳐다보고 있던 회중에게 적지 않은 조롱과 충격을 가하여 그들이 신학적인 성장과 성숙의 단계로 나아가도록 독려한다.[1] 이제 그토록 기다렸던 기독론 강좌의 고급 시간이 되었다. 장시간 뜸을 들인 히브리서 설교자는 이제 정말 본격적인 태세를 갖추었다.

우리는 왜 저자가 바로 언급하지 않고 망설였는지를 충분히 이해한다.

1. 히브리서 5 : 11~6 : 12의 주석을 참조하라.

7~10장을 읽어 보면 왜 히브리서 설교자가 그렇게 여러 장을 할애하면서 회중을 준비시켰는지 이해할 수 있다. 이제 회중은 장장 네 장에 걸쳐서 신학적으로 난해하고, 성경 지식이 풍부하게 요구되고, 구조적으로 복잡한 내용의 기독론 수업을 받게 될 것이기 때문이다. 현대인들에게는 그것이 특히 미로처럼 복잡하게 느껴질 것이다.

우리는 여기에서 다시 한번 히브리서는 눈으로 보도록 쓰인 글이 아니라 귀로 듣도록 쓰인 글이라는 것을 기억할 필요가 있다. 보다 정확히 말하면, 히브리서는 청각의 논리로 눈에 호감을 주는 방식으로 작성된 산문이 아니라 귀에 호소하는 글이다. 이 글은 논지들이 직선적으로 제시된 신학 교재가 아니라 한 편의 설교이다. 따라서 직선적인 어투가 아니라 나선형적이고 중복된 표현을 많이 사용한다. 히브리서의 이 부분을 읽다 보면, 논리적인 논쟁과는 거리가 먼 한 편의 교향곡을 듣는 듯한 느낌이 든다. 큰 주제를 이야기하던 중에 갑자기 예상치 못한 작은 주제가 불쑥 튀어나오기도 한다. 마치 한 줄기 큰 흐름으로 주요 악기들의 연주가 이어지는 동안에 한 줄짜리 오보에 연주가 끼어들어 오는 식과 같다. 그런데 더욱 놀라운 것은 다음 부분에 가서는 주제가 완전히 역전되어서, 이전에 중요했던 주제는 더 이상 큰 소리를 내지 않고 작은 주제가 힘을 얻어 목소리를 높이기도 한다. 곁가지에 불과했던 오보에가 주요 흐름을 차지하고, 다른 악기들은 그저 바순 정도가 외로이 희미한 소리를 내며 뒤를 받쳐 주는 형식으로 진행되기도 한다.

그렇다고 해서 히브리서의 이 부분이 어떤 중요한 특성을 가지고 있지 않은 것을 말하려는 것이 아니다. 우선, 복잡하게 얽혀 있긴 하지만 내용을 하나로 엮어 주는 주제가 있다. 히브리서 설교자는 '큰 대제사장이신 예수님'이라는 큰 주제에서 조금도 벗어나지 않는다. 7~10장은 이전에 한 번 등장했던 '설교 속의 또다른 설교'(3 : 7 - 4 : 13에서처럼) 구조를 취하고 있는데, 이번에는 히브리서 설교자가 예수님의 제사장적 사역을 세 개의 주요한 구약성경 본문들, 즉 시편 110 : 4, 예레미야 31 : 31~34, 시편 40 : 6~8을 인용하여 설명한다. 하지만 때때로 이 작은 설교의 주제는 일관되지 않게 보일 때도 많다. 왜냐하면 히브리서 설교자는 마치 곡예를 하듯이 이 얘기에서 저 얘기로 자주 뛰어넘기도 하지만, 좀처럼 단순하고 대지가 뚜렷한 설교를 하지 않기 때문이다. 이 세 본문들은 이미 우리에게 친숙한 랍비식 설교 방식을 통해 서로 연결되고 얽혀 있다. 이 방식을 통해 히브리서 설교자는 놀이터에서 이것저것 놀이 기구를 번갈아 가며 노는 아이처럼, 본문들 사이를 오가며 단어와 주제를 자유자재로 겹치기도 했다가 분리하기도 하면서 듣는 이들을 놀라게 하고 즐겁게 해 준다.

두 번째로, 본 설교를 자세히 뜯어 보면 우리는 이 자유분방하고 복잡한 설교가 매우 탄탄한 구조 속에서 작성되었다는 것을 발견하게 된다. 겉보기에는 매우 정교하고 복잡해 보이지만, 실제로 설교의 근간을 이루는 뼈대를 들여다보면 매우 단순하고 예상 가능한 구조를 지니고 있다. 그 구조는 다섯 개의 뼈대로 이루어져 있다.

처음 네 개의 뼈대는 옛날 제사장직에 요구되는 것들과 새롭고 더 높은 제사장직에 요구되는 사항들을 연이어 열거한다. 옛것과 새것의 구분은 이 기나긴 단락의 중앙을 가로지르는 척추와 같은 역할을 한다. 히브리서 설교자는 이 양쪽을 오가면서 다음과 같이 말하는 것처럼 보인다.

"옛날의 제사장직, 옛날의 법, 옛 언약, 옛날의 제사 제도를 보시오. 그리고 그것들을 새로운 제사장직, 새로운 법, 새로운 언약, 예수님의 영원한 희생제사와 비교해 보시오."

그리고 마지막 다섯 번째의 뼈대는 순전히 새로운 쪽의 내용만을 다루면서, 마치 이 새로운 것이 옛것들을 아우르고 정리하는 느낌을 준다. 이를 통해 결국 우리는 새로운 언약에 의거하여 삶과 예배를 드려야 하는 것으로 마무리된다.

Ⅰ. 멜기세덱의 반차(7 : 1–8 : 13)

| 옛 것 | 새 것 |
|---|---|
| A. 7 : 1–3 멜기세덱의 정체성, 그는 하나님의 아들을 닮음. | A'. 7 : 13–17 예수님의 정체성, 멜기세덱을 닮음. |
| B. 7 : 4–10 멜기세덱의 위대성, 그는 아브라함보다 뛰어나고, 심지어 레위 제사장직 반열의 시초 | B'. 7 : 18–8 : 6 대제사장으로서의 예수님의 위대성, 완전하고 영원하심, 더 나은 소망의 원천이자 더 좋은 언약의 중재자 |
| C. 7 : 11 옛 제사장직의 불완전성으로 말미암은 새로운 것의 필요성 | C'. 8 : 7–12 첫 언약과의 문제, 두 번째 언약의 필요 |
| D. 7 : 12 새로운 법 | D'. 8 : 13 새로운 언약 |

Ⅱ. 제사장적 예배, 옛것과 새것(9 : 1–15)

| 옛 것 | 새 것 |
|---|---|
| E. 9 : 1–5 옛 성소 | E'. 9 : 11 더 크고 완전한 새로운 성소 |
| F. 9 : 6–10 과거 대제사장의 활동, 양심상 완전히 깨끗할 수 없었다. | F'. 9 : 12–15 새로운 대제사장의 활동, 그는 영원한 구원을 가져왔다. |

Ⅲ. 죽음과 정화(9 : 16–28)

| 옛 것 | 새 것 |
|---|---|
| G. 9 : 16–22 옛 언약에서의 죽음을 통한 정화 | G'. 9 : 23–28 그리스도의 죽음을 통한 정화 |

Ⅳ. 제사장 사역의 이점들(10 : 1-18)

| 옛 것 | 새 것 |
| --- | --- |
| H. 10 : 1-4 과거 반복되는 제사들 | H'. 10 : 5-18 그리스도의 단번에 영원히 드려진 제사 |

Ⅴ. 새로운 언약의 예배(10 : 19-39)

| 옛 것 | 새 것 |
| --- | --- |
|  | I'. 10 : 19-25 예배하러 갈 준비가 됨.<br>J'. 10 : 26-39 권면과 격려 |

이 긴 본문의 목적은 뭐니뭐니해도 "장래 좋은 일의 대제사장"(9 : 11)이신 예수님을 찬양하는 데 있다. 하지만 히브리서 설교자는 보다 실질적인 목적도 염두에 두고 있다. 그는 기독론에 대한 박사과정 강의를 하는 것이 아니다. 그는 지금 회중의 소망과 인내를 새롭게 하려 하고 있다. 세례를 통해 그들은 예수님께 속해 있다. 예수님의 제사장 사역을 통해 얻어진 용서와 화평과 하나님과의 화목은 그들에게 주어진 큰 선물이다. 이것 때문에 그들은 즐겁고 확신에 차서 예배할 수 있고, 그들의 믿음을 담대히 고백할 수 있고, 교회에서의 교제에 의미를 찾을 수 있으며, 긍휼과 자비를 베풀 수 있고, 무엇보다도 믿음 안에서 지속적인 소망과 확신을 가지고 즐거이 섬길 수 있다. 간단히 말해 대제사장 기독론이라는 힘들고 복잡해 보이는 과제가 실제로는 매일의 삶 속에서 지쳐 있는 그리스도인들에게 시원한 청량음료처럼 휴식과 재충전의 길을 제시해 주고 있는 것이다.

## 멜기세덱의 제사장 반차(7 : 1–8 : 13)

### A. 하나님의 아들과 닮은 멜기세덱(7 : 1–3)

앞서 보았듯이,[2] 대제사장으로서의 예수님에 대해 설명하기 위해 히브리서 설교자는 암시적인 인물을 등장시킨다. 히브리서 설교자는 앞서 2 : 17과 3 : 1에서 몇 소절의 운문을 들려주었다. 그런데 우리는 이번에야말로 제대로 된 운문 한 편을 들을 수 있다. 이 운문은 단지 설교 기법 차원에서 쓰인 글이 아니라, 선포되고 있는 신학의 실제를 반영하기 위한 글이다. 히브리서 설교자는 하나님이 역사 중에 큰 대제사장을 상징하는 인물을 등장시켰던 것과 같이 설교 속에서 큰 대제사장의 상징 인물을 등장시킨다. 예수님이 큰 대제사장으로서 사역을 하시기 훨씬 이전에 수수께끼처럼 이해하기 힘든 한 인물이 나타났으니, 그는 곧 살렘 왕 멜기세덱으로서 아브라함을 축복한 대가로 십일조를 받은 사람이다(7 : 1–2).

멜기세덱은 누구였는가? 성서비평학적으로 엄격하게 말하면 그것은 매우 좋은 질문이다. 그는 구약에서 오직 2회 등장하는데 시편 110 : 4에서 잠깐 언급되어 있고, 또 한 번은 앞서 언급한 창세기 14 : 17~20에 나오는 아브라함(또는 아브람)과의 신비스런 만남 이야기이다. 창세기 본문에서 아브람은 싸움에서 승리한 뒤 돌아와서 소돔 왕을 만난다. 하지만 그와의 어떤 대화가 있기 전에 다소 엉뚱한 이가 중간에 끼어든다. 바로 '지극히 높으신 하나님의 제사장'이라고 불리는 살렘 왕 멜기세덱이 갑자기 등장하여 빵과 포도주를 권하고, '지극히 높으신 하나님'의 이름으로 아브람을 축복한다. 아브람은 그 대가로 멜기세덱에게 그 얻은 것에서 십분의 일을 드린다. 그 후 멜기세덱은 등장할 때처럼 갑작스럽고 신비스럽게 이야기에서 사라진다. 시편 110 : 4은 단지 "너는 멜기세덱의 반차를 좇아 영원한 제사장이라"고만 기록함으로써 신비감을 더할 뿐이다.

히브리서 설교자는 역사비평가도 아니고, 이 구약성경의 구절들 뒤에

---

2. 4 : 14~5 : 10의 주석을 참조하라.

숨겨진 의미에 대해 궁금해하지도 않는다. 따라서 우리는 당시 사람들에게 멜기세덱이라는 인물이 결코 낯설지 않았다는 것을 알 수 있다. 다시 말해 멜기세덱은 유대교와 기독교에서 행해진 설교의 산물이고, 유대교와 기독교의 1세기 문헌에 자주 등장하는 인물이다. 이 '설교상의 멜기세덱'(homiletical Melchizedek)은 크리스마스 퍼레이드에서 자주 등장하는 성경적 배경과 신비감이 결합된 인물들인 '동방박사 세 사람'과 같은 존재이다. 구약성경의 멜기세덱에 대한 기록은 구체적이지 못하고 애매하기 때문에, 히브리서 설교자는 기꺼이 그 빈틈을 채우려 한다. 히브리서 설교자는 멜기세덱에 대한 다른 설교자들의 설교를 참고하기도 하고, 때로는 자신의 묵상을 통해 그 빈틈을 메워 나간다. 그런데 히브리서 설교자가 쓴 내용 중 어느 정도가 다른 설교자들로부터 온 것이고, 어느 정도가 자기 자신의 창조적인 해석인지는 알기 힘들다.

어느 경우이든 히브리서 설교자가 멜기세덱에 대해 말하려고 하는 바는 명백하다. 그는 아주 옛날 아브라함 때에, 즉 레위기 제사장이 생겨나기도 전에 장차 오실 큰 대제사장이신 예수님에 대한 예표가 있었다고 주장한다. 이 예표는 당연히 멜기세덱을 일컫는다. 그런데 도대체 멜기세덱은 누구인가? 히브리서 설교자의 관점에서 보면, 그는 살아 계시고 진정한 "지극히 높으신 하나님"(7 : 1)의 제사장이다. 그리고 그의 이름인 '살렘 왕 멜기세덱'의 뜻은 '의의 왕' 또는 '평화의 왕'이라고 설명한다. 이는 예수님의 메시야적 역할, 즉 의와 평화의 왕으로서의 모습을 가리키는 말이다(7 : 2). 하지만 히브리서 설교자는 엄격한 어원 분석의 차원이 아닌 설교학적인 차원에서 이 용어를 사용하고 있다. 왜냐하면 '멜기세덱'의 뜻이 '나의 왕은 (가나안 신) 세덱이다'라는 의미를 갖고 있기 때문이다.[3]

히브리서 설교자에 의하면, 멜기세덱이 예수님과 장차 다가올 일들의 예표인 이유는 흥미롭고 신학적으로 매우 중요한 이름 때문일 뿐만 아니라 진기한 그의 출신 배경 때문이기도 하다. 설교자는 멜기세덱이 부모도

3. Attridge, *The Epistle to the Hebrews*, p. 189.

없고 족보도 없기 때문에 시작도 끝도 없는 영원한 존재라고 말한다(7 : 3).

설교자는 그 생각을 어디에서 고안해 냈을까? 고대 랍비들은 모든 진리는 성경 속에 있다는 성경해석 원리를 가지고 있었다. 그 때문에 그들은 "토라에 없는 것은 세상에도 없다."는 신념을 가지고 있었다. 성경은 어디에도 멜기세덱의 부모에 대해 적고 있지 않다. 이를 랍비들의 전통으로 해석해 본다면, 성경이 단지 멜기세덱의 부모를 생략하고 있다기보다 성경은 아예 그들이 존재하지 않았다고 증거하고 있다고 보아야 한다. 즉, 성경에 그들에 대한 기록이 없기 때문에 그들은 세상에도 존재하지 않았다. 이 논리가 맞다손 치더라도, 멜기세덱이 시간을 초월한 영원한 인물이라고 보는 데에는 몇 가지 살펴볼 것이 있다.

랍비들의 전통이 현대인들에게는 별로 타당성 있게 다가오지 않을 수 있지만, 당시의 회중에게는 매우 일리 있게 들렸을 것이다. 또한 여기에서 히브리서 설교자가 주로 말하고자 하는 바는 멜기세덱의 겉으로 드러나는 모습이 아니라 그 안에 들어 있는 속성, 즉 의와 평화와 영원이다. 이 속성을 영원하시고 진정한 대제사장이신 예수님의 속성과 연관시키고 있는 것이다. 신학적으로 히브리서 설교자는 멜기세덱을 옛 질서 위에 세워진 푯대로 삼고 싶어한다. 그래서 예수님을 통해 주어질 귀한 선물이 사실은 태초부터 하나님의 계획 속에 들어 있었다고 말하고 싶은 것이다. 본 설교의 도입부에서 히브리서 설교자는 "이 모든 날 마지막에 아들로 우리에게 말씀하셨다."고 한다(1 : 2). 지금 히브리서 설교자는 그 "마지막에" 하신 말씀이 원래 계획에 없던 것을 나중에 지어내서 한 말이 아니라고 주장하는 것이다. 그 말씀은 항상 하나님의 계획 속에 있었고, 우리가 그 거룩한 말씀을 듣는 법만 알고 있었더라면, 우리는 오래 전에 멜기세덱을 통해 하셨던 그 첫 말씀을 들을 수 있었을 것이다.

가나의 혼인잔치의 기적에서처럼, 예수님은 하나님의 극상품 포도주로서 마지막에 주어지지만 태초부터 준비된 것이다. 그런데 이 극상품 포도주를 미리 맛볼 기회가 있었으니, 바로 이 독특하고도 특별한 인물인 멜기세덱을 통해서였다. 그는 옛 질서 안에서 주어진 포도주 잔의 첫 한 모금이었다. 멜기세덱은 장차 올 참포도주의 향이었다. 그는 의의 왕이고, 평화의 왕이며, 처음과 끝이 없는 영원한 제사장이다. 다시 말해 멜기세덱은 우리가 따라야 할 말씀과 같았다. 그는 오실 큰 대제사장의 예표이고, 하나님의 아들과 방불하여 항상 제사장으로 남아 있다(7 : 3).

B. 멜기세덱이 얼마나 대단한지 보라!(7 : 4-10)

회중에게 멜기세덱을 소개한 히브리서 설교자는 이제 창세기 14 : 17~20에 대해 다소 특이한 해석을 한다. 이를 통해 그는 출신지도, 족보도 없는 멜기세덱이 어떻게 믿음의 조상인 아브라함과 다른 모든 레위 제사장들보다 더 위대한지를 설명하려 한다.

그는 창세기 이야기를 통해 발견된 멜기세덱의 우월성을 두 가지로 압축하는데, 곧 축복과 십일조이다. 첫 번째의 경우, 멜기세덱은 아브라함을 축복하는데, 히브리서 설교자의 표현처럼 논란의 여지없이 낮은 자가 높은 자에게 축복을 받기 마련이다(7 : 7). 물론 이에 대해서는 성경에 반대의 예들도 있기 때문에 논란의 여지가 있을 수 있다. 가령 다윗 왕의 경우, 신하인 요압에 의해 축복을 받은 적이 있다(삼하 14 : 22). 그럼에도 불구하고 우리는 여기에서 히브리서 설교자의 의도를 어렵지 않게 발견할 수 있다. 히브리서 설교자는 멜기세덱이 하나님의 약속을 받은(7 : 6) 대단한 인물인 아브라함을 축복했다고 말함으로써, 멜기세덱의 우월성을 부각시키고 있다.

히브리서 설교자는 십일조에 관하여는 율법에 의해 레위 제사장들이 동족으로부터 십일조를 거두도록 명령받았음을 지적한다(7 : 5 ; 민 18 : 21-32 참조). 그러나 멜기세덱의 경우에는 십일조를 받도록 명하는 율법도 존재하지 않았고, 게다가 그는 동족도 아니었음이 강조된다. 그럼에도 불구하고 그는 이스라엘 백성들이 대단한 존재로 알고 있는 아브라함으로부터 십일조를 받은 것이다. 멜기세덱으로 하여금 그런 일을 할 수 있게 한 권위와 힘은 어디에서 나왔는가? 바로 그가 영원한 제사장이기 때문이다(7 : 3). 유한한 레위 제사장들과는 달리 "산다고 증거를 얻은"(7 : 8)

멜기세덱은 무한하고 불멸하다.

많은 다른 설교자들처럼 히브리서 설교자 역시 간헐적으로 유머 감각을 잃지 않는다. 그는 심지어 제사장의 아버지라고 할 수 있는 레위도 그때 아브라함을 통해 멜기세덱에게 십일조를 냈다고 말할 수 있다고 한다(7 : 9). 왜냐하면 당시 레위는 이미 자기 조상의 허리에 있었기 때문이다(7 : 10). 다시 말해 아브라함이 십일조를 멜기세덱의 칼 앞에 놓을 때, 장차 아브라함의 씨를 통해 태어날 레위 역시 그 옆에서 십일조 작정카드를 작성하고 있었다는 이야기다. 히브리서 설교자가 마치 우스갯소리를 하듯이 레위에 대한 말을 하고 있는 이유는 그 내용을 그다지 심각하게 받아들이지 않기 때문이다. 그 내용을 진지하게 받아들인다면 예수님도 아브라함의 씨를 통해 태어난 분이므로, 그분 역시 멜기세덱에게 십일조를 바쳤다는 모순에 빠지게 된다.

C. 불완전한 과거의 제사장 : 새로운 제사장에 대한 필요성(7 : 11)

여기에서 히브리서 설교자는 멜기세덱에 관한 창세기 이야기에서 '멜기세덱의 반차를 따르는 다른 한 제사장'의 이야기를 담고 있는 구절인 시편 110 : 4로 본문을 바꾼다. 히브리서 설교자는 시편 기자가 '멜기세덱의 반차를 따르는 다른 한 제사장'에 대해 언급한 유일한 이유에 대해 이전의 제사장들, 즉 '아론의 반차'를 따르는 레위 제사장들은 문제가 있다고 지적한다. 다시 말해 당신이 도중에 말을 바꿔 타야 할 상황이 발생한 이유는 바로 처음 탔던 말이 주저앉았기 때문이고, 새로운 제사장 제도가 필요한 이유는 이전의 것에 문제가 있기 때문이라는 주장이다.

그 주장의 요지는 단순하지만, 사용된 용어들은 상당히 난해하다. 레위 제사장 제도의 문제는 무엇이었는가? 사람들은 그 제도를 통해 "온전함"(7 : 11)을 얻을 수 없었다. 히브리서 설교자는 '온전함'이란 단어를 별로 깊은 뜻 없이 선택한 것이 아니다. 그는 이미 우리에게 예수께서 "온전케 되셨다"(2 : 10 ; 5 : 9 참조)는[4] 표현을 썼고, 머지않아 회중에게 그들 역

4. 히브리서 2 : 10의 주석에서 "온전한" 의미에 대해 논의한 내용을 참조하라.

시 예수님의 제사장 사역을 통해 '온전케' 되었다고 말할 것이다(10 : 14). 히브리서 설교자는 또한 "율법"(7 : 12)이라는 용어를 쓰는데, 이 낱말 역시 시한폭탄처럼 골치 아픈 단어이다. 히브리서 설교자는 머지않아 예수님은 우리를 온전케 하신 반면에, 율법은 아무것도 온전케 못할 것이라고 말한다(7 : 19 ; 7 : 28 참조 ; 10 : 1-10). 히브리서 설교자가 의미하는 율법은 시내 산에서 주어진 십계명이나 예수님이 이루시기 위해 오셨다고 한 본질적인 의미에서의 율법을 뜻하지 않는다(마 5 : 17 참조). 그것은 보다 제의적인 의미에서의 율법, 다시 말해 레위 제사장 제도의 기반이 되는 율법을 의미한다고 하겠다.

### D. 새로운 법(7 : 12)

본 설교 중 옛것에 관한 내용의 마지막 부분이라고 할 수 있는 이 구절은 획기적인 변화의 요구를 담고 있다. 히브리서 설교자는 이제 옛것에서 새것으로 근본적인 이동을 시도하고 있다. 이전 구절에서 히브리서 설교자는 옛 제사장 질서의 토대 위에 세워진 제사 율법에 대해 묘사했다. 이제 우리는 새로운 것을 건설하기 위해 이전의 기초를 무너뜨리지 않으면 어떤 것도 제대로 세울 수 없다. 만약 이전의 토대 위에 새로운 것을 세우게 된다면 머지않아 반드시 무너지게 될 것이다. 마찬가지로 우리가 옛날의 레위 제사장 제도로부터 새로운 것, 다시 말해 '멜기세덱의 반차를 따르는' 큰 대제사장이신 예수님께로 옮겨 가려면, 우리는 단지 제사장만 바꿔서는 안 되고 율법의 구조(system) 자체를 바꾸어야만 한다.

히브리서 설교자가 지금 주목하려는 것은 바로 새로운 제사장 제도와 새로운 대제사장이다. 설교자는 이제까지 옛 제도에 대해 네 개의 주장들(A, B, C, D)을 열거해 왔다. 그는 이제 이어서 그것들에 대칭되는 네 개의 주장들(A', B', C', D')을 새로운 제도와 연관하여 열거한다.

---

역시 히브리서 5 : 9의 주석을 참조하라.

A'. 멜기세덱을 닮은 하나님의 아들(7 : 13－25)

옛 제도 하에서 하나님은 예수님의 예표를 보여 주셨는데, 그가 바로 멜기세덱으로서 그는 하나님의 아들을 여러 면에서 닮았다(7 : 3). 흥미롭게도 하나님은 이 마지막 때에 새롭고 더 위대한 제사장을 주셨는데 그가 바로 예수님이다. 그는 멜기세덱을 닮았다(7 : 15).

예수님은 낮과 밤이 서로 다르듯이 옛 제사장들과 전혀 다른 분이다. 옛 제사장들은 율법에 의해 레위 지파 사람들이어야 했다(민 1 : 47－54 참조). 하지만 예수님은 유다 지파 출신이고, 제단을 섬기거나 모세의 율법에 의해 제사장이 된 친족이 한 명도 없었다(7 : 13－14). 옛 제사장들은 자기들에게 호의적인 율법과 레위 가문이라는 연줄에 의해서 제사장이 되었다. 반면에 예수님은 그의 삶의 특수성, 다시 말해 죄와 죽음이 파괴하지 못하는 예수님이 가지고 계신 고유의 가치로 인해 제사장이 되셨다(7 : 16).

옛 제사장들은 취임 시 어떤 맹세도 하지 않았다. 하지만 예수님이 대제사장이 되셨을 때는 하나님이 친히 맹세를 하셨다. "주께서 맹세하시고 뉘우치지 아니하시리니 네가 영원히 제사장이라 하셨도다"(7 : 20－21; 시 110 : 4 참조). 히브리서 설교자는 앞서 하나님께서 맹세하신 말은 그 신빙성이 보장된다고 언급한 바 있다.[5)]

아론의 반차를 따르는 옛 제사장들은 자신의 생애 동안만 일하는 유한하고 일시적인 존재들이다. 반면에 예수님은 영원히 멜기세덱의 반차를 따르는 제사장이시다(7 : 17). 과거의 제사장들은 유한했기에 수효가 많을 수밖에 없었던 반면에(7 : 23), 예수님은 한 분이신 영원하고 큰 대제사장이시다.

옛것으로부터 새것으로의 변화는 어떤 결과를 낳았는가? 우선 하나님께 나아가는 수단이었던 옛날의 율법은 폐기되었다. 하지만 별로 아쉬울 게 없는 것은 그 율법이 어떤 것도 온전케 할 수 없을 뿐만 아니라, 연약하고 무익하기 때문이다(7 : 18). 대신에 우리는 하나님께 나아갈 수 있는 새로운 고속도로를 얻었으니, 그 도로는 예수님의 제사장 사역을 통해

---

5. 6 : 17~18의 주석을 참조하라.

닦여졌다. 이 고속도로는 새롭고 더 좋은 언약(7 : 22)[6] 위에 세워졌기 때문에 믿음직하고, 하나님께 나아갈 소망(7 : 19)을 갖게 한다.

더욱이 우리가 하나님께 나아가기 위해 그 고속도로를 통해 기도를 보내거나, 힘든 상황 속에서 그분께 자비와 정의와 믿음과 인내와 평화를 구하며 울부짖을 때, 우리는 그 기도를 하늘 보좌에 안전하게 전달해 줄 제사장을 가지고 있다. 우리가 그를 통해 하나님께 나아갈 때, 우리는 그분이 우리의 구원을 온전하고 영원히 이루실 제사장이라는 것을 발견하게 된다(7 : 25). 우리의 제사장은 아프거나, 죽거나, 휴가를 가거나, 실직하거나, 우리의 요구에 지치거나, 자신의 일을 타협하거나, 자기의 유익을 위해 우리를 희생시키는 분이 아니다. 그분은 신뢰할 수 있고, 항상 살아 계셔서 우리를 위하여 간구하시는(7 : 25) 신실하고 영원한 대제사장이시다.

### B'. 예수님이 얼마나 위대한 분인지를 보라!(7 : 26－8 : 6)

일찍이 히브리서 설교자는 멜기세덱이 위대한 믿음의 선조인 아브라함으로부터 십일조를 받고, 그를 축복했다는 이유로 그의 위대함에 대단한 관심을 불러일으켰다. 지금 설교자는 더욱 그의 말의 요점(8 : 1), 곧 우리의 대제사장이신 예수님의 위대성에 대해 관심을 촉구한다.

그가 얼마나 위대한 분인지를 보라. 예수님의 위대성은 먼저 그의 성품에 잘 나타나 있다. 그는 온갖 질시와 고통의 인간사를 친히 온몸으로 겪으셨다. 그는 모든 시험을 당하셨고, 모든 고통을 겪으셨으며, 인간에게 알려진 모든 유혹을 참으셨다. 그는 우리의 질고를 지시고 우리의 모든 슬픔을 담당하셨음에도 불구하고 전혀 굴복하지 않으셨다. 도리어 그분은 고통을 통해 인내와 용기를 배우셨고, 영원히 온전케 되셨다(7 : 28 ; 5 : 9 참조). 그는 역사상 누구와도 비교할 수 없을 정도로 신실한 분이셨기에 "거룩하고 악이 없고 더러움이 없고 죄인에게서 떠나 계시고 하늘보다

---

6. 히브리서 설교자가 예레미야 31 : 31~34의 새 언약에 대해 언급한 것은 이번이 처음이다. 앞으로 8 : 6~9 : 22에서 더 자세히 발전될 것이다.

높이 되신 자"(7 : 26)이다.

예수님은 그가 받으신 제사장적 소명 때문에 위대하시다. 아이러니하게도 예수님은 옛 제사장의 자격에는 미달이다. 율법은 레위 지파 출신을 원하는 반면에, 예수님은 다른 지파 출신이다(7 : 14 참조). 따라서 율법적으로 말하면 예수님은 자격이 없는 제사장이다. 그러나 히브리서 설교자는 제사장의 자격이 율법에 의해서가 아니라 영원하신 하나님의 뜻에 의해서 결정된다고 주장한다. 하나님이 예수님을 제사장으로 삼으시고, 하나님이 친히 "맹세의 말씀"(7 : 28)을 통해 예수님의 제사장직을 확정하셨다.

또한 예수님은 계신 곳 때문에 위대하시다. 보통의 제사장들은 '하늘에 있는 것의 모형과 그림자'인 성소에서 일을 한다(8 : 5). 모세는 시내 산에서 지상의 성소에 대한 청사진을 받았다(8 : 5 ; 출 25 : 40 참조). 하지만 그것은 하늘에 있는 성막의 모형에 불과했다(8 : 5). 그러나 예수님은 그의 제사장직을 참성소에서 친히 행하신다. 그분은 하늘 위에 높이 들리셨으며(7 : 26) 성소와 진정한 장막에서 섬기는 분으로 서 계신다. 이 장막은 사람이 세운 것이 아니요, 주께서 친히 세우신 것이다(8 : 2).

예수님의 위대성은 그가 대제사장으로서 취하는 제물을 통해서도 엿볼 수 있다. 모든 제사장은 하나님의 제단으로 제물을 가져가야 한다. 과거의 제사장들은 양이나 소 또는 가루와 기름을 가져갔지만, 예수님은 자기 자신을 가져가셨다. 그는 하늘 보좌에 가능한 한 가장 뜻깊은 제물, 즉 고난을 통해 온전해진 자신의 생명을 가져가셨다. 다시 말해 그는 자신의 순종을 통해 온전해진 인간의 모든 상황을 하나님께 제물로 드린 것이다.

또한 과거의 제사장들은 매일 제사를 드려야 했다. 인간은 매일 실패하고, 믿음은 연약해지고, 결심은 금방 약해지며, 결단은 오히려 불순종으로 이어지곤 한다. 어제의 제물은 오늘의 죄에 의해 압도당하기 때문에, 제사장들은 매일매일 성소로 어쩔 수 없이 돌아가야 한다. 이러한 죄와 제사의 반복은 끝이 보이지 않았고, 제사장들은 이 반복되는 지루한 사역을 타인을 위해서뿐만 아니라 자기 자신을 위해서도 계속 반복해야 했다.

율법에 비추어 제사장 자신들도 약점이 많았기 때문에(7 : 28), 매일 드리는 제단의 첫 제물은 자신의 죄를 위한 것이었다.

그러나 큰 대제사장이신 예수님은 자신을 위해 제물을 드릴 필요가 없다. 또한 매일 제물을 드릴 필요도 없다. 다른 제사장들과 달리 그는 죄가 없으신 분이다(4 : 15). 그는 율법이 아니라 하나님의 맹세에 의해 지명을 받았고, 하나님은 그를 죄인이 아니라 "영원히 온전케 되신 아들"(7 : 28)로 부르셨다. 하지만 우리는 어떠한가? 우리에게는 하루도 넘어지지 않는 날이 없고, 연약함으로부터 자유로운 행위가 없으며, 우리의 못된 성질이 드러나지 않는 순간이 없다. 이러한 점은 '성도'로 부르심을 입은 이들에게도 예외가 될 수 없다. 어떤 신학자는 성도를 가리켜 "죄에 대해 대충 수색을 받은 사람들"[7]이라고 일컫는다. 그러면 이러한 현실 때문에 우리의 제사장은 우리를 위해 매일 제단으로 향해야 하는가? 히브리서 설교자는 그렇지 않다고 단호하게 말한다. 예수께서 자신을 하늘의 제단에 제물로 드린 행위는 그분 자신뿐만 아니라 우리를 위해서도 드린 영원한 제사이다. 다시 말해 그의 순종을 통해 완전해진 인간의 모든 상황을 하나님께 드린 것이다. 따라서 그의 희생은 우리의 모든 죄를 "단번에"(7 : 27) 해결하셨다.

어니스트 백커(Ernest Becker)는 그의 대작 「죽음의 거부」(*The Denial of Death*)의 마지막 부분에서 인생의 모호함과 고통을 토로하며 다음과 같은 말로 끝을 맺는다. "우리가 할 수 있는 최선의 것은 사물이든 우리 자신이든 그것을 혼동 속으로 우겨넣은 다음, 그것을 소위 제물로 바치는 일이다."[8] 우리는 우리 삶이 의미가 있기를, 다시 말해 받아들여질 만한 제물이 되기를 원한다. 하지만 우리는 결국 우리의 제물이 거절될 것이라는 두려움에 사로잡혀 있다. 우리는 우리의 삶이 엉망이 되었을 때뿐만 아니라 최선을 다하고 있을 때, 또는 한계에 도달할 정도로 베풀고 섬기며

7. 역주 – 이것은 '죄의 가리움을 받은 사람들'이라는 말씀의 해석적 의미이다.
8. Ernest Becker, *The Denial of Death*(New York : Free Press, 1973), p. 285.

선한 일을 할 때조차도 무언가가 부족하다고 느낀다. 우리는 결코 충분하다 싶을 정도로 무언가를 할 수 없다. 충분히 성취할 수 없고, 충분히 사랑할 수 없고, 충분히 줄 수도 없으며, 충분히 가질 수도 없고, 충분히 인정을 받지도 못한다. 우리 위에는 부모든, 교사든, 고용주든, 낯선 사람이든, 자신의 자아든 항상 누군가가 심판자로 서서 우리를 심판대로 내몰고, 우리의 노력이 불충분하다고 다그친다. 그래서 우리는 매일 새로운 제물을 인생의 제단에 갖다 바칠 수밖에 없지만, 그것은 언제나 부족하기만 하다.

예수님의 대제사장직에 관한 좋은 소식은 그분이 단번에 모두를 위해 하늘 제단에 자신의 생명뿐만 아니라 우리의 모든 상황을 드렸다는 사실이다. 그는 인정받고자 하는 우리의 욕구를 품으시고 친히 하나님께 기쁨이 되는 삶을 사셨다. 그는 우리의 피곤함을 아시고 우리를 안식의 처소로 이끄셨다. 그는 인간의 조건을 취하셔서 하나님께 제물로 드렸다. 하지만 그 인간의 조건은 우리가 일그러뜨린 상처받고 깨진 모습이 아니라 예수님의 신실하심에 의해 치유된 모습, 다시 말해 하나님이 창조 때에 의도하셨던, 자신과 타인들과 하나님께 자유롭고 기쁨이 넘치는 모습이다.

마지막으로, 예수님은 그의 사역이 주는 유익 때문에 위대하다고 여겨진다. 과거의 제사장들은 인간의 죄를 위해 제사를 드렸지만, 이 매일의 제물은 인간의 가슴을 완전히 치유할 수 없었다. 하지만 예수님의 희생은 인간의 영혼을 완전히 고치실 수 있기에, 그분은 "더 아름다운 직분"(8 : 6)을 가지고 계신다고 말할 수 있다. 이에 대해 성경은 "이 뜻을 좇아 예수 그리스도의 몸을 단번에 드리심으로 말미암아 우리가 거룩함을 얻었노라"(10 : 10)고 말씀하신다. 과거의 제사장들은 종교적인 율법이 정한 대로 그들의 일을 했다. 그런데 그 율법은 히브리서 설교자의 마음에 방향은 옳았지만, 결국에는 우리를 안식의 처소로 인도할 수 없는 규율 체계였다. 따라서 율법은 단지 일시적인 것으로서 새롭고 더 좋은 언약을 기다릴 수밖에 없다. 그 새로운 언약이 오면 신실한 하나님의 사람들은 규칙에 얽매여 사는 학생들이 아니라, 하나님을 향한 깊은 신뢰 속에서 자유롭게 노는 집 안의 아이들처럼 될 것이다. 바울은 다음과 같이 말했다. "믿음이 오기 전에…… 율법이 우리를 그리스도에게로 인도하는 몽학 선생이 되어……"(갈 3 : 23-24). 히브리서 설교자는 이에 동의한다. 이제 예수님의 사역은 그 새로운 언약을 개시하고 중개할 뿐만 아니라 "내가 저희 불의를 긍휼히 여기고 저희 죄를 다시 기억하지 아니하리라"(8 : 12 ; 렘 31 : 34 참조)는 하나님의 '더 좋은 약속'을 구체화한다.

### C'. 첫 번째 언약의 흠 : 새로운 언약의 필요성(8 : 7-12)

이제까지 히브리서 설교자가 옛 제사장 제도의 결함이 어떻게 새로운 제도를 불러올 수밖에 없었는지를 지적하고 있는 바와 똑같이(7 : 11), 그는 이제 비슷한 구조로 옛 언약의 결함이 어떻게 새로운 언약을 필요로 할 수밖에 없는지에 대해 설명한다.

히브리서 설교자가 말하는 첫 번째 언약이라 함은 시내 산에서 하나님과 이스라엘 사이에 맺어졌던 언약을 의미한다. 하나님께서 모세를 통해 그 율법을 주셨을 때, 백성들은 진지하게 다짐했다. "여호와의 모든 말씀을 우리가 준행하리이다"(출 24 : 7). 그리고 모세는 백성들에게 언약의 표시로 제물로 드려진 소의 피를 뿌리고 선포했다. "이는 여호와께서 이 모든 말씀에 대하여 너희와 세우신 언약의 피니라"(출 24 : 8).

옛 언약에 대해 슬픈 소식은 사람들이 믿음을 저버리고 그 약속을 어겼다는 것이다. 첫 번째 언약의 당사자들은 동등한 위치에 있지 않았다. 즉, 하나님 대 하나님, 인간 대 인간이 아니었다. 그럼에도 불구하고 그 언약은 쌍방간의 언약이었다. 만약 사람들이 밧줄의 한쪽 끝을 단단히 잡고만 있었다면, 하나님은 다른 끝을 잡고 그들을 안전하고 쉴 만한 장소로 끌어가셨을 것이다. 사람들은 처음에는 꽉 잡을 거라고 진심으로 다짐했다. 하지만 그들은 곧 지쳤고, 이내 그 줄을 놓아 버렸다. 그들은 순종할 것을 약속했지만 다른 사람들처럼 흔들렸고, 돌아섰으며, 마침내는 떨어져 버렸다(3 : 7-19 참조). 어떠한 율법도 그들을 순종하게 할 수 없었고, 어떠한 소의 피도 그들의 결심을 공고히 할 수 없었다.

하지만 좋은 소식도 있는데, 하나님은 그 밧줄을 놓지 않으셨다는 것이다. 사람들은 믿음을 지키지 못했지만 하나님은 지키신다. 히브리서 설교자의 메시지는 첫 번째 언약이 효과가 없었기 때문에, 하나님이 긍휼히 여기셔서 더 좋은 언약을 만드셨다는 것이다. 인간의 죄는 끝없이 반복되기 때문에 옛 언약은 패배와 절망의 연속이었다.

소올 벨로우(Saul Bellow)의 소설 「샘믈러 씨의 혹성」(*Mr. Sammler's Planet*)에서, 샘믈러는 방금 죽은 그의 친한 친구의 영혼을 위해 다음과 같이 기도한다.

> 하나님, 엘랴 그루너(Elya Gruner)의 영혼을 기억하소서. 그는 참을 수 없을 만큼 힘든 상황 속에서도, 심지어 죽음이 가까워 오는 순간에도 최선을 다해 자신에게 요구된 일을 잘 해 내려고 애썼습니다. 그는 우리 역시 벗어날 수 없는 인생의 온갖 혼동과 좌절 속에서도 그가 맺은 계약의 조건을 충족시켜야 한다는 것을 알고 있었고, 마침내 충족시켰습니다. 각 사람들은 가슴 깊은 곳으로부터 그 계약 조건을 알고 있습니다. 나 역시 나의 계약 조건을 잘 알고 있습니다. 정말입니다. 하나님, 우리는 모두 알고 있습니다. 우리는 알고 있습니다.[9]

하지만 히브리서 설교자는 진정한 의미에서 우리 중 어느 누구도 그 계약 조건을 충족시킬 수 없다는 것을 잘 알고 있다. 우리 모든 인간은 매일 거울을 들여다보면서 가슴 깊은 곳으로부터 율법에 대한 순종을 요구하는 어떤 언약도 제대로 지키며 살고 있지 않음을 안다. 그래서 하나님은 '새 언약'을 만드셨는데, 그것은 순종이 아니라 긍휼과 용서 위에 세워졌다.

'새 언약'이라는 말은 예레미야 선지자의 말, 특히 예레미야 31 : 31~34에서 따온 것이다. 히브리서 설교자는 그 본문을 여기에서 길게 인용한다(8 : 8-12).[10] 이 인용은 두 가지 목적을 위해 사용된다. 먼저, 인용된 말씀

9. Saul Bellow, *Mr. Sammler's Planet*(New York : Viking Press, 1970), p. 313.

에 의하면 이스라엘이 내 언약 안에 머물러 있지 않았기 때문에(8 : 9), 그 인용은 하나님이 백성들과 첫 언약에서 결함을 발견하셨다고 하는 히브리서 설교자의 주장을 지지해 준다(8 : 8). 그것은 또한 두 번째 언약으로의 이동을 말해 주고, 이 새 언약의 몇몇 특징들을 보여 준다. 이에 대해 히브리서 설교자는 9장과 10장에서 더 자세히 다룰 것이다. 첫 언약과는 대조적으로 새 언약은 내적인 실체(inward reality)이다. 새 언약의 법들은 책에 쓰여 있지 않고, 사람들의 마음과 가슴속에 기록되어 있다(8 : 10). 새 언약의 사람들은 알려져 있지 않은 하나님께 나아가지 않는다. "……저희가 작은 자로부터 큰 자까지 다 나를 앎이니라"(8 : 11). 우리는 더 이상 낯선 집의 문을 두드리는 길 잃은 아이들이 아니라, 우리 집으로 향하는 길을 자신 있게 걸어가는 아들과 딸들이다. 더욱이 새 언약은 긍휼과 용서의 약속으로 맺어진 단단한 끈이다(8 : 12). 첫 언약의 끊임없는 저주와 결코 다함이 없는 정죄는 하나님의 자비와 은혜의 작은 몸짓에 의해 모두 쓸려 가 버렸다.

D'. 새 언약(8 : 13)

만약 히브리서 설교자가 이전에 말한 바와 같이 제사장직의 변화가 율법의 변화를 의미한다고 하면(8 : 13), 다시 말해 하나님이 인간과 관계를 맺으시는 방법에 근본적인 변화가 일어났다고 한다면, 마찬가지로 새 언약도 그와 비슷한 근본적인 변화를 일으켰다고 히브리서 설교자는 주장한다. 새 언약은 옛 언약과 공존할 수 없다. 전자는 후자를 대신할 따름이다. 죄, 수치, 범죄, 깨어진 약속, 찢어진 관계와 같은 인간의 모든 비극적인 역사는 오래되어 쓸 수 없고, 잊혀지고 있는 어제의 소식에 불과하다. 기나긴 밤의 그림자는 하나님의 은혜의 새날에 급히 그 자리를 내어 주고 있다.

---

10. 여기의 인용은 70인역 본문을 따른 것이다.

## 제사장적 예배, 옛것과 새것(9 : 1-15)

E. 옛 성소(Sanctuary, 9 : 1-5)

매우 기발하게 느껴지는 이 단락에서 히브리서 설교자는 회중의 관광 가이드가 되어 그들에게 옛 언약 하에서의 첫 성소였던 광야의 성막을 보여 준다.[11] 설교자는 심지어 당시였다면 절대로 입장 허가를 받을 수 없었을 장소에까지 회중을 인도한다. 그곳은 바로 매우 깊숙한 곳에 위치하고 있는 지성소이다.

옛 성소는 휘장에 의해 두 개의 방으로 나누어지는 장막이었다. 히브리서 설교자는 먼저 회중을 첫 번째 방으로 안내하여 들여다볼 수 있게 한다. 거기서 우리는 등대와 진설병이 놓여진 탁자를 볼 수 있다.[12] 히브리서 설교자는 관광객들이 이 "성소"(the Holy Place, 9 : 2)를 둘러볼 수 있도록 잠시 멈춘다.

그러나 훨씬 더 거룩한 장소가 있으니 바로 두 번째 휘장 뒤에 있는 지성소인데, 거기는 오직 대제사장만이 들어갈 수 있는 곳이다. 히브리서 설교자는 휘장을 젖히면서 심호흡을 하고는 우리에게 그 신비스럽고 금지된 깊은 곳을 보게 한다. 즉시 우리의 눈동자는 금 향단과 금으로 싸인 언약궤에 반사되어 반짝인다. 법궤 안에는 금으로 된 만나 항아리(출 16 : 33-34)와 아론의 지팡이(민 17 : 1-11 참조), 그리고 십계명이 적힌 두 돌판(왕상 8 : 9)이 들어 있다. 법궤 위에는 금으로 된 속죄소가 있고, 속죄소 두 끝에는 날개로 그것을 덮고 있는 두 그룹이 있다(출 25 : 17-21). 간단히 말해 금은 약속의 기념물로서 지성소의 사방에 널려 있다. 이로 인해 우리의 상상력은 끝없이 날개를 편다.

그런데 히브리서 설교자가 갑자기 휘장을 내리며 쇼는 끝났다고 퉁명스럽게 알린다. 그는 손사래를 치며 "이것들에 관하여는 이제 낱낱이 말할

11. 히브리서 설교자의 설명은 사실과 정확히 일치하지는 않지만, 출애굽기 25~40장에 기술되어 있는 성막의 디자인과 구조를 대체적으로 따르고 있다.
12. 출애굽기 25 : 23~30 ; 마가복음 2 : 23~28 참조.

수 없다."고 말한다(9 : 5). 왜 말할 수 없다는 말인가? 왜 히브리서 설교자는 휘황찬란한 금빛으로 우리의 눈을 휘둥그레지게 해 놓고선 그렇게 성급하게 끝을 내는가? 어떤 면에서 그는 옛 성소의 세부적인 것들이 눈에는 멋져 보일지 몰라도, 지금 여기에서는 초점을 벗어난 이야기라고 생각했을 수도 있다. 사람들은 등대, 탁자, 기름, 커튼, 예복과 같은 것들에 계속 마음이 갈 수 있지만, 히브리서 설교자가 강조하고자 하는 것은 행위와 의미이지 물건이나 건축이 아니다. 그는 옛 언약궤를 통해 일어난 (또는 일어나지 않은) 일과 예수님의 제사장 사역을 통해 일어난 일을 대비시키고 싶은 것이다.

하지만 또다른 이유도 있다. 히브리서 설교자는 기대에 찬 회중이 매혹적인 지성소를 그저 슬쩍 엿볼 수밖에 없으며, 휘장이 내려졌을 때 무척 실망할 거라는 것을 안다. 성소 내부의 금빛 찬란한 보물들과 믿음의 풍요로움을 본 그들은 분명히 또다른 광경을 이번에는 좀더 긴 시간 동안 보고 싶어할 것이다. 투탕카멘(Tutankhamen)의 화려한 무덤을 찍은 한 장의 「내셔널지오그래픽」(*National Geographic*) 사진은 더 많은 것들을 보고 싶게 만든다. 영화 "타이타닉"(Titanic)에서의 멋진 석양 장면은 또다른 멋진 장면을 보고 싶게 한다. 히브리서 설교자는 지금 회중이 마치 어린아이인 것처럼 "까꿍" 하면서 다가가 그 다음 장면을 더 기대하게 만들고 있다. 다시 말해 히브리서 설교자는 지성소의 내부를 잠깐 보여 줌으로써 회중의 식욕을 돋우고 있는 것이다. 결국 그는 회중에게 두 번째 장면을 보여 주는데, 이번에는 그 광야의 장막으로 돌아가는 것이 아니라 "더 크고 온전한 장막"(9 : 11)으로 그들을 데려간다. 그곳은 생명 없는 물건이나 그룹의 동상들이 아니라 살아 있는 '천만 천사'들로 가득 차 있고, 율법을 새긴 돌판이 아니라 가슴에 율법을 새긴 성도들과 "온전케 된 의인의 영들"(12 : 23)로 가득 차 있는 "하늘의 예루살렘"(12 : 22)이다. 히브리서 설교자는 "잠시만 기다리시오."라고 말하면서 커튼을 친 뒤 다음과 같이 말한다. "여러분이 이제까지 본 것은 아무것도 아니오!"

F. 옛 제사장들의 행위(9 : 6-10)

회중에게 성막에 대한 간략한 여행을 맛보게 한 다음, 히브리서 설교자는 이제 옛 성소에서 행해지는 일에 관한 장면을 한 컷 보여 준다. 먼저 우리는 평일에 성막을 방문한다. 우리는 거기에서 매일의 일상사를 보게 된다. 제사장들은 바쁘게 첫 번째 방인 바깥 장막을 들락거리며 늘 드리는 제사 의식들을 준비한다. 등잔에 기름을 채우고, 진설병을 새것으로 바꾸고, 매일의 희생 제사를 드리게 된다(9 : 6). 다음으로 우리는 평일이 아닌 아주 특별한 날, 곧 연중행사로 펼쳐지는 속죄일 제사를 보게 된다(레 16장 참조). 1년 중 오직 이날만은 대제사장이 바깥 장막을 넘어 안쪽 장막인 지성소로 들어간다. 이때 그는 반드시 그와 백성들을 위해 동물의 희생 제물에서 나온 "피"(9 : 7)를 가지고 들어간다.

따라서 평일의 성막은 마치 꿀벌 집처럼 매일의 제사들이 치러지느라 분주하고, 1년에 한 번 있는 속죄일에는 특별한 인물이 지극히 거룩한 성소에 혼자 들어가게 된다. 그런데 히브리서 설교자는 이 이야기를 왜 하는 것일까? 그는 성령님께서 이 모든 것들을 말씀하셨기 때문에 그렇게 한다고 주장한다(9 : 8). 게다가 그는 이것을 단지 역사 수업이 아니라 "현재까지의 비유"(9 : 9)라고 말한다. 성령님께서 친히 히브리서 설교자에게 이 안쪽과 바깥쪽으로 되어 있는 성막의 구조를 보여 주시는데, 본 설교가 풀어 가려고 하는 신학적, 목회적 문제에 대한 비유로 던져 주신다.

히브리서 설교자는 그의 회중이 많은 다른 이들처럼 그리스도인의 믿음을 지키느라 고군분투하며 살지만, 정작 기쁨과 평화는 누리지 못한다는 것을 잘 알고 있다. 다른 모든 이들처럼 히브리서 회중들이 정말로 필요로 하고 원하는 것은 살아 계신 하나님과 만나는 것이다. 그들은 지성소로 들어가 하나님의 은혜와 용서를 체험하고 싶어한다. 하지만 아이러니하게도 종교 의식들이 그것을 가로막는다. 만약 그들이 옛 성막의 바깥 장막까지만 들어가게 된다면, 옛 제도가 계속해서 그들의 종교적 상상력과 예배에 대한 경험들을 제한한다면, 그리고 그들이 여전히 첫 번째 언약 하에서 살아간다면, 그들은 등불을 켜고 진설병을 바꾸는 등 종교적인 의무들을 다하기 위해 열심히 에너지를 쏟아야 할 것이다. 하지만 그렇게 하더라도 그들은 자신이 원하는 곳에 도달할 수 없다. 하나님은 안쪽 성소에 계심에도 불구하고, 그들은 줄곧 영양가 없는 바깥 모임만 지속할 뿐이다.

바바라 브라운 테일러(Barbara Brown Taylor)는 그녀의 책, 「설교의 삶」(*The Preaching Life*)에서 지역 교회를 위한 신앙교육 담당자로서의 자신의 삶에 대해 말한다. 그녀의 회중은 늘 그들이 성경공부에 얼마나 목말라 있는지를 그녀에게 반복해서 말했다. 그래서 그녀는 그 요구를 들어주기 위해 주변의 신학교 교수들을 자주 초빙하여 구약과 신약에 대한 강의를 개설했다. 강의가 개설되었다는 광고를 들었을 때, 사람들은 대부분 긍정적인 반응을 보였다. 하지만 이상하게도 참여율은 매우 낮았다. 그런데 더 이상한 것은 참여율이 매우 저조했음에도 불구하고 그들은 매학기 더 많은 성경공부를 요청했다는 점이다. 그녀는 회중의 요구대로 더 많은 강의들을 개설해 주었다. 하지만 여전히 참여율은 저조했다.

그녀는 다음과 같이 결론을 내렸다. "마침내 나는 깨달았다. 그들에게 있어 '성경'은 하나님을 대신하는 단어이다. 그들은 성경에 대한 정보를 원하는 것이 아니라 하나님을 체험하고 싶었던 것이다. 또한 그들은 그 체험을 성경을 통해 얻을 수 있을 것처럼 여겼던 것이다." 그 깨달음 이후로 그녀는 다른 방식의 성경공부를 제공했다. 단순히 성경 본문의 정보를 전달하는 차원이 아니라, 그 본문을 통해 하나님을 만날 수 있는 방법을 강구한 것이다. 자연히 참여율은 급상승했다.[13)]

이것이 바로 히브리서 설교자가 말하고 있는 요점이다. 사람들은 하나님을 원하지만, 그들은 종종 하나님에 대한 정보만을 얻을 뿐이다. 사람들은 초월적인 것에 목말라 있지만, 대신에 종종 규칙과 절차와 준비로 가득 찬 종교만을 얻을 뿐이다. 사람들은 문 앞에서 붙들려서 성소 안으로 들어가지 못하고, 매우 바쁘게 종교생활을 한다. 그들은 열심히 성경공부를 하고, "먹고 마시는 것"(9 : 10)에 관한 규율을 지키고, 기도 연결고리를

---

13. Barbara Brown Taylor, *The Preaching Life*(Cambridge, Mass : Cowley Publications, 1993), p. 47.

조직하고, 성지를 답사하고, "육체"(9 : 10)에 대한 규칙을 지키고, 청지기 운동을 벌이며, 각종 종교적인 일에 열심을 낸다. 그 활동들은 결코 나쁜 것이 아니다. 참으로 그것들 대부분은 선하고 유용하다. 하지만 그것들이 우리가 추구하는 궁극적인 것은 아니다. 그것들을 통해 살아 역사하시는 하나님을 만날 수 없기 때문이다.

바깥 장막에만 머물러 있는 한계, 다시 말해 활동은 많지만 본질적인 만남이 없다는 점이 바로 사람들로 하여금 결국에는 지쳐서 소망을 잃어버리게 만드는 요인이다. 교회에서 감당해야 할 일은 수없이 많은데, 그들 가운데 진정한 예배는 거의 없다. 많은 갈등과 고통이 있는 반면에 안식은 거의 없다. 히브리서 설교자는 이렇게 딱한 상태가 옛 성막과 옛 제사장 제도와 옛 언약에 잘 나타나 있다고 본다. 그래서 히브리서 설교자는 성령님의 말씀을 빌려 이것을 "현재까지의 비유"(9 : 9)라고 칭한다. 옛 체제는 견딜 수 없는 부담과 부적합과 불완전을 증거할 뿐이다. 모든 사람들이 거룩한 곳으로 나아가고자 열망한다. 하지만 옛 체제 하에서는 오직 대제사장만이 지성소에 들어갈 수 있다. 모든 이들이 하나님의 사랑과 도우심을 매일 필요로 한다. 하지만 대제사장도 1년에 단 한 번만 지성소에 들어갈 수 있을 뿐이다. 인간은 죄로부터의 자유, 새로운 출발, 치유받은 영혼을 고대한다. 하지만 옛 제사장이 동물의 피로 드린 희생제사는 섬기는 자를 그 양심상 온전하게 할 수는 없다(9 : 9).

다시 말해 진정한 속죄가 있으려면 1년에 한 번 특별한 한 사람이 성막의 구석진 방에서 어설프게 무언가를 하는 것만으로는 절대적으로 부족하다. 그 속죄의 행위는 우주적인 차원에서 단번에 모든 인류를 위한 완전하고도 효과적인 희생 제사여야 한다. 그렇게 되려면 우리는 새로운 대제사장과 새로운 언약, 새로운 율법, 새롭고 확 트인 성소를 가져야 한다. 우리는 정말로 하나님이 기뻐하시는 희생제사를 드릴 수 있는 제사장을 필요로 한다. 우리는 두려워 떠는 죄인이 아니라, 아들이자 상속자인 대제사장을 필요로 한다. 그분은 지성소에서 완전한 평안을 누리시는 분이고, 우리를 하나님과 단절시키는 성막 안의 커튼을 담대히 그리고 영원히 걷어 버리시는 분이며, 우리를 형제와 자매로서 살아 계신 하나님과의 친밀한 교제 속으로 초대하시는 분이다. 히브리서 설교자가 들려주는 복음의 기쁜 소식에 의하면, 그분은 바로 우리가 모시고 있는 대제사장이시다. 이제 이 짧은 설교의 앞 두 부분(E와 F)은 새 언약을 묘사하는 뒤의 두 부분(E'와 F')과 짝을 이룬다.

### E'. 더 크고 온전한 새 성소(9 : 11)

첫 번째 언약 하에서 옛 대제사장들은 그들의 제물을 사람들이 만든 속죄소에 놓기 위해 가죽과 천으로 만들어진 장막을 통과해 갔다. 그러나 자비와 용서의 새 언약이 옛 언약을 폐하게 되었을 때, "장래 좋은 일의 대제사장"(9 : 11)이신 예수 그리스도는 그의 제물을 살아 계신 하나님께 드리기 위해 인간의 손으로 짓지 않은 하늘의 "더 크고 온전한 장막"(9 : 11)을 통과해 가셨다(4 : 14).

히브리서 설교자의 요점은 지리적인 것, 즉 예수께서 하늘의 제단에 제물을 놓으시기 위해 구름을 뚫고 지나가셨다는 데 있지 않고, 일시적이고 유한하고 불완전한 제사와 관련된 모든 것들이 사라졌다는 데 있다. 그리스도인들은 주일 아침이나 토요일 오후나 수요일 저녁에 예배를 드린다. 그들의 예배는 나무로 지은 작은 예배당에서 드려지기도 하고, 웅장한 성당에서 드려지기도 하며, 아파트 휴게실에서 조촐하게 드려지기도 한다. 예배가 드려지는 장소에 상관없이 모든 예배는 시간에 구애를 받고, 다소 즉흥적인 모습마저 보인다. 계절은 변하고, 예배당의 의자는 삐걱거리고, 사람들은 오고 가고, 회중은 일어섰다 앉았다 하고, 이웃들은 변하고, 건물들은 철거되고, 벽의 사진들은 여러 세대가 흘렀다는 것을 보여준다. 그럼에도 불구하고 히브리서 설교자는 담대히 선포한다. 기독교 공동체가 언제 어디서 예배를 위해 모이든지 간에, 그 공동체는 그들의 대제사장을 따라 영원히 썩지 않는 성소인 '더 크고 온전한 장막'으로 들어간다. 그들은 그곳에서 끊이지 않는 교제에 참여하고, 자비가 한이 없으신 하나님께 쉼 없이 찬양과 경배를 드린다.

### F'. 새로운 대제사장의 활동(9 : 12-15)

이 부분은 옛 제사장들의 활동과 그리스도의 활동을 비교하기 위해 '하물며', '어찌'와 같은 강조의 표현들을 자주 사용한다. 옛 제사장들은 염소, 송아지, 황소, 암소와 같은 동물들을 희생제물로 드렸고(레 16 : 5-15 ; 민 19 : 1-10 참조), 히브리서 설교자는 이러한 옛 희생제사와 정결 의식들이 어느 정도의 가치는 있었다고 인정한다. 그것들은 적어도 표면적으로는 사람들을 정결케 해 주어서 그들로 하여금 공동체에서 다시 제 역할을 할 수 있게 하고, 예배에도 참여할 수 있도록 해 주었다. 이를 가리켜 히브리서 설교자는 육체를 정결케 한 것이라고 부른다(9 : 13). 그들은 장차 올 것을 기대할 수는 있었지만 성취할 수는 없었다.

그러나 큰 대제사장이신 예수님은 동물이 아니라 자기 자신을 "흠 없는"(9 : 14) 제물로 드리셨다. 옛 희생 제사가 어느 정도의 가치가 있었다면, 예수님의 완벽한 희생 제사는 인간을 하나님이 본래 원하셨던 모습으로 회복시키는 일에 얼마나 더 큰 효과가 있겠는가! 옛 희생 제사는 드린 자를 부정으로부터 일시적으로 자유하게 해 주었으나, 예수님의 희생제사는 "영원한 속죄"(9 : 12)를 이룬다. 옛 희생 제사는 인간의 겉모습만 온전케 했지만 예수님의 희생 제사는 내적인 자아, 즉 양심을 온전케 하여 신실한 자를 "죽은 행실에서 깨끗하게 하고"(9 : 14), 자기 힘으로 하나님과 화해하려는 헛된 시도를 포기하게 하여 살아 계신 하나님을 진심으로 예배할 수 있도록 길을 열어 준다.

"아버지께 참으로 예배하는 자들은 신령과 진정으로 예배할 때가 오나니 곧 이때라 아버지께서는 이렇게 자기에게 예배하는 자들을 찾으시느니라"(요 4 : 23)고 야곱의 우물가에서 예수께서 사마리아 여인에게 말씀하셨던 것처럼, 히브리서 설교자는 회중에게 신령과 진정으로 드리는 예배, 모든 사람들이 목말라 하는 이 예배가 예수님의 완전한 희생 제사를 통해 비로소 가능해졌다고 힘주어 말하고 있다.

이러한 이유 때문에 예수님은 '새 언약의 중보자'라고 불린다(9 : 15). 이 새 언약은 하나님의 너그러움을 나타내는 무지개 표시이고, 인간을 결코 나약하고 고갈되고 소망 없는 존재로 남겨 두지 않으시려는 하나님의 영원한 자비이시며, 모든 시대를 초월하여 하나님의 자녀들을 살리시려는 하나님의 거룩한 사랑이시다. 여기에 구약의 인물들에 대한 히브리서 설교자의 깊은 신학적인 이해가 들어 있다. 그들은 하나님의 약속이 어떤 식으로 성취될 줄 알지 못했음에도 불구하고 그 약속을 굳게 믿었다. 그들은 기다림의 사람들이었고, 아직 볼 수 없었던 곳으로 여행하는 사람들이었다. 그들이 하나님께로 나아가는 모든 방식은 그저 장차 올 것들에 대한 그림자에 불과했다. 그들은 흠 많은 제사장들을 통해 일시적이고 움직일 수 있을 뿐만 아니라, 커튼에 의해 거룩한 존재로의 접근이 단절되어 있는 장막에서 불완전한 제사를 드렸다. 하지만 이 모든 것들은 '장래 좋은 일'의 예표가 되는 것들이었다.

그들은 알지도 못하는 하나님께 나아갔지만, 이제 하나님은 그들에게로 거슬러 올라가 그들의 손을 잡아 주신다. 그들은 옛 언약 하에서 신음한 약속의 자녀들이다. 이제 약속을 정하신 하나님이 그 약속을 지키신다. 예수님의 죽음을 통해 그들이 간절히 원했지만 어찌할 수 없었던 하나님과의 연결이 선물로 이루어진 것이다. 그들은 영원한 기업의 약속을 받았고, 첫 언약 때에 범한 죄에서 구속을 받았다(9 : 15). 그리스도의 사건은 구약의 약속들을 무엇으로 대체하지 않았고, 교회는 이스라엘 민족을 대체하지 않았다. 하나님의 사람들은 태초부터 마지막 때까지 믿음의 강력한 고리를 형성한다. 옛 언약 하에 있었던 이들이 그 기나긴 체인의 앞부분을 이룬다. 이 앞부분은 원래 완전하지 않았기 때문에, 새 언약을 통해 완전해진 뒷부분과 차후에 재차 끈끈하게 연결되었다. 하지만 아무리 그 고리의 단단하고 길게 연결되어 있어도, 어딘가에 고정되지 않으면 떨어져 버리고 만다. 히브리서 설교자는 예수님이 그 고리의 끝을 하나님의 성소에 단단히 묶으셨다고 말한다(6 : 19 참조). 그리스도 안에서 모든 옛 약속들은 완전해졌고, 신실한 자들이 옛 언약 하에서 소망했던 모든 것들은 이제 모두 이루어졌다.[14]

## 죽음과 정결(9 : 16-28)

앞 단락(9 : 15)에서 언급된 죽음에 관한 이야기는 지금 우리가 다루고 있는 설교 속의 설교에서 다음 부분으로 자연스럽게 연결시켜 준다. 이 부분에서 히브리서 설교자는 정결케 하기 위해서는 피가 요구된다는 복잡한 신학을 전개한다. 이번에도 그는 우리에게 익숙한 옛것(G)과 새것(G') 의 대조를 통해 이야기를 풀어 간다.

G. 죽음을 통한 정결 : 옛 언약(9 : 16-22)

히브리서 설교자는 이 단락을 말장난과 비유로 시작한다. 말장난은 '언약'(covenant)이란 단어를 가지고 하는데, 그 단어는 '증언'(testament) 이나 '유언'(will)의 의미도 가지고 있다. 지금까지 두 장에 걸쳐 히브리서 설교자는 '언약', 즉 옛 언약과 새 언약에 대해 이야기해 왔다. 그는 약간의 기교를 사용하여 이번에는 같은 단어를 '유언'의 의미로 바꿔서 사용한다. 히브리서 설교자에 의하면, 유언은 오직 그 유언을 한 사람이 죽었을 때에만 효력이 발생한다(9 : 17). 다시 말해 유언은 죽음이 있기 전에는 한낱 종잇조각에 불과하다.

마찬가지로 언약 역시 죽음이 있기 전에는 아무것도 아니라고 히브리서 설교자는 주장한다. 이 논리는 심지어 옛 언약에도 적용되었으니, 새 언약에는 얼마나 더 정확히 맞아떨어지겠는가! 시내 산에서 받은 첫 번째 언약은 죽음 의식을 통해 확정되었다. 즉, 모세는 짐승의 피를 취하여 책과 장막과 제사 기구들과 모든 백성에게 뿌리면서 다음과 같이 말했다. "……이는 하나님이 너희에게 명하신 언약의 피라……"(9 : 18-21 ; 출 24 : 3-8 참조). 그 첫 언약을 적극 지지하고 있는 옛 율법 하에서는, 거의 모든 정결 의식이 죽음과 희생과 피의 사용을 요구했다(9 : 22).

언약과 죽음은 뗄래야 뗄 수 없는 관계에 있다는 것을 분명히 하기

---

14. 앞부분 1장 주석 부분의 "덧붙임(excursus) : 히브리서와 유대주의"를 참조하라.

위해, 히브리서 설교자는 당시 고대 문학에서 흔히 사용되곤 했고 회중에게도 친숙했을 법한 한 구절을 읊는다 : "……피 흘림이 없은즉 사함이 없느니라"(9 : 22). 하지만 이 명제를 너무 심각하게 받아들일 필요는 없다. 히브리서 설교자는 지금 어떤 교리나 새로운 신학적 아이디어를 조직하고 있는 것이 아니라, 그저 "피 흘림이 없으면 용서도 없다."와 같은 전통적인 표현 하나를 예로 들면서 본 단락을 시작하고 있을 뿐이기 때문이다.

더욱이 엄밀히 말하면 위의 명제는 성경적으로 옳지 않다. 성경에는 죽음이나 피 흘림 없이도 얼마든지 용서를 받은 예들이 많기 때문이다. 히브리서 설교자가 여기에서 말하고자 하는 바는 훨씬 더 심오한 논리인데, 가령 "당신이 만약 케이크를 만들고자 한다면 당신은 반드시 계란을 깨야 한다."와 같은 금언(maxim)과 일맥상통한다. 우리가 언약을 원한다면 대가가 필요하다. 용서는 값싸거나 쉽게 얻을 수 있는 것이 아니라 매우 값진 것이기 때문이다. 그래서 자비로운 새 언약을 통한 인류의 용서는 마침내 매우 비싼 값을 치르고 이루어졌다. 그 값이 바로 아들이신 예수님의 죽음이다. 마지막 '유언'이 읽혀지면 예수님의 형제들과 자매들은 영원한 기업의 약속을 얻게 된다(9 : 15). 하지만 유언은 유언한 자가 죽어야 효력이 발생한다(9 : 16).

### G'. 예수님의 죽음을 통한 정결(9 : 23-28)

짐승의 죽음을 통해 옛 언약이 확정되었다고 말한 히브리서 설교자는 이제 새 언약의 확정에 대해 말할 차례가 되었다. 옛 언약 하에서의 예배는 진정한 예배가 아니었다. 그것은 하늘의 예배("하늘에 있는 것들의 모형", 9 : 23)를 모방한 것에 지나지 않는다. 그럼에도 불구하고 그 예배는 희생, 즉 동물의 피를 필요로 했다. 하물며 "하늘에 있는 것들(진정한 예배)"(9 : 23)은 얼마나 더 좋은 희생 제물을 필요로 하겠는가!

"이런 것들보다 더 좋은 제물"(9 : 23)을 제공한 분이 바로 예수님이시다. 히브리서 설교자는 이 제물에 대해 논하면서 그가 이미 언급한 많은 주제들을 다시 반복하여 제시한다. 우리는 예수 그리스도가 인간이 만든 장막이 아니라 하늘 장막으로 들어가셨다는 이야기를 다시 듣게 된다(9 : 24 ; 9 : 11 참조). 다시 한번 우리는 매년 반복적으로 제사를 드려야 했던 옛 대제사장과 달리 예수님은 단번에 완전한 제사를 드렸다는 이야기를 듣게 된다. 예수님은 무언가 부족한 제사 때문에 영원히 끊이지 않는 십자가의 고통과 저주를 받으시지 않는다. 그렇다. 예수님의 구속 사역은 이미 끝났고 완전하다. 이에 대해 어떤 찬송은 다음과 같이 노래한다. "싸움은 끝났고, 전쟁은 마무리되었으니, 승리는 우리 것일세. 승리의 노래를 부르세. 할렐루야!" 예수님은 단 한 번의 제사를 드렸고, 그 단번의 제사는 "많은 사람"(9 : 25－28 ; 7 : 27－28 참조)을 구원하기에 충분했다.

우리는 이 모든 것을 앞서 들은 바 있다. 히브리서 설교자는 이미 훑어본 앞의 것들을 다시금 돌아보면서 또다른 의미를 발견하고자 한다. 드디어 우리는 새롭고 놀랄 만한 장면을 하나 발견하게 된다. 바로 그리스도가서 "두 번째 나타나시리라"(9 : 28)는 놀라운 사실이다. 다시 오셔서 죄인들을 찾아내서 그들의 명단을 부르시고, 그들을 벌하시는 무섭고 보복하시는 예수님상을 가지고 있는 부정적인 설교자들[15]과는 반대로, 히브리서 설교자는 예수님의 재림이 정말로 기쁜 소식이라는 것을 안다.

그는 이 기쁜 소식을 하나의 상식적인 진리를 말함으로써 전한다 : "한 번 죽는 것은 사람에게 정하신 것이요 그 후에는 심판이 있으리니"(9 : 27). 히브리서 설교자가 이 말을 했을 때, 아마 회중의 처음 반응은 덤덤했을 것이다. 사람이 죽은 다음에 심판을 받게 된다는 것은 너무나 상식적이고 당연한 진리로 여겨졌기 때문에, 회중은 그 말에 별다른 주의를 기울이지 않았을 것이다. 이러한 이야기는 교회나 회당의 설교에서 너무나 자주 듣는 말이었고, 헬라인들까지도 당연하게 받아들이는 상식이었다. 플라톤(Plato)도 이런 이야기를 했었고, 플루타크(Plutarch)도 마찬가지의 말

15. 아마도 그 설교자는 이렇게 설교할 수도 있을 것이다. "당신, 조심하는 게 좋을 거야. 울지도 말고 뿌루퉁해 있지도 마. 이유를 말해 주지. 예수 그리스도께서 다시 오신단 말이야!"

을 했다. 오늘날의 사람들도 그것을 일반적으로 받아들이고 있다. "모든 사람은 죽게 되어 있고, 죽은 후 당신은 당신의 창조자를 만나게 될 것입니다." 이것은 상식의 범주에 속하는 문제이고, 어느 누구도 이 생각에 대해 큰 문제를 삼지 않는다.

사실 히브리서 설교자가 이 상식적인 말을 한 것은 어떤 면에서 비유적인 의미로 사용했다고 할 수 있다. 그는 어떤 면에서 모든 인간처럼 예수님도 단 한 번 죽으셨다는 사실을 강조하고 싶은 것처럼 보인다. 예수님은 제사를 반복할 필요가 없고, 오직 한 번 십자가에 달리시는 것으로 충분하다. 하지만 히브리서 설교자는 이 상식적인 진리를 놀라운 방법으로 확장시킨다. 그리스도의 제사장 사역을 굳게 의지하는 이들을 위해 예수님께서는 이 '죽음 이후의 심판' 구조를 완전히 뒤집으셨다.[16] 예수님의 죽음으로 인해 생겨난 결과는 죄의 권세가 무너졌다는 것이다. 그는 많은 사람의 죄를 담당하셨고(9 : 28), 그들을 위해 친히 심판을 받으셨다. 따라서 그는 벌을 주시기 위해 재림하시는 것이 아니라, 그의 양들을 구하시기 위해 다시 오시는 것이다. 그의 죽음은 충분히 역할을 다했고 그의 제사는 완벽했기 때문에, 그는 더 이상 죄와 상관없고(9 : 28), 죄악의 늪을 청소할 필요도 없으며, 죄인들을 벌할 이유도 없다. 왜냐하면 죄는 이미 패배했기 때문이다. 그는 도리어 그의 형제들과 자매들, 곧 그의 오심을 두려워하지 않고 신뢰함으로 "자기를 바라는 자들"(9 : 28)을 불러모아서 본향으로 데려가시기 위해 다시 오신다. 그는 무서운 심판자가 아니라 구원자로 오신다. 따라서 "모든 사람은 한 번 죽게 되어 있고, 그 후에는 심판을 받을 것이다."라는 말은 더 이상 사실이 아니다. 이제 진리는 이것이다. "예수께서 모두를 위해 죽으셨고, 그 후에는 구원의 자비가 있으리라."

---

16. 여기에서 사용된 '심판'이란 용어는 긍정적인 의미가 아니라 무섭고 두려운 이미지로 사용되었다. 긍정적인 의미의 예는 데살로니가후서 1 : 5을 들 수 있다.

## 제사장 사역의 유익(10 : 1-18)

이 단락에서 히브리서 설교자는 다시 한번 자신이 이미 다룬 내용을 마치 써레질하듯 다듬는 작업을 한다. 여기에 등장하는 모든 주제들은 이미 친숙한 것들로, 가령 옛 제사의 불완전함 대신 새로운 제사의 완전함, 새로운 언약의 내향성(inwardness), 예수님을 통한 구속의 단일성 등이 있다. 실제로 내용면에서만 보면 이 단락에서는 전혀 새로운 것이 없다. 굳이 있다 해도 아주 미묘한 차이만 있을 뿐, 이 단락은 이제까지 우리가 다뤄 온 설교 속의 설교를 요약하는 차원의 내용이 주를 이룬다. 하지만 수사학적인 관점에서 보면 새로운 것이 있다. 히브리서 설교자는 중심 주제를 다시 한번 부각시켜 줌으로써, 이 단락이 하나님의 용서를 재확인하는 단락으로 기능하게 한다. 그는 마치 다음과 같이 말하고 있는 듯하다. "예수 그리스도 안에서 당신은 용서를 받았습니다. 예수 그리스도 안에서 참으로 당신은 용서를 받았습니다. 다시 한번 말하지만 예수 그리스도 안에서 당신은 용서를 받았습니다."

H. 예전의 반복되던 제사(10 : 1-4)

그는 늘 즐겨 쓰는 구조를 이번에도 어김없이 사용한다. 그는 먼저 옛 언약에 대해 말하고(H), 이어서 새 언약의 측면으로 이동한다(H'). 옛 언약 하에서 제사의 가장 큰 문제점은 사람들로 하여금 속으로 죄책감을 간직하게 한다는 것이라고 히브리서 설교자는 꼬집는다. 만약 그 제사가 사람들의 죄를 완전히 깨끗하게 하고, 하나님 앞에서 그들을 온전히 세울 수 있다면, 그들은 굳이 매년 같은 제사를 반복해서 드릴 필요가 없었을 것이다. 간단히 말해 옛 제사는 사람들을 표면적으로는 깨끗하게 할 수 있지만, 속에는 여전히 죄책감을 남겨 놓게 된다(10 : 2). 사실 매년 반복되는 속죄제는 쇠망치와 같아서 해마다 끊임없이 반복되는 죄라는 녀석을 한 방씩 때려 줘야만 한다. 다시 말해 그런 제사는 치유를 위한 효과는 전혀 없고, 단지 우리가 하나님 앞에서 악하고 부족하여 용납될 수 없는 이들이라는 사실만을 끊임없이 강제로 주입시키는 행위이다.

대부분의 현대 그리스도인들은 속죄일을 지키지 않지만, 히브리서 설교자가 속죄일을 통해 말하고자 하는 바는 이해할 수 있다. 많은 교회들이 은혜를 선포하기보다는 죄를 선포하기 좋아한다. 매주일, 매달, 매년 우리는 반복적으로 죄에 대해 목소리를 높이는 설교를 듣게 된다. 그야말로 매주일이 '속죄일'이나 마찬가지이다. 더 비극적인 것은 그 속죄를 우리 자신의 힘으로 이루고자 한다는 것이다. 제단에 드려진 제물은 불행히도 회중의 제물이고, 매번 듣는 소리는 부족하다는 메시지이다. 그 가련한 회중은 부족하다는 말을 하도 많이 들어서, 어느 때부터인가 자신은 하나님 앞에서 영원히 부족할 수밖에 없는 존재라고 생각하게 된다. 일례로 평생 우울증과 싸워 온 한 여성이 교회에서 들은 메시지에 대해 평하는 다음의 말을 들어 보자.

> 나는 어릴 적부터 심한 우울증으로 인해 극도의 외로움에 시달렸다. 어릴 적 기독교는 내게 그 불행으로부터 탈출할 수 있는 어떤 길도 제시해 주지 못했다. 도리어 인간은 전적으로 타락했고, 그 때문에 예수님이 돌아가셔야 했다는 죄에 대한 강조는 나의 타오르는 우울증에 기름을 붓는 격이었다. 죄는 종교의 존재 이유와 같이 느껴진다. 만약 당신이 초등학교 4학년인 나에게 "예수님이 왜 태어나셨나요?"라고 묻는다면, 나는 주저없이 "죄 때문에 태어나셨어요."라고 대답할 것이다. 만약 당신이 계속해서 나에게 "어떻게 하면 죄 용서를 받을 수 있나요?"라고 묻는다면, 이번에도 나는 주저하지 않고 "우리는 죄를 회개해야 해요."라고 대답할 것이다. 당신이 물러서지 않고 한 번 더 "회개한다는 게 무슨 의미인가요?"라고 묻는다면, 나는 "내가 얼마나 흉악한 죄인인지에 대해 괴로운 느낌을 갖는 것이지요."라고 대답할 것이다.[17]

---

17. Roberta C. Bondi, *Memories of God : Theological Reflections on a Life*(Nashville : Abingdon Press, 1995), pp. 153-154.

### H'. 그리스도의 한 영원한 제사(10 : 5-18)

광야의 장막에서든, 메인 스트리트(Main Street)의 제일교회(First Church)에서든, 율법 중심의 종교는 예배드리러 오는 사람들의 양심에 늘 죄책감을 불어넣어 정죄하게 된다. 우리 나름대로의 제물을 바쳐서 그 죄책감을 해결해 보려고 반복적으로 제사를 드린다. "주님, 제가 청소년부 교사로서 제 자신을 주님께 드렸잖습니까?", "주님, 우리 교회에서 병든 지체를 위해 제가 한 기도를 듣지 못하셨나요?", "주님, 저희 회사에서 소수 민족 고용을 위해 제가 목소리를 높인 것을 기억하지 못하십니까?", "주님, 적어도 저는 다른 많은 이들과 달리 예배에 꼬박꼬박 참석했습니다.", "주님, 제가 완벽하지 않다는 걸 잘 압니다. 하지만 저는 최선을 다했습니다. 주께서 그걸 아시지 않습니까? 주님, 아시잖아요?" 이렇게 우리는 반복해서 이러한 제물을 드린다. 하지만 별로 효과는 없다. 그 제물은 결코 충분치 않고, 언제나 부족할 뿐이다. 그래서 우리는 지성소 근처에도 가 보지 못한 채 다시금 죄책감을 품고 살아가다가, 그 다음 주에 다시 제단에 올려놓을 만한 또다른 선행과 정성을 가지고 돌아온다. 그것도 아니면 아예 포기하고 하나님을 떠나 살기도 한다.

이러한 불상사를 해결하기 위해 히브리서 설교자는 여기에서 시편 40편을 인용하여, 반복적인 희생 제사는 이미 끝났다는 희소식을 전해 준다. "그러므로 세상에 임하실 때에 가라사대 하나님이 제사와 예물을 원치 아니하시고 오직 나를 위하여 한 몸을 예비하셨도다 전체로 번제함과 속죄제는 기뻐하지 아니하시나니 이에 내가 말하기를 하나님이여 보시옵소서 두루마리 책에 나를 가리켜 기록한 것과 같이 하나님의 뜻을 행하러 왔나이다 하시니라"(10 : 5-7 ; 시 40 : 6-8 참조). 예수님은 우리와 똑같이 시험을 받으셨지만, 순종의 자세와 믿음을 잃지 않으셨다. 그는 우리 모두를 위해 자신의 생명을 제단 위에 올려놓으셨고, 그것으로 충분했다. 히브리서 설교자는 "(하나님의) 뜻을 좇아 예수 그리스도의 몸을 단번에 드리심으로 말미암아 우리가 거룩함을 얻었노라"(10 : 10)고 말한다. 이렇게 그는 "예수 그리스도의 이름으로 내가 말하노니 당신은 죄 용서를 받았습니다."라고 소리 높여 외치고 있다.

히브리서 설교자는 이제 그 기쁜 소식으로 인해 찬양한다. 반복적인 제사장의 제사가 이룰 수 없었던 것을 예수님은 "한 영원한 제사"(10 : 12)로 이루셨다. 이 일을 마치신 후 예수님은 "하나님 우편에"(10 : 12) 영광스런 자리를 잡으셨다. 전쟁은 승리로 끝났고, 이제 마무리만 남았다. 승리하신 아들은 그의 모든 대적들과 죄의 모습들(질병, 가난, 전쟁, 기아, 고독, 분노, 절망…… 최후의 적인 죽음까지도)이 "자기 발등상"(10 : 13 ; 시 110 : 1)이 되기를 기다리고 계신다. 그리고 그분은 하나님이 말씀하신 새로운 언약을 다시금 선포하신다. "……내 법을 저희 마음에 두고 저희 생각에 기록하리라"(10 : 16 ; 렘 31 : 33 참조).

이어서 히브리서 설교자는 본 설교 속의 설교의 신학적 절정이라고 할 수 있는 부분으로 넘어간다. 그가 7 : 1부터 말해 온 모든 것들이 다음의 몇 줄로 요약된다. 거룩하고 악이 없고 더러움이 없는(7 : 26) 예수님의 사역으로 인해 지성소를 가로막고 있던 휘장이 찢어졌고, 우리는 살아계신 하나님께로 나아갈 수 있는 길을 얻었다. 우리는 "저희 죄와 저희 불법을 내가 다시 기억지 아니하리라"(10 : 17)는 하나님의 자비하신 음성 때문에 담대히 지성소로 나아갈 수 있다.

"예수 그리스도의 이름으로 말씀드립니다. 여러분은 죄 용서를 받았습니다."

일찍이 히브리서 설교자는 다음의 잘 알려진 금언을 인용한다. "피 흘림이 없은즉 사함이 없느니라." 이 말은 값비싼 희생 제사가 없으면 용서가 없다는 말과 같은데, 이 값비싼 희생은 예수님이 친히 담당하셨다. 예수님은 자신을 모든 인간을 위하여 흠 없는 제물로 드리셨고, 거룩하게 된 자들을 영원히 온전케 하셨다(10 : 14). 따라서 당신의 자리를 들고 일어나 걸으라. 일어나서 당신의 얼굴에 기름을 바르라. 당신의 싸움은 끝났고, 당신의 죄는 사함을 받았다. 예수께서 성취하신 일로 인해 우리는 더 이상 우리 자신에게 "피 흘림이 없은즉 사함이 없느니라."와 같은 말을 할 필요가 없다. 우리가 이제 해야 할 말은 "사함이 있는 곳에 제사는 더 이상 필요 없다."이다. 더 이상 피 흘림은 불필요한 것이다. "예수 그리스도의 이름으로 말씀드립니다. 여러분은 죄 용서를 받았습니다."

## 새 언약의 예배(10 : 19-39)

I'. 예배드리러 갈 준비하기(10 : 19-25)

모든 설교는 회중의 입장에서 "그래서 어쩌란 말인가?"라는 의문을 종종 자아낸다. 이 설교 속의 설교 또한 예외는 아니다. 히브리서 설교자는 이제까지 장장 세 장 반에 걸쳐 긴 기독론 여행을 회중과 함께해 왔다. 이제 그는 회중의 가슴속에 있는 질문, 즉 "당신이 말한 게 사실이라고 했을 때, 그럼 우리는 이제 어떻게 응답을 해야 하나요?"라는 질문에 답을 해야 한다.

"정말 답을 원하십니까? 그럼 예배드릴 준비를 하십시오." 설교자는 지금 그렇게 외치고 있다. 예수님의 대제사장 사역은 우리로 하여금 진정한 예배를 드릴 수 있도록 길을 열어 주셨다. 그저 예배당 의자에 앉아서 진행되는 순서를 수동적으로 따라가는 것이 아니라, 담대하게 성소(the Holy Place)로 들어가 자비로우시고 사랑이 많으시고 모든 세대의 주이신 하나님과의 교제의 장으로 나아가라. 옛 언약 하에서는 오직 대제사장만이 휘장을 열고 지성소로 들어갈 수 있었다. 하지만 새 언약 하에서는 모든 하나님의 자녀들이 성소로 들어갈 수 있다. 우리의 대제사장이신 예수께서 자신의 죽음을 통해 우리로 하여금 진정한 성소로 들어갈 수 있는 새로운 길을 열어 주셨다. 그리고 우리에게 함께 들어가자고 손짓하신다(10 : 19).

우리가 이미 보았듯이, 히브리서 설교자의 기독론 구조는 소위 "구원의 포물선" 형태를 취한다.[18] 아들이신 예수님은 인간의 역사 속으로 들어오셔서 인간의 모든 시험과 고통을 경험하신 뒤 다시 하늘로 올라가셨다.

---

18. 1 : 5~14의 주석을 참조하라.

이제 히브리서 설교자는 이 포물선이 예수님이 가신 길을 의미할 뿐만 아니라, 우리가 가야 할 은혜의 순례길이기도 하다고 말한다. 그 길은 바로 대제사장이신 예수님의 사역을 통해 열려진 하나님의 존전으로 향하는 고속도로이다.

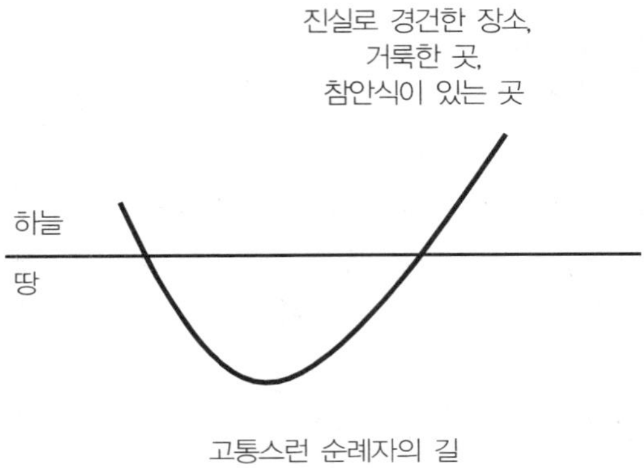


〈그림 5〉

그럼 우리는 진정한 성소로 나 있는 이 순례의 길을 어떻게 걸어갈 것인가? 살아 계신 하나님의 존전으로 나아가기 위해 우리는 어떤 준비를 해야 하는가? 다시 말해 우리는 어떻게 진정한 예배를 준비해야 하는가?

1. 우리는 **공동체로서** 예배해야 한다. 이 단락의 첫 부분이 "그러므로 형제들아"(NRSV는 "친구들아"로 번역 ; 10 : 19)라고 시작하는 것에서 알 수 있듯이, 우리는 예배의 처소로 형제와 자매로서 함께 나아가야 한다. 이럴 때 우리는 서로에게 속해 있고, 예수님께 속해 있음을 확인하게 된다(2 : 11 참조). 우리는 바깥 장막에서 쪼그리고 있어야 하는 낯선 이방인들이 아니라, 하나님의 집 안방으로 즐거이 들어갈 수 있는 가족이요 친지들이다.

먼저 우리가 해야 할 일은 한 가족으로서 하나님의 집으로 담대히 들어가는 일이다. 히브리서 설교자는 "우리가 예수의 피를 힘입어 성소에 들어

갈 담력을 얻었나니"(10 : 19)라고 말한다. 형제와 자매로서 우리는 인간의 마음이 간절히 머물기 원하는 곳, 즉 하나님의 존전으로 따뜻한 환영을 받으며 들어갈 수 있다. 옛 언약은 우리에게 끊임없는 죄책감만을 남겨 놓았지만 새 언약은 은혜를 남겨 주었고, 그 은혜는 우리가 잘 아는 찬송가의 가사처럼 나를 집으로 인도할 것이다.

조나단 코졸(Jonathan Kozol)은 그의 책 「놀라운 은혜」(*Amazing Grace*)의 제목을 그 찬송가 가사에서 힌트를 얻어 정했다. 그 책은 미국에서 가장 가난한 지역 중 하나인 사우스 브롱크스(South Bronx)에 사는 아이들의 삶을 다룬 책이다. 이 책에 나오는 인물들 중 열두 살의 안토니(Anthony)라는 남자 아이가 있는데, 그 아이는 보통의 아이들이 견뎌 내기 힘든 거리의 폭력과 범죄와 가난에 무방비로 노출되어 있다. 하지만 그는 동시에 지역 교회의 따스한 봉사의 손길도 받고 있다. 코졸은 그 아이가 '하나님의 나라'라는 말을 자주 하는 것을 듣고 궁금해서 아이에게 그 말이 무슨 뜻인지 한번 써 보라고 부탁했다. 처음에 아이는 거절하다가, 며칠 후 코졸에게 자기가 적은 세 페이지짜리 '하나님의 나라'에 대한 글을 가지고 왔다. 안토니가 적은 내용은 다음과 같다.

> 하나님의 나라에는 어떤 폭력도 없을 것입니다. 거기에는 총도 마약도 국세청(IRS)도 없을 것입니다. 당신은 세금을 낼 필요가 없을 것이고요, 당신은 어려서 죽은 모든 아이들을 알아볼 수 있게 될 것입니다. 예수님은 그 아이들에게 따뜻하게 대해 주실 것이며, 그들과 함께 놀아 주실 것입니다. 밤에 그분이 오셔서 당신의 집을 방문해 주실 것입니다.[19)]

히브리서 설교자는 안토니의 말에 고개를 끄덕일 것이다. 보좌에 앉으신 아들은 멀리 있는 유령과 같은 이가 아니라 우리의 형제이다. 우리는 더 이상 외국인이나 나그네가 아니라 집 안의 아이들이다.

---

19. Jonathan Kozol, *Amazing Grace : The Lives of Children and the Conscience of a Nation*(New York : HarperCollins, 1996), p. 238.

2. 우리는 또한 **세례받고 용서받은** 자들로서 예배에 임해야 한다. 우리는 세례의 문을 통해, 즉 몸을 맑은 물로 씻음으로써(10 : 22) "하나님의 집"(10 : 21 ; 3 : 1-6 참조)으로 들어간다. 하지만 몸의 겉을 씻어내는 이 행위는 어디까지나 참마음과 온전한 믿음으로 하나님께 나아가기(10 : 22) 위해 필요한 더 깊고 더 내면적인 세례를 상징하는 징표일 뿐이다. 우리는 세례를 통해 하나님의 용납을 재차 확인하게 된다. 우리는 살면서 때로는 건성으로 주님께 나아갈 때도 있고, 때로는 삶 속에서 너무나 가슴 아픈 일이 생겨서 주님께 온전히 나아가지 못하기도 하고, 때로는 인생의 걱정으로 인해 마음에 부담이 생겨서 하나님께 온전한 마음을 드리지 못할 때도 있다. 하지만 예배 가운데서 우리는 은혜의 비로 "마음에 뿌림을 받아"(10 : 22 ; 9 : 13-15 참조) 하나님의 용서와 치유를 경험하게 된다.

3. 우리는 **하나님의 약속을 바라고 굳게 잡아야** 한다. 하나님은 언젠가는 전쟁이 끝나고, 정의가 하수처럼 흐르고, 죽음과 고통이 더 이상 존재하지 않는 날이 올 것이라고 약속하셨다. 하나님은 더 이상 잃은 자식들로 인해 우는 엄마가 없고, 모든 이들이 살 집과 먹을 양식을 얻게 되고, 하나님의 만찬에 참여하기 위해 동서남북으로부터 수많은 사람들이 몰려올 날이 있을 것이라고 약속하셨다. 하지만 그리스도인들은 이 약속의 실현된 모습을 아직 보지 못하는 세계에서 살아가야 한다(2 : 8). 그러므로 그리스도인들은 소망 안에서 살아가야 한다. 우리는 우리가 믿는 도리의 소망을 움직이지 말고 굳게 잡고 살아가야 한다(10 : 23). 다니엘 밀리오레(Daniel Migliore)는 "그리스도인의 믿음은 기대에 찬 믿음"이라고 썼다. 그 믿음은 하나님의 창조 사역과 구원 사역의 완성을 간절히 기다리는 믿음이다.[20)]

---

20. Daniel Migliore, *Faith Seeking Understanding : An Introduction to Christian Theology*(Grand Rapids : Wm. B. Eerdmans Publishing Co., 1991), p. 231.

히브리서 설교자는 믿음을 강하고 끊어지지 않는 줄로 본다. 그 줄은 고난 중에 사는 우리를 하나님의 확실한 약속에 단단히 붙들어 맨다. 그것은 매일 아침마다 에이즈 환자들이 더 늘어나고 상태가 더 안 좋아지는 모습을 지켜보면서도, "나는 믿음으로 하나님을 의지합니다. 나는 하나님이 약속하신 소망을 붙들고 있습니다."라고 말하는 의사의 모습과 같다. 그리스도인들은 하나님의 약속이 언제, 어떻게 실현될지 알지 못한다. 하지만 그들은 믿음의 고백을 붙들고 살아간다. 그들은 "우리는 죽은 자의 부활과 내세에서의 삶을 믿습니다."라는 니케아 신조의 고백을 의지하며 살아간다. 신학자 더글라스 존 홀(Douglas John Hall)은 다음과 같이 말했다. "믿음은 하나님의 약속의 완성이 '어떻게' 이루어질지에 대해서는 하나님께 맡기고 침묵한다. 하지만 그 완성이 '무엇'을 의미하며, '왜' 이루어져야 하는지에 대해서는 결코 침묵하지 않는다. 그리스도인들은 하나님이 피조물에게 하신 약속을 지키시고 완수하시기로 작정하셨다는 것을 믿는다. 왜냐하면 피조물은 그들을 만드신 창조주의 사랑에 의해 만나지고 구속을 받았기 때문이다."[21)]

우리가 믿는 도리의 소망을 굳게 잡을 때, 우리는 단지 어떤 교리나 추상적인 사상을 붙드는 것이 아니라 우리의 소망이 되시는 예수 그리스도를 붙잡는 것이다. '굳게 잡는다'는 의미는 다음의 복음성가 가사와 같다. "나의 기도를 들으소서. 나의 외침을 들으소서. 내가 넘어지지 않도록 나를 붙잡아 주소서. 귀하신 주여, 나의 손을 잡고 나를 집으로 인도하소서."

4. 우리가 예배드리러 나올 때 우리는 단지 기도하고 찬송을 부르러 나오는 것이 아니라, **사랑과 선한 행위로 하나님을 찬양하기 위해** 나온다. 우리는 천성적으로 게으르기 때문에 좀더 적극적인 마음 자세로 서로에게 선한 일을 행하도록 자극하고 격려할 필요가 있다. 히브리서 설교자는 "서로 돌아보아 사랑과 선행을 격려하라."고 말한다(10 : 24). 드문 경우이

---

21. Douglas John Hall, *Professing the Faith : Christian Theology in a North American Context*(Minneapolis : Fortress Press, 1993), p. 359.

긴 하지만, 우리는 교회에서 잘못된 길을 가고 있는 이들에게 권면할 때 위의 히브리서 설교자의 말을 이해하게 된다. 하지만 히브리서 설교자는 그들을 잘못된 길에서 잡아끄는 쪽이 아니라, 그들에게 올바른 길을 제시하고 권면하는 쪽을 택한다.

5. 놀랍게도 우리는 **다른 그리스도인들**과 함께 모여 보통의 성소에서 기도하고 찬양하고 말씀 듣고 축복함으로써 하늘의 성소에 진정한 예배를 드리러 나아가게 된다. 그게 주일예배든 기도회든, 성만찬이든 부흥집회든, 소년 찬양대의 저녁 찬양이든 신시사이저(synthesizer)가 동원된 찬양예배든, 성베드로 성당에서의 성탄 전야예배든, 마케도니아 침례교회의 주일 저녁예배든, 목요일 아침 근무 전 사무실에서 조촐하게 드리는 예배든, 그리스도인들이 예배를 위해 모이는 때에는 언제나 지상의 장막집(고후 5 : 1)인 평범한 예배당 입구로 들어가게 되고, 그곳에서 우리는 천군천사와 함께 찬양을 부르고 있는 우리 자신을 발견하게 된다.

다시 말해 기독교 예배는 종말론적인 사건이다. 그것은 하나님을 향한 영원한 찬양에 동참하는 일이고, 하나님의 다가오는 승리를 미리 맛보는 일이다. 바울은 하늘에 있는 자들과 땅에 있는 자들과 땅 아래 있는 자들로 모든 무릎을 예수의 이름에 꿇게 하시고, 모든 입으로 예수 그리스도를 주라 시인하여 하나님 아버지께 영광을 돌리게 하는 때가 오고 있다고 말한다(빌 2 : 10－11). 꿇은 무릎과 시인하는 입은 하나님의 미래를 준비하는 "그날이 가까움"(10 : 25)을 알고 있는 산파와 같은 역할을 한다. 우리에게 친숙한 다음의 찬송가 가사가 현실로 나타날 것이다. "주를 경외하는 수많은 무리들과 함께 우리는 그의 발 앞에 엎드리네. 우리는 영원한 찬송을 부르며 그를 만유의 주로 높여 드리리라."

개렛 카이저(Garret Keizer)는 버몬트에 있는 한 작은 감독교회(Episcopal church)에서 평신도 사역자로서의 그의 사역을 아름답고 분명하게 글로 표현했다. 그는 자신과 오직 두 명의 다른 사람들만 참석한 어느 토요일 밤 부활절 철야예배에 대해 적고 있다. 그는 예배 시작을 알리는 부활절 초를 켜고 다음과 같이 기도했다. "오 하나님, 이 시간 부활절 잔치에서 우리가 하늘의 소망으로 가득하게 하소서. 순전한 마음으로 영원한 빛의 향연에 참여하게 하소서." 그가 이렇게 기도하고 있을 때, 그는 묘한 기분에 사로잡히게 되었다.

> 촛불은 꺼질 듯 말 듯 "치지직" 소리를 내며 피어오르려 한다. 그 소리는 마치 "그리스도께서 살아나셨다!"고 황급히 외치는 놀란 목소리처럼 들린다. 촛불은 타고 있다. 그 토요일 저녁 오래된 교회 안에는 우리 세 사람과 희미하게 타고 있는 촛불뿐이다. 그 순간은 참으로 묘한 분위기를 자아냈다. 극도로 세속적인 세대를 살아가는 정신없는 사람들 숲에서, 너무나 미약한 우리 셋은 그렇게 조용히 서로를 바라보고 있었던 것이다. 그 상황은 너무나 묘했다. 왜냐하면 우리가 사용한 용어들이 그 상황에 어울리지 않게 너무나 급진적인 것들이었기 때문이다. 주님이 우리와 함께 계신다. 그렇지 않다면 우리는 감정에 치우친 바보들일 뿐이다.[22]

적은 회중으로 모인 작은 모임일지라도 천군 천사가 함께 있는 하나님의 존전으로 나아갈 수 있다는 엄청난 진리를 깨닫는 것은 쉽지 않다. 그러기에 우리는 여러 예배들을 함께 드리는 일을 지속하기 힘들어한다. 히브리서 설교자는 회중의 예배 참여율이 높지 않다는 점을 솔직하게 지적한다. 심지어 어떤 이들은 습관이 되어서 모이기를 폐하는 지경에 이르렀다(10 : 25). 현대의 우리 역시 공감이 가는 부분이다. 함께 예배드리는 것을 방해하는 요인들은 많이 있다. 오합지졸처럼 모인 군중 속에서 힘들게 예배드리는 것보다, 외진 해변이나 별빛 반짝이는 조용하고 아름다운 곳에서 홀로 하나님을 경배하는 것이 더 순결하고 진실해 보일 수 있다.

또한 우리는 그저 지쳐 있다. 많은 예배에 참석하느라 지치고, 예배 중에도 지친다. 우리는 설교가 너무 지루하거나 예배 순서가 너무 늘어지

---

22. Garret Keizer, *A Dresser of Sycamore Trees : The Finding of a Ministry*(New York : Viking Penguin, 1991), p. 73.

기 때문에 지칠 뿐만 아니라, 예배를 드린다고 해서 무언가 특별한 일이 일어나는 것도 아니기 때문에 시간이 갈수록 예배에 싫증을 느끼게 된다. 동네 비디오 가게에 가면 더 재미있는 영화들이 있고, 텔레비전에는 더 흥미로운 이야기가 전개되고, 수영 클럽에는 더 친한 친구들이 있고, 공원은 훨씬 더 멋진 경치를 선사하고, 일요 신문은 읽을거리가 더 풍부하고, 주일의 늦잠은 훨씬 더 달콤한 안식을 준다. 더욱이 해변이나 뒷마당 바비큐 파티에 참석한 사람들은 우리에게 십일조 작정 카드를 준다거나, 우리가 알지도 못하는 사람들을 위해 기도를 부탁한다거나, 교회학교에서 봉사해 달라고 요청하지 않는다.

그런데 우리가 기억해야 할 것은 해변의 의자에 누워 낱말 맞추기 게임을 하고 있을 때, 예배당에서 목소리를 한껏 높여 "거룩 거룩 거룩"을 부르는 신실한 사람들은 실상 거룩한 옷을 입고 쉼 없이 하나님을 높여 드리는 천사들과 성인들의 찬양에 참예하는 것이다(12 : 22-23). 겉으로 보이는 것이 전부가 아니다. 지금 레저 활동처럼 보이는 것이 나중에는 소모적인 일이었다고 판명될 것이고, 지금 노동처럼 힘들어 보이는 기도가 결국에는 안전한 처소와 영적인 휴식과 평안으로 인도할 것이다.

### J'. 권고와 격려(10 : 26-39)

다소 의아스럽게도 히브리서 설교자의 말투는 이제 상당히 엄해진다. 거의 네 장에 걸쳐 예수님의 대제사장 사역이 우리를 어떻게 죄에서 구원했으며, 어떻게 우리를 용서받고 해방된 자로서 하나님의 존전으로 기쁘게 나아가도록 해 주었는지 노래했던 히브리서 설교자가, 이제 갑자기 먹구름을 드리우고 심판의 번갯불을 떨어뜨리기 시작하는 것이다.

히브리서 설교자는 예수 그리스도의 사역에 대한 복음의 진리를 지금까지 우리를 위해 전했다. 하지만 이제 그는 엄한 경고를 한다. "우리가 진리를 아는 지식을 받은 후 짐짓 죄를 범한즉 다시 속죄하는 제사가 없고 오직 무서운 마음으로 심판을 기다리는 것과 대적하는 자를 소멸할 맹렬한 불만 있으리라"(10 : 26-27). 이것은 무시무시한 경고다. 왜냐하면 어떤 그리스도인도 완전하지 않으며, 가장 신실한 사람일지라도 여전히 죄를 범하게 되기 때문이다.

이 어려운 단락을 이해하기 위해서는 몇 가지 유의할 점이 있다. 먼저 여기에서의 죄는 상당히 특별한 경우이다. 히브리서 설교자가 지금 말하는 고의적인(willful) 범죄는 인간의 일반적인 상태, 즉 옳은 것을 알지만 행하지 못하는 그런 유의 광범위한 죄성을 의미하는 것이 아니다. 광범위한 죄의 의미에 대해 다룰 때는 히브리서 설교자 역시 “오호라 나는 곤고한 사람이로다 이 사망의 몸에서 누가 나를 건져 내랴 우리 주 예수 그리스도로 말미암아 하나님께 감사하리로다 그런즉 내 자신이 마음으로는 하나님의 법을, 육신으로는 죄의 법을 섬기노라”(롬 7 : 24－25 ; 히 9 : 14, 28 참조 ; 10 : 10)고 한 바울의 생각에 동의한다.

하지만 이 단락에서 쓰인 죄의 예는 매우 심한 배교의 경우이다. 다시 말해 복음의 기쁨 속에서 살았었고, 복음의 치유하는 능력을 맛보았고, 영혼 깊숙이 하나님의 약속과 은혜를 알고 있는 사람에 의해 저질러진 명백하고 확고하고 고의적이고 심사숙고를 거친 복음에 대한 거부를 의미한다(10 : 29).

고의로 은혜를 저버리는 자에게는 맹렬한 심판의 불만 있을 것이다. 히브리서 설교자는 원수 갚는 것이 하나님께 속해 있고, 하나님이 “그의 백성을 심판하리라”(10 : 30 ; 신 32 : 35－36 참조)고 하신 성경말씀을 인용한다. 우리는 심판에 대한 말씀을 무시무시한 유황과 지옥 불에 관한 이야기로만 생각해서는 안 된다. 성경에서는 하나님의 심판을 좋은 소식으로 말한다. 세상을 향한 하나님의 사랑은 해롭거나 파괴적인 어떤 것도 용납하지 않는다. 하나님의 심판에 대해 마음속으로 그림을 그려 볼 때, 우리는 죄인에 대해 역정을 내시고 복수심에 불타오르는 하나님을 떠올려서는 안 된다. 하나님은 선한 심판을 하신다. 하나님의 심판은 그릇 놓여진 것들을 바로잡고, 깨어진 피조세계를 보수한다.

이레니우스(Irenaeus)는 “하나님의 영광은 완전한 인간됨의 회복이다.”라고 말했다. 하나님이 심판하시는 것은 인간의 삶을 파괴하고 피조세계의 질서를 망가뜨리는 세력이다. 결국 하나님이 심판하시는 것은 죽음이고, 사망의 쏘는 것은 죄이다(고전 15 : 56). 죽음의 세력에 놓이지 않고 살아 역사하시는 하나님의 손에 들어간다는 것은 정말로 큰 은혜이다. 오직 죽음의 종들에게만 살아 계신 하나님의 손에 빠져 들어가는 것이 무서울 따름이다(10 : 31).

배교란 "사망이 이김의 삼킨 바"(고전 15 : 54) 된 것을 가슴 깊이 알고 있음에도 불구하고 고집스럽게 죽음의 장막을 치는 것을 의미한다. 배교는 다음 지진이 어디에서 일어날지를 알면서도, 자신의 생명을 지켜 줄 "진동치 못할 나라"(12 : 28)를 떠나는 행위이다. 배교는 하늘의 예루살렘 궁전의 자녀였음에도 불구하고 집을 떠나 소돔의 종이 되는 일이다. 배교는 단단한 밧줄에 의해 생명선으로 끌림을 받다가 제 발로 다시 무시무시한 바다로 뛰어드는 행위이다. 배교의 경우 그 죄는 너무나 심각하여 심판이 필연적으로 따르게 된다.

두 번째로, 우리가 앞서 살펴보았듯이,[23] 히브리서 설교자는 지금 매우 실질적이고 긴급한 목회상의 문제를 토로하고 있다고 볼 수 있다. 복음과 믿음의 공동체를 버리는 배교는 가상의 이론이 아니라 매일 발생하는 실질적인 위협이었던 것이다. 히브리서 설교자의 회중은 마치 위험한 바위산을 오르는 등반 대원들과 같아서, 지금 안전한 믿음의 밧줄을 잡고 정상을 향해 올라가고 있다. 그들은 정상에 거의 다 올라왔는데, 그 마지막 고비를 넘기지 못하고 지쳤다며 줄을 놓아 버리기로 결심하는 것이다. 당연히 히브리서 설교자는 "지금 줄을 놓으면 아무도 당신을 구해 줄 수 없소!"라고 황급히 소리칠 수밖에 없는 상황이다.

그 소리의 강도를 높이기 위해 히브리서 설교자는 이전에 즐겨 사용했던 옛 율법과 새로운 법의 비교를 통해 경고의 수위를 올린다(2 : 1-4 참조). 옛 언약 하에서 모세의 율법을 범한 자는 불쌍히 여김을 받지 못하고 죽임을 당했다(10 : 28). 그 심판이 요구하는 조건은 오직 두세 증인(신 19 : 15)

---

23. 히브리서 6 : 1~8의 주석을 참조하라.

만 있으면 되었다. 옛 언약 하에서도 그런 무시무시한 형벌이 주어졌다면, 새 언약의 엄청난 약속들을 배반한 이들에게는 얼마나 더 중한 벌이 내려지겠는가!

세 번째로, 앞서 히브리서 설교자가 목회적인 권고 차원에서 한 말과 같이,[24) 히브리서 설교자는 지금 두려움을 조성하려는 것이 아니라 격려를 하려는 것이 주목적이다. 그는 회중 가운데 있는 신실한 이들이 하나님의 상급을 사모하기를 바란다. 그 상급은 주님처럼 소망과 사랑으로 고난을 인내한 이들에게 주어질 "큰 상"(10 : 35)이다.

경고에서 격려로의 이동은 히브리서 설교자가 회중의 과거 역사를 이야기하면서 시작된다. "전날에"(10 : 32)라 함은 아마 그들이 복음 선포에 응답하여 기독교 운동에 관여하게 된 직후(빛을 받은 후에)를 의미할 것이다. 당시 그들은 여러 형태의 핍박을 받았다(10 : 32). 어떤 핍박이었는지 정확히는 알 수 없으나, 그것은 분명히 공공 장소에서 주어지는 언어적인 모욕, 재산의 몰수, 사망에 이르지는 않았지만 상당한 육체적인 고통을 동반한 것이었다(10 : 33－34 ; 12 : 4 참조). 이 '고난의 큰 싸움'이 어떤 것이었는지 자세히는 알 수 없지만, 이 핍박은 본 회중뿐만 아니라 다른 그리스도인들(이런 형편에 있는 자들)에게도 번져 갔음이 분명하다. 그들 중 일부는 옥에 갇히기도 했다(10 : 33－34).

여기에서 히브리서 설교자가 말하는 핍박은 무엇인가? 회중은 초대교회에 가해진 로마 정부의 대대적인 박해에 연루되었는가? 아니면 지역적인 박해를 설교자가 말하고 있는 것인가? 그런 유의 지역적인 박해는 어떤 지역에서는 오늘날에도 벌어지고 있는데, 가령 기독교로 개종한 자를 가문이나 그 마을에서 아예 내쫓아 버리는 경우이다. 본 회중이 어떤 유의 박해를 받았는지에 대한 가설은 무성하지만 확실한 것은 아무도 알 수 없다.

그러나 우리가 확실히 아는 것은 그 위기 속에서 회중이 어떻게 반응했

---

24. 히브리서 6 : 1~8과 6 : 9~12의 주석을 참조하라.

는가 하는 점이다. 그들은 그 고난을 '기쁘게' 당했다(10 : 34). 다른 그리스도인들이 치른 옥고는 절망의 조건이 된 것이 아니라 교도소 사역의 시발점이 되었다(10 : 34). 재산의 몰수는 그들로 하여금 "우리는 이제 망했다!"라고 울부짖게 한 것이 아니라, "우리는 세상이 빼앗을 수 없는 보물을 가지고 있다."는 고백을 낳게 했다. 다시 말해 회중은 어떤 상황에서도 패배자의 우울한 노래가 아닌 승리의 찬양을 불렀다 : "재산과 가족은 곧 사라지리 나의 목숨 역시 그러하리 그들이 몸은 죽일 수 있을지언정 하나님의 진리는 여전히 살아 계시네 그의 왕국은 영원하리".

히브리서 설교자는 회중이 잃어버리지 말아야 할 믿음의 분량은 바로 고난받을 때의 확신이라고 말한다(10 : 35). 설교자는 이 점을 부각시키고, 7 : 1에서 시작되었던 이 설교 속의 설교의 대단원을 장식하고, 그 다음 이어서 다루고자 하는 이슈를 미리 맛보게 하기 위해 많은 설교자들이 사용하는 소재를 들고 나온다. 즉, 광범위한 스포츠 세계의 이미지를 제시한다. 그는 실제로 이 소재를 10 : 32에서 잠깐 사용했다. 왜냐하면 "고난의 큰 싸움을 참았다."는 표현이 운동경기를 비유로 사용한 말이고, 원문을 보다 정확히 번역하면 "당신은 고통의 경주를 잘 참았다."가 되기 때문이다.

우리는 이 미묘한 스포츠 이미지가 가져오는 효과를 주목할 필요가 있다. 그것은 고난의 경험을 재해석하게 해 준다. 세상적인 시각에서 학대와 핍박, 공공연한 망신과 모욕처럼 보이는 것이, 신앙의 눈으로 보면 올림픽 경기와 같은 '경주'로 보여질 수 있다. 이것은 또한 '인내'라는 단어를 부정적인 뉘앙스("참은 것을 생각하라", 10 : 32)에서 운동의 미덕("너희에게 인내가 필요함", 10 : 36)을 나타내는 긍정적인 뉘앙스로 바꿔준다. 그것은 또한 그들이 힘들게 참아야 했던 쓰디쓴 아픔들을 경기장에서 선수로서 감내해야 할 당연한 통증 정도로 전환해 준다.

히브리서 설교자는 회중이 지쳐 있고, 위축되어 있으며, 부상 입은 몸으로 경기하고 있다는 것을 안다. 정말 위험한 것은 그들이 소망을 잃어버리고, 자신의 정체성을 잃어버리며, 방향 감각을 잃어버리고, 경기의 성격을 망각한 채 그냥 포기해 버리는 것이다. 목표를 상실하게 되면 그들은 마라톤을 하고 있는 것이 아니라, 그저 정처 없이 달리는 꼴이 되어 두려움에 휩싸이게 될 것이다(12 : 1 참조). 그래서 설교자는 그들에게 그들이 보지 못하는 것을 보여 주려고 한다 : "여러분은 지금 인간이 할 수 있는 가장 멋진 경주를 하고 있습니다. 결승점이 바로 앞에 있습니다. 승자에게 주어지는 상인 '약속된 영원한 유산'이 여러분을 기다리고 있습니다"(10 : 36 ; 9 : 15 참조).

모든 선수들은 관중석으로부터의 응원을 필요로 한다. 히브리서 설교자는 응원을 위해 이사야와 하박국을 치어리더로 등장시킨다. 히브리서 설교자는 하박국 2 : 3~4과 이사야 26 : 20을 적절히 섞은 구약의 말씀을 통해 트랙 위의 선수들에게 응원의 메시지를 던진다 : "뒤를 돌아보지 말라. 남은 시간이 정말 얼마 없으니까 계속 달려라. 열심히, 더 열심히 뛰어라"(10 : 37 - 38 참조).

히브리서 설교자는 그의 회중을 잘 알고 있고, 그들이 받은 훈련과 헌신된 마음을 신뢰한다. "우리는 뒤로 물러가 침륜에 빠질 자가 아니요……"(10 : 39)라고 설교자는 말한다. 그러면 우리는 어떤 자들이어야 하는가? 우리는 바로 '인내로써' 경주를 다해야 할 이들이다(12 : 1). 우리는 오직 영혼을 구원함에 이르는 믿음을 가진 자들이어야 한다(10 : 39). 이제 분위기의 흐름상 경주를 성공적으로 끝낸 이들의 명단을 나열할 때가 되었다. 이를 통해 설교는 히브리서 설교자의 의도대로 자연스럽게 다음 부분으로 넘어가게 된다.

# 구름과 같이 허다한 증인들

## 히브리서 11 : 1~12 : 2

좋은 설교를 위한 비결에 대해 아프리카계 미국인(African American) 설교자들 사이에 오래 전부터 있어 온 금언이 있다. 사람들마다 사용하는 문구가 조금씩 다르긴 하지만, 대체적으로 다음과 같은 내용이다. "낮게 시작하라. 천천히 가라. 점점 높은 곳에 도달하라. 불을 뿜으라. 폭풍 가운데 앉으라."

히브리서 설교자는 이런 유의 설교에 친숙하다. 그는 이 금언을 이 단락에서 충실히 따른다. 믿음에 관한 이 장은 믿음에 관한 정의를 풀어 가면서 저자세로 출발한다. 그리고 과거 믿음의 영웅들의 이름들과 사건들을 연대기별로 리듬감 있게 읊어 가면서 천천히 앞으로 나아간다. 그런 다음 속도는 빨라지고, 맥박은 점점 급하게 뛰기 시작한다. 예배당은 이제 예언자들과 성인들의 일대기와 순교자들의 신실하고 용기 있는 일화들로 감동의 물결을 이룬다. 마지막으로, 이 단락은 회중에게 이 믿음의 행진에 동참하여 드높은 십자가를 등에 지고, 믿음과 소망으로 이 위대한 경주를 이어 가자는 히브리서 설교자의 제안으로 대단원의 빛을 발하게 된다.

## 믿음(11 : 1-3)

히브리서 설교자는 이 장 전체를 하나로 묶어 주는 믿음에 관한 정의, 즉 "믿음은 바라는 것들의 실상이요 보지 못하는 것들의 증거"(11 : 1)라는 신학적인 표현으로 이 장을 시작한다. 조직신학자들은 종종 이 정의가 불완전하다고 말한다. 성서신학적인 관점에서 믿음에 대한 개념은 크고 둥글고 복잡하다. 하지만 히브리서 설교자의 믿음에 대한 묘사는 전체 원의 일부만을 감싸고 있을 뿐이다. 히브리서 설교자는 지금 교리학을 집필하고 있는 것이 아니라 설교를 하고 있는 중이다. 자신의 설교가 목표하는 믿음에 관한 영역을 담아낼 수 있는 정의이면 족한 것이다. 히브리서 설교자는 믿음의 정의를 복잡하게 나열하지 않고, 단지 그가 강조하고 싶은 믿음의 측면들만 뽑아서 제시한다. 그는 박사논문을 쓰듯이 모든 돛과 장비를 갖춘 스쿠너선(schooner, 역주-두 개 이상의 마스트를 가진 세로 돛의 범선)이 필요한 것이 아니라, 목표한 교두보에 회중을 안착시켜 줄 상륙선 하나면 족하다.

히브리서 설교자가 정의한 '믿음은 바라는 것들의 실상'이란 말은 믿음이 **가지고** 있는 것을 표현한 말이다. 즉, 믿음은 하나님이 미래에 이루어지리라고 약속하신 것들을 현재에 이미 가지고 있다. '가지고 있다'는 말은 내적인 실체를 의미하기도 하고, 외적인 힘을 가리키기도 한다. 믿음의 사람들은 지옥의 권세가 무너지고, 평화와 정의와 긍휼과 구원에 대한 하나님의 약속이 이루어지리라는 내적인 확신을 갖는다. 다시 말해 내적인 면에서 믿음은 하나님의 신실하심에 대한 응답이다. 히브리서 설교자는 잠시 후에 과거의 신실했던 사람들의 명단을 길게 나열할 것이다. 그 사람들은 인생의 굴곡 속에서도 담대히 하나님의 약속의 포도나무를 굳게 붙잡은 사람들이다. 그들은 그 포도나무가 굳건하게 서 있으리라고 믿었고, 과연 그 믿음대로 그 포도나무는 견고했다. 하나님의 약속은 흔들림이 없었다.

하지만 믿음은 단지 내적인 확신에 불과한 것이 아니라 외적인 실재이다. '실상'으로 번역된 '히포스타시스'(hypostasis)라는 단어는 앞서 하나님의 히포스타시스, 즉 하나님의 "본체"(very being, 1 : 3)를 말할 때 사용된 단어이기도 하다. 다시 말해 믿음은 하나님의 약속의 '본체'이다. 이것은 인간의 삶을 억누르고 파괴하는 세상의 세력이 결국에는 무릎을 꿇고 하나님의 약속이 언젠가는 실현되리라는 내적인 확신 이상의 것이다. 그것은 약속의 실체로서, 직접 전선에서 아군을 이끌기도 하고 후방에서 작전을 펼치기도 한다.

따라서 그리스도인들은 내적인 확신을 가지고 있어야 할 뿐만 아니라, 옛 세상 안에서 새로운 세상의 실제적인 구현을 펼쳐 나가야 한다. 내적 실체로서의 믿음은 "우리는 이겨 내리라."고 노래하고, 외적 실체로서의 믿음은 셀마[1]에서 행진한다. 내적 실체로서의 믿음은 "곡하는 것이나 아픈 것이 다시 있지 아니하리니"(계 21 : 4)라는 하나님의 약속을 신뢰하고, 외적 실체로서의 믿음은 슬퍼하는 자들을 위해 담대히 기도하고, 우는 자들을 자상하게 섬기며, 상처받는 자들의 고통을 멈추기 위해 쉬지 않고 일한다. 내적으로 믿음은 가슴을 움직이지만, 외적으로는 믿음은 산을 움직인다.

히브리서 설교자가 내린 믿음에 대한 정의의 처음 부분이 믿음이 '가지고 있는' 것을 나타낸다면, 두 번째 부분은 믿음이 '인식하는' 것을 나타낸다. '보지 못하는 것들의 증거'라는 믿음의 정의는 육안으로는 볼 수 없는 것을 믿음은 볼 수 있다는 점을 의미한다. 바울은 "보이는 것은 잠깐이요 보이지 않는 것은 영원하다."고 말한다(고후 4 : 18). 따라서 "우리가 믿음으로 행하고 보는 것으로 하지 말아야 한다."고 한다(고후 5 : 7). 믿음의 눈으로 보면 우주는 에너지와 물질의 혼합이 아니라, 하나님의 사랑의 표현이요 하나님의 비밀스런 경륜에 의해 움직여지는 피조물이다. 히브리서 설교자의 말처럼 믿음으로 모든 세계가 하나님의 말씀으로 지어진 줄을 우리가 아나니, 보이는 것은 나타난 것으로 말미암아 된 것이 아니다

1. 역주-마틴 루터 킹 목사의 인권운동 중심지였던 앨라배마 주의 도시 이름.

(11 : 3). 또한 칼뱅(Calvin)은 "하나님이 그분의 손을 조금이라도 접으시면, 이 세상의 모든 것들은 즉시 무너지고 무로 돌아갈 것이다."라고 말했다. 육안으로 보면 모든 것들이 문제투성이이다. 시편 기자는 "우리의 년수가 칠십이요 강건하면 팔십이라도 그 년수의 자랑은 수고와 슬픔뿐이요……"(시 90 : 10)라고 말했다. 하지만 믿음의 눈으로 보면 고통과 문제들 속에서 또다른 실체가 보인다. 조지스 버나노스(Georges Bernanos)의 「한 시골 사제의 일기」(*The Diary of a Country Priest*)의 끝 부분에서 사제는 다음과 같은 마지막 말을 남긴다. "하나님의 은혜는 어디에나 있다."

히브리서 설교자는 실제로 존재하는 것(what is real)과 눈에 보이는 것(what can be seen) 사이의 차이를 안다. 전자는 그리스도가 주님이라는 사실이다. 그분은 세상을 창조하신 만유의 후사이시며, 능력과 위엄으로 모든 것을 다스리신다(1 : 2-3). 그런데 이 중요한 실체가 눈에 보이지는 않는다. 설교자가 초반부에 말했듯이, 만유의 주이신 그리스도의 영광을 우리는 "아직"(2 : 8 ; 또한 2 : 8b-9의 주석을 참고하라.) 볼 수가 없다. 물론 육안으로 볼 수 있는 것은 고통과 괴로움, 폭력과 난관으로 얼룩진 세계이다. 이러한 힘든 현실을 살아가는 우리에게 있어 믿음이란 육안으로 볼 수 없는 것을 마음의 눈으로 보는 능력이다. 생텍쥐페리(Saint-Exupéry)의 책 「어린 왕자」(*The Little Prince*)를 보면, 한 요상한 여우가 작은 소년에게 인생의 최고의 비밀을 말해 주겠다고 약속한다. 그 비밀은 결국 다음과 같이 밝혀진다. "뭔가를 제대로 보려면 마음의 눈으로 봐야 해. 중요한 것은 눈에는 보이지 않거든."[2)]

이런 의미에서 믿음은 '그럼에도 불구하고'라는 주제로 찬송을 부른다 : "악이 번성할지라도 진리는 언제나 굳게 서네 진리가 무너지는 것처럼 보일 때에도 그 진리는 결국 미래를 결정짓는다네 하나님은 짙은 어둠에서도 어김없이 그 속에 계셔서 우리를 늘 지켜보신다네".

히브리서 설교자는 이제 그런 믿음의 본을 보인 과거 선배들의 명단을

2. Antoine de Saint-Exupéry, *The Little Prince*(New York : Harcourt Brace & World, 1943), p. 70.

열거하려고 한다. 그는 그들이 하나님께 인정받았던(11 : 2) 이유는 바로 믿음 때문이었다고 증거한다. 이 구절을 좀더 정확히 번역하면 그들은 '증언을 받았다'라고 할 수 있다. 그러면 누가 그것을 증언할 것인가? 하나님이 그것을 하셨다. 그렇다면 어떤 법정에서 하셨는가? 성경의 법정에서 하셨다. 하나님은 성경에서 맹세하신 것이 아니라 성경에서 증언하셨다 : "나는 이 사람들이 한 일을 보았다. 그들은 참되고 올바른 길 위에 있다."

## 영웅들의 믿음의 전당(11 : 4–40)

히브리서 설교자는 하나님이 "옛적에 선지자들로 여러 부분과 여러 모양으로 우리 조상들에게 말씀하셨다."는 말씀으로 설교를 시작했다(1 : 1). 이제 설교자는 반대로 믿음의 선조들이 얼마나 다양한 방식으로 하나님께 응답했는지를 말하고자 한다. 믿음의 정의가 아직도 귓가에 쟁쟁한 가운데(11 : 1–3 참조), 설교자는 구약성경을 뒤적이면서 믿음의 거장들을 찾아 한 명씩 소개하기 시작한다. 회중의 마음속으로 그들의 얼굴과 이름이 한 사람씩 스쳐 지나간다. 아벨, 노아, 아브라함, 이삭, 모세, 라합 등 명단이 계속 이어진다. 얼핏 보면 히브리서 설교자가 임의대로 성경을 연대별로 넘기다가 무작위로 그들의 명단을 뽑아낸 것처럼 보인다. 하지만 그 명단을 다시금 찬찬히 들여다보면 뭔가 다른 유형을 발견할 수 있다. 그 선조들의 이름은 네 가지 범주로 나누어져 있다. 처음 세 그룹은 각각 예수님 안에서 완성된 믿음의 덕목들을 하나씩 보여 준다. 예수님처럼 이 믿음의 사람들은 의로웠고, 믿음 안에서 순종했으며, 고난의 시험을 받았다. 사건들과 이름들이 빠른 속도로 열거되고 있는 네 번째 그룹은 그 세 미덕들이 모두 섞여서 나타난다.

### 1. 의로웠던 이들 : 아벨, 에녹, 노아(11 : 4–7)

우리의 믿는 도리의 사도시며 대제사장이신 예수님은 자기를 세우신

이에게 충성하셨다(3 : 1-2). 순종으로써 그리스도는 그의 집 맡은 아들로 충성을 다하셨고(3 : 6), 하나님의 기쁨이 되셨다. 히브리서 설교자는 하나님께 충성을 다하여 그분의 기쁨이 된 세 명의 예를 지금부터 이야기하기 시작한다.

● 아벨(11 : 4)

창세기(4 : 1-16)에서 아벨의 이야기를 읽다 보면, 히브리서 설교자가 왜 그를 믿음의 거장들의 목록에 올렸는지 의아해할 수 있다. 사실상 우리가 그에 대해 아는 전부는 그가 아담과 이브의 둘째 아들이었다는 점과 목동이었다는 점, 양을 제물로 드림으로써 하나님이 받으시는 제사를 드렸다는 점, 그리고 그의 형 가인에 의해 살해되었다는 점 정도이다. 아벨은 믿음의 찬송을 부르지 않았고, 소망에 대한 간증을 한 적도 없다. 사실 창세기만 놓고 보았을 때, 그는 죽을 때까지 입을 연 적이 없다. 죽은 다음에 비로소 그의 피가 땅으로부터 하나님께 울부짖고, 하나님은 그 탄원의 소리를 들으신다(4 : 10). 믿음이 "바라는 것들의 실상이요 보지 못하는 것들의 증거"라고 할 때, 우리가 아벨에 대해 가지고 있는 빈약한 정보만으로는 이 믿음의 덕목들을 찾아내기가 매우 어렵다.

하지만 히브리서 설교자의 마음은 다른 곳을 향해 있다. 그는 하나님이 가인의 제물은 받지 않으시고 아벨의 제물만 받으셨다는 것을 안다. 다시 말해 하나님은 아벨을 의롭게 보셨고 그를 옳다고 인정하셨다. 하나님의 인정은 믿음의 증거들 중 하나이므로(11 : 2) 아벨은 믿음의 표본이 될 수 있는 것이다.

이러한 결론을 내린 히브리서 설교자는 아벨에 대해 한 가지 흥미로운 점, 즉 "저가 죽었으나 그 믿음으로써 오히려 말한다."고 주장한다. 아벨은 생전에 기록에 남은 어떤 말도 하지 않았다. 하지만 그는 죽은 이후에 분명한 말을 남겼다. 아벨이 죽은 후에 말을 한다고 한 히브리서 설교자의 저의는 무엇인가? 많은 장례식 설교에서 들어 볼 수 있는 교훈, 즉 의로운 이의 선행은 그가 죽은 이후에도 오래도록 사람들에 의해 기억된다는 점을 히브리서 설교자는 말하고자 했을까? 그렇다. 아벨이 의로운 이들의 명단에 들 수 있었던 주된 이유 중 하나가 바로 그 점이다. 우리는 그의 믿음을 높이 사고, 그 믿음을 배우고 따르고자 한다. 이런 점에서 아벨은 죽었지만, 후대들에게 여전히 말을 하고 있다.

하지만 히브리서 설교자는 본문의 아벨에 대해 그 이상을 말하고자 하는 것 같다. 그는 아벨을 단지 기억 속의 인물로 삼고자 하지 않는다. 그는 아벨이 여전히 하나님께 외치고 있다고 상상한다. 전통에 의하면 아벨이 땅으로부터 하나님께 호소했을 때 그는 정의를 호소했고, 잘못된 것을 바로잡아 달라고 호소했으며, 그의 억울한 죽음을 보복해 달라고 호소했다. 히브리서 설교자는 아벨에 의해 외쳐진 이 보복에 대한 호소가 이후 모든 세대의 고통받는 자들을 위한 외침이었다고 생각하는 것이다.

이런 의미에서 아벨은 예수님의 예표가 되는 인물이었다고 볼 수 있다. 예수님처럼 아벨은 하나님에 의해 인정을 받았고, 하나님이 받으시는 제사를 드렸다. (적어도 가인보다는 훨씬 '더 나은 제사'를 드렸다.) 더욱이 아벨의 피는 예수님의 피처럼 하나님께 중보의 역할을 했다. 그러나 비교는 여기에서 끝난다. 설교 후반에서 히브리서 설교자는 예수님의 피가 "아벨의 피보다 더 낫다."고 말한다(12 : 24). 아벨의 피는 보복을 호소했지만, 예수님의 피는 보복의 역사에 종지부를 찍고 용서와 화해를 가져왔다(9 : 22 ; 10 : 10).

• 에녹(11 : 5－6)

창세기 5 : 24은 다소 신비스런 어조로 "에녹이 하나님과 동행하더니 하나님이 그를 데려가시므로 세상에 있지 아니하였더라"고 말한다. 이 구절에 대한 많은 해석들이 있어 왔는데, 무엇보다 히브리서 설교자를 포함하여 1세기 설교자들의 상상력을 가장 많이 자극한 부분은 에녹이 하나님을 너무나 기쁘시게 하여(하나님과 너무나 친밀히 동행하여) 죽음의 문을 통하지 않고 하늘나라로 곧장 올라갔다는 것이다. 히브리서 설교자는 아벨에게 사용한 논리를 에녹에게도 그대로 적용한다. 곧 에녹이 하나님을 기쁘시게 해 드렸다면, 그것은 바로 믿음 때문에 그렇게 할 수 있었다는 것이다. 에녹에 대한 창세기의 기록은 어디에도 그와 관련하여 믿음에 대한 언급을 하지 않지만, 히브리서 설교자는 개의치 않는다. 왜냐하면 믿음이 없이는 기쁘시게 못하기 때문이다(11 : 6).

이렇듯 에녹은 하나님을 기쁘시게 한 의로운 조상의 예로 뽑혔다. 히브리서 설교자는 이제 그를 회중에게 본보기로 제시하여 그들 역시 하나님을 기쁘시게 할 수 있다는 점을 가르친다. 히브리서 설교자는 하나님께 나아갈 때 그들은 "반드시 그가 계신 것과 또한 그가 자기를 찾는 자들에게 상 주시는 이심을 믿어야 한다."고 강조한다(11 : 6). 이러한 말은 오해의 소지를 불러일으킬 수 있는데, 우리는 지금 설교자가 힘든 상황에 있는 회중에게 설교를 하고 있지, 대학의 토론회 석상에서 강의를 하고 있는 것이 아니라는 점을 기억해야 한다. 설교자에게 있어 "반드시 그가 계신 것과 또한 그가 자기를 찾는 자들에게 상 주시는 이심"을 믿는 일은 단지 신론에 대한 추상적이고 철학적인 입장을 의미하는 것이 아니다. 그것은 "당신은 하나님의 존재를 믿습니까?"라는 설문 조사에서 "네"라는 답이 많이 나오면 만족할 수 있는 그런 유의 문제가 아니다. 그것은 하나님이 존재한다는, 즉 살아 계시다는 것을 확신하는 것과 이 하나님을 섬기는 일이 정말로 중요하다는 것을 깊이 신뢰하는 것을 의미한다.

이것은 다른 말로 이 단락의 초두에서 묘사된 보다 입체적인 차원의 믿음을 가지는 것을 의미한다(11 : 1). 하나님이 계시다는 것을 믿는 것은 '보이지 않는 것들'에 대한 심오한 '증거'를 갖는 일이다. 하나님은 그를 찾는 이들에게 상 주시는 이심을 믿는 것은 왕관이나 캐딜락 자동차를 꿈꾸는 일이 아니다. 그런 것들은 거룩한 상을 모욕하는 값싸고 자질구레한 것들에 불과하다. 하나님이 주시는 상은 바로 안식일 휴식(4 : 1-11의 주석을 참조하라.)이다. 믿음에 대한 상은 바로 긍휼과 평화와 구원에 대한 하나님의 약속의 성취, 즉 "바라는 것들의 실상"(11 : 1 참조)이다.

• 노아(11 : 7)

의로운 자의 세 번째 모델은 노아인데, 그가 뽑힌 주된 요인은 하나님의 말씀에 대한 그의 응답 때문이다. 하나님은 노아에게 미래의 보이지 않는 세계에서 일어날 사건, 즉 다가올 홍수에 대해 말씀하셨다(창 6 : 8-9 : 17 참조). 이 말씀에 대한 눈에 보이는 증거는 어떤 것도 없었다. 따라서 노아는 눈에 보이는 것을 믿을 것인지, 아니면 하나님의 말씀을 신뢰할 것인지에 대한 선택의 기로에 서게 되었다. 간단히 말해 그것은 세상을 선택할 것인지, 아니면 하나님을 선택할 것인지의 문제였다. 하지만 노아는 하나님을 택했다. 그 선택은 세상적인 관점에서 볼 때 상식에서 완전히 벗어난 것이었다. 어쨌든 노아는 아무도 예상하지 못한 폭풍을 대비해서 방주를 만드는 모험을 감행했다. 그렇게 함으로써 노아는 사실상 세상을 정죄했고(11 : 7), 하나님의 영원한 약속을 위해, 또 결과적으로 하늘의 보물의 '후사'가 되기 위해 이 땅의 보물을 거절했다.

그러면 노아가 후사로서 상속받은 것은 무엇인가? 그것은 "믿음을 좇는 의"(11 : 7)이다. 하지만 이 말은 히브리서 회중도 이해하기 어려운 말이다. 이 말 속에는 바울 사상의 냄새가 배어 있는데, 곧 하나님이 사람들의 믿음을 보시고 그들을 의롭게 여기신다는 것이다. 다시 말해 히브리서 설교자는 노아가 믿음으로 의롭게 되었다고 주장하고 있는 것이다(롬 3 : 21-26 참조). 하지만 엄밀히 말하면, 히브리서 설교자의 주장은 바울의 사상보다 하박국의 사상(합 2 : 4 참조)에 더 가깝다고 할 수 있다. 즉, 설교자는 노아가 믿음에 의해 의롭게 여김을 받은 것이 아니라 노아의 믿음이 바로 그를 의롭게 만들었고, 선한 행위를 할 수 있도록 한 원동력이 되었다고 생각하는 것이다. 노아는 하나님의 약속을 믿었기 때문에 의롭게 살고 올바른 선택을 할 수 있는 능력을 부여받았다. 요약해 보면 앞선 세대의 아벨과 에녹처럼 노아 역시 믿음으로 살았고, 그 점이 하나님께 큰 기쁨이 되었다.

### 2. 믿음 안에서 순종적으로 살았던 이들 : 아브라함과 사라, 그리고 이삭과 야곱 (11 : 8–16)

예수님은 "믿음의 주요 또 온전케 하시는 이"(12 : 2)시다. 그분은 커다란 구원의 포물선상에서 순종적으로 하향 곡선을 그으신 분이다.[3] 히브리서의 우주적 기독론 차원에서 보면, 예수님은 "나는 너희를 나의 자매들과 형제들로 부를 것이다."라고 선포하시며 하늘의 집을 떠나셨다. 그는 이방인과 순례자의 모습으로 고통의 광야를 지나가셨다. 하지만 그는 결코 흔들리지 않으셨고, 그의 삶은 "내가 그를 의지하리라"(2 : 13)는 기도로 점철되었다. 그의 삶의 여정이 마무리되었을 때, 그는 상속받은 큰 땅에 도달하셨다. 그 땅은 주께서 친히 "볼지어다 나와 및 하나님께서 내게 주신 자녀라"(2 : 12–13)고 말씀하시며, 그의 자매들과 형제들을 데리고 들어가신 하늘의 성소다.

하지만 예수님이 오시기 훨씬 이전에 또다른 믿음의 개척자가 있었으니 그가 바로 아브라함이다(9 : 11). 그는 장차 올 좋은 일의 표본으로서 "장래 기업으로 받을 땅"(11 : 8)을 다지기 위해 부르심을 입었다. 아브라함은 믿음의 길을 가도록 보냄을 받았고, 우리는 이를 통해 믿음의 여행이 어떤 것인지에 대해 많은 시사점을 얻을 수 있다. 첫째로, 이 여행은 보내신 이에 대한 깊은 신뢰를 필요로 했다. 아브라함은 심지어 그가 어디로 가고 있는지조차 제대로 알지 못했음에도 불구하고, 그의 손을 하나님의 손에 얹고 순종했다(11 : 8). 믿음의 여행은 또한 오랜 시일에 걸쳐 근본을 뒤바꾸는 일이다. 그와 그의 아들인 이삭, 그리고 그의 손자인 야곱은 모두 영영 이방인이 되어 고향으로 돌아오지 못했다. 그들은 평성 장막에서 지내면서 "외국인과 나그네로" 살아야 했다(11 : 13). 그들은 믿음의 여정에서 살아남기 위해 필요한 것들을 공급해 달라고 하나님께 필사적으로 **매달렸다.** 하나님을 향한 이러한 매달림은 아브라함 가족에게 있어 여러 세대 동안 반복될 수밖에 없었던 일이었고, 특히 아브라함과 그의 아내 사라는 아이를 낳지 못하는 긴 세월이 있었기에 더욱 간절할 수밖에 없었

3. 이를 위해서는 1 : 5~14의 주석을 참조하라.

다(11 : 11-12). 간혹 갈 길이 험해 보이고 여행을 계속할 힘을 어디에서 얻을 수 있을지 난감한 상황이 여러 번 닥쳤지만, 이 여행의 목적지는 결코 의심의 여지가 없었다. 이것은 앞만 바라보고 가는 여행이었기에, 뒤에 남겨 놓은 것들에 대해 그들은 전혀 신경을 쓰지 않았다(11 : 15). 그들은 "더 나은 본향…… 곧 하늘에 있는 것"(11 : 16)만을 바라보며 좇아갔다. 그것은 바로 "하나님의 경영하시고 지으실 터가 있는 성"(11 : 10)이다.

하지만 안타깝게도 그들은 거기에 도달하지 못했다. 아브라함과 사라, 이삭과 야곱, 그리고 외국인과 나그네로 살아간 모든 순례자들은 다 믿음을 따라 죽었으며 약속을 받지 못했다(11 : 13). 그들은 목적지를 멀리서 바라볼 수 있었고, 거의 맛보기 직전까지 갔다. 하지만 그들은 도중에 모두 죽었다.

제임스 미쉐너(James Michener)는 그의 글에서 프랑스로부터 스페인에 있는 성야고보 성당까지 긴 여행을 해 오는 중세 시대의 순례자들의 이야기를 적었다. 그들은 여행의 마지막 부분에 다다르게 되었을 때, 그토록 보기를 고대했던 저 멀리 성당의 뾰족탑을 바라보고자 지평선을 향해 눈을 높이 들었다. 그 뾰족탑을 가장 먼저 발견한 사람은 "아, 기쁘도다!"라는 함성을 지르곤 했다.[4] 마찬가지로 히브리서 설교자는 우리에게 아브라함과 그의 후손들이 저 멀리 지평선 위에 걸쳐 있는 하늘 도성의 뾰족탑을 보고 기쁨의 함성을 질렀다고 말한다(11 : 13). 하지만 그들은 순례 여행을 마무리하지 못하고 모두 죽었다.

왜 그들은 여행을 마칠 수 없었던 것일까? 이것은 뭔가 해명이 필요한 대목임에 틀림없다. 믿음의 여행을 떠났지만 목적지에 도달할 수 없었던 그 신실한 이들의 슬픈 이야기를 통해 우리는 그저 감상에 젖을 뿐 그 이상 어찌 해 볼 도리가 없는 것인가? 아니다. 우리에게는 약속을 지키시는 하나님이 계시다. 그 하나님은 또 한 분의 순례자이신 하늘의 아들을 보내셨는데, 그분의 믿음의 여행 역시 인간의 모든 고통의 골짜기를 통해

---

4. James A. Michener, *Iberia : Spanish Travels and Reflections*(New York : Random House, 1968), p. 892.

있었고, 아브라함과 그의 권속들이 여정의 말미에서 죽을 수밖에 없었던 그 코스와 맞닿아 있었다. 하지만 이 순례자는 모든 고통을 완벽히 이겨내시고(2 : 10), 아브라함과 사라, 이삭과 야곱, 그리고 그를 신뢰하는 모든 이들을 모아 먼 도성에 있는 집으로 데리고 들어가신다. 그리고 하나님께 다음과 같이 말씀하신다. "……할지어다 나와 및 하나님께서 내게 주신 자녀라"(2 : 13).

예수님 안에서 그 여행은 마무리되었다. 예수님은 "범사에"(2 : 17) 우리와 같이 되셨고, 우리를 형제라 부르시기를 부끄러워 아니하면서(2 : 11) 하나님의 도성으로 들어가셨다. 아브라함과 사라, 이삭과 야곱은 믿음 안에서 그 도시에 들어가기를 간절히 바랬다. 하나님은 기꺼이 그들을 성안으로 맞으셨고, 저희 하나님이라 일컬음 받으심을 부끄러워 아니하셨다(11 : 16).

### 3. 고통에 의해 시험을 받은 이들 : 아브라함, 이삭, 야곱, 요셉, 모세 (11 : 17–28)

히브리서 설교자가 앞서 말했듯이, 믿음은 눈에 보이는 것을 넘어서는 것, 즉 "보지 못하는 것들의 증거"(11 : 1)이다. 믿음의 눈으로 보면 다르게 보이는 실제들 중 하나가 바로 고통이다. 믿음을 떠나서 바라보면 고통은 언제나 파괴적이고 무익하기만 하다. 사실상 어떤 고통은 믿음의 눈으로 바라보아도 그저 무의미하고 혼란스럽게만 보일 때가 있다. 하지만 믿음은 고통을 다른 시각으로 바라보게 한다. 때때로 고통은 쇠를 연단하는 불의 역할을 하거나 굳은 마음밭을 애정어린 옥토로 갈아엎는 역할을 한다. 히브리서 설교자는 예수님도 고통에 의해서 시험을 받으셨기 때문에 우리를 긍휼히 여기시고, "시험받는 자들을 능히 도우실 수 있다."고 말한다(2 : 18).

히브리서 설교자는 이제 고통에 의해서 시험을 받았던 믿음의 조상들을 열거한다. 그는 앞서 다루었던 아브라함의 이야기로부터 시작한다. 하지만 이번에는 순례자 아브라함이 아니라 시험을 받은(11 : 17) 아브라함에 대해서 말한다. 여기에서 뜻하는 시험은 물론 창세기 22장에 기록된 시험이다. "여호와께서 가라사대 네 아들 네 사랑하는 독자 이삭을 데리고 모리아 땅으로 가서 내가 네게 지시하는 한 산 거기서 그를 번제로 드리라"(창 22 : 2).

배후에 아이를 희생시키려는 놀라운 발상을 하시는 하나님이 계신 이 난해한 아브라함과 이삭의 이야기는 현대를 살아가는 독자들에게 많은 의구심을 자아낸다. 히브리서 설교자는 특히 아브라함이 받은 시험의 혹독함에 초점을 맞추고자 한다. 아브라함의 시험이 매우 견디기 힘든 시험이었다는 점을 설교자는 유독 부각시키고 있다. 그 시험은 파란 하늘에 떠 있는 한 점의 작은 먹구름과 같은 하찮은 것이 아니었다. 그 시험은 근본까지 뒤흔드는 것이었고, 모든 것을 끝장내려는 듯한 살벌한 시험이었다. 실로 그 시험은 이삭의 생명에 종지부를 찍을 수도 있는 일이었고, 이렇게 되면 하나님의 약속도 끝장나게 되는 엄청난 사건이었다(11 : 18).

이 시험은 단지 아브라함이 얼마나 강인한 사람이었는지를 측정할 목적으로 행해진 시험이 아니다. 그것은 아브라함의 인생관이 적나라하게 수면 위로 드러나는 사건이다. 행여 이 사건이 인간적인 방법으로 행해졌다면, 결과는 불 보듯 뻔했을 것이다. 죽음과 돌이킬 수 없는 파멸과 모든 희망의 붕괴가 일어났을 것이다. 하지만 아브라함은 다른 방법, 즉 믿음으로 그 시험을 치렀다. 믿음은 하나님의 약속이 언제, 어떻게, 어디에서 이루어질지 알지 못한다. 그러나 믿음은 하나님이 반드시 그 약속을 지키시리라는 확신에서 흔들림이 없다. 믿음은 "바라는 것들의 실상"(11 : 1)을 놓치지 않는다.

창세기에서 아브라함의 믿음은 이삭에게 한 그의 묘한 말 속에 잘 나타나 있다. "아들아 번제할 어린 양은 하나님이 자기를 위하여 친히 준비하시리라"(창 22 : 8). 히브리서 설교자는 한 발짝 더 나아가 아브라함이 하나님의 예비하심에 대한 믿음을 가졌을 뿐만 아니라 부활에 대한 가능성도 알고 있었다고 말한다 : "저가 하나님이 능히 죽은 자 가운데서 다시 살리실 줄로 생각한지라……"(11 : 19). 다시 말해 아브라함은 믿음으로 인해 이삭을 잃을 수도 있다는 불안감에 신음했지만, 하나님의 약속을 포기하거나 저버리지 않았다. 도리어 믿음은 아브라함에게 부활의 가능성을 알게 해 줌으로써 그의 믿음을 한 단계 상승시켰다. 히브리서 설교자는 비유적인 의미에서 아브라함이 부활을 경험했다고 말한다. 왜냐하면 하나님이 이삭을 돌려주셨기 때문이다(11 : 19). 이 사건은 단지 진정한 것의 예표일 뿐이다. 하지만 평강의 하나님은 실제로 어린 양을 준비하셨고, 우리 주 예수를 영원한 언약의 피로 죽은 자 가운데서 이끌어 내심으로써(13 : 20) 역사의 위대한 반전을 이루셨다.

믿음의 시험을 통해 아브라함은 하나님의 미래에 대한 비전을 바라보게 되었고, 그 비전은 후손들에게 전달되었다. 소년이었던 이삭이 어른이 되었을 때, 그 역시 믿음에 대한 감각을 잃어버리게 되었다. 그의 영안은 어두워져서 더 이상 볼 수 없게 되었다. 그럼에도 불구하고 하나님의 미래에 대해 부친이 품었던 그 놀라운 비전이 그에게 변함없이 남아 있었다. 그 덕분에 믿음으로 이삭은 장차 오는 일에 대하여 자신의 아들들인 야곱과 에서에게 축복할 수 있었다(11 : 20). 어른이 된 야곱 역시 극도의 상실감을 경험하며 자신의 힘으로는 도저히 헤쳐 나갈 수 없는 난관에 봉착하게 되었다. 하지만 여전히 조상 대대로 이어져 내려왔던 하나님의 미래에 대한 비전은 죽지 않았다. 비록 삶은 희미해져 갔지만, 야곱은 “그 지팡이 머리에 의지하여”(11 : 21) 요셉의 아들들인 자신의 손자들을 축복했다(11 : 21 ; 창 48 : 8-22 참조). 요셉의 경우에는 절망과 상실의 땅인 애굽으로 내려갔을 때 그 상황을 모든 것의 끝으로 보지 않고, 도리어 믿음의 눈으로 하나님의 미래의 지평선을 바라보았다. 무덤으로 향할 나이가 되었을 때 비로소 그는 하나님의 은혜를 볼 수 있었다. 그의 증조 할아버지의 시험이 부활에 대한 가능성을 엿보게 했다면, 요셉의 임박한 죽음은 그에게 약속의 땅을 바라보게 해 주었다. 요셉은 임종 시에 이스라엘 자손들의 떠날 것을 말하고(11 : 22), 때가 되면 그의 뼈가 약속의 땅에 묻히도록 명했다.

고난 중에도 믿음을 지킨 이들의 또다른 예로 히브리서 설교자는 모세와 그의 가족을 든다. 물론 그 가족의 믿음 이야기는 모세를 중심으로 펼쳐진다. 하지만 모세는 출생부터 위기에 처하는데, 모든 히브리 남자 아이들을 죽이라는 애굽 왕의 준엄한 명령으로 인해 태어나자마자 죽을 처지에 놓이게 된 것이다(출 1 : 8－22).

그러나 다행스럽게도 모세가 태어나자 그 부모는 아이를 세 달간 숨겼다(11 : 23).[5] 왜 그들은 모세를 숨겼을까? 히브리서 설교자는 두 가지 이유를 든다. 하나는 성경의 기록에 의거한 것이고, 다른 하나는 그렇지 않다. 출애굽기에 따르면 모세는 '준수한' 아이였기에, 히브리서 설교자가 표현하듯이 '아름다운' 아이였기에 부모는 그를 숨겼다. 이렇듯 모세는 무척이나 소중하면서도 매우 가련한 처지에 놓인 아이였다. 히브리서 설교자는 한 걸음 더 나아가 아이의 부모가 "임금의 명령을 무서워 아니하였다."라고 말한다(11 : 23). 히브리서 설교자는 앞서 나오는 십브라와 부아라는 두 산파(출 1 : 15－22)의 담대함에서 힌트를 얻어, 모세의 부모 역시 왕의 명령까지도 겁내지 않을 만큼 대담했을 것이라고 추측한다. 하지만 여기에서의 신학적 주안점은 히브리서 설교자의 추론과 상관없이 매우 뚜렷하다. 즉, 모세의 부모는 역경 속에서도 믿음을 실천했다. 그들은 세상의 악한 세력에 굴복하지 않고 하나님의 미래를 바라보고 믿음의 모습을 견지한 것이다.

모세는 부모의 행동을 통해 분명히 큰 교훈을 얻었을 것이다. 장성한 모세는 그의 부모처럼 어떤 경우에도 세상의 권세를 두려워하지 않았다. 이에 대해 히브리서 설교자는 세 가지의 예를 든다.

첫째로, 이집트 왕가의 특권층 자제가 되는 것과 고통받는 하나님의 가정의 아이가 되는 것 중에서 그는 자신의 진정한 정체성을 좇아 하나님의 가정을 택했다. 모세의 이 결정으로부터 두 개의 신학적 통찰력을 얻을 수 있다. 하나는 히브리서 설교자의 회중 역시 똑같은 선택의 기로에 서 있다는 점이다. 그들은 고통과 시험이 있는 하나님의 가정에 속해서 끊임

---

5. 히브리서 설교자가 사용하고 있는 70인역 성경에는 부모가 함께 아이를 숨긴 것으로 되어 있으나, 히브리어 성경에서는 모세의 어머니만을 언급한다.

없이 좌절과 죄와의 힘겨운 싸움(12 : 3－4 참조)을 싸워 갈 것인가? 아니면 교회 문을 박차고 나가 좀더 쉽고 덜 지쳐 보이는 삶을 살아갈 것인가? 모세에 대한 히브리서 설교자의 평가는 선택의 기로에 선 회중에게 지침이 된다. 모세는 신실하고 지혜롭게 도리어 하나님의 백성과 함께 고난받기를 잠시 죄악의 낙을 누리는 것보다 더 좋게 여겼다(11 : 25).

또 한 가지 생각해 볼 수 있는 것은, 모세가 예수님의 이미지와 반대로 등장한다는 점이다. 노예의 아이로 태어난 모세는 궁궐에서의 일시적인 '낙'보다 동족과 함께하는 고통을 받는 것을 선택한다. 히브리서 설교자는 모세가 그리스도를 대망하는 가운데 "상 주심"(11 : 26)을 바라고 이 고통의 삶을 꿋꿋하게 견뎠다고 말한다. 그리고 마침내 예수님이 오셨을 때, 모세와 다른 모든 믿음의 사람들은 그 상을 받았다. 한편 왕의 아들로 태어난 예수님은 잠시 동안 고통과 죽음의 지배 하에서 노예 상태로 계셨다. 그 이유는 죄의 노예로 살아가는 모든 인간이 더 이상 종이 아니라 약속의 후사요 하나님의 자녀로서 자유함을 얻어, 하늘 궁정으로 담대히 들어갈 수 있도록 하기 위해서였다.

둘째로, 모세 역시 임금의 노함을 무서워 아니하고 믿음으로 애굽을 떠났다(11 : 27). 문제는 성경적으로 볼 때, 모세가 애굽의 관리를 죽인 뒤 애굽을 떠나면서 분명히 두려워했다는 점이다(출 2 : 11－15). 어쩌면 히브리서 설교자는 모세의 용기와 믿음에 너무나 감명을 받은 나머지 본문의 세부적인 내용을 간과하고 있다.[6] 아니면 그는 모세의 두려움이 경미하게 취급된 성경 이외의 자료를 발견했을 수도 있다.[7] 하지만 중요한 것은 히브리서 설교자가 어떤 자료를 사용했는지가 아니라, 그가 신학적으로 말하고자 하는 주안점이다. 중요한 것은 모세가 신실하여 보이지 아니하는 자를 보이는 것같이 하여 참았기 때문에(11 : 27), 그는 두려워하지 않았다는 사실이다.

시험과 고통의 압력 하에 있을 때, 육안은 오직 압제자만을 볼 수 있을

6. 이것은 엘링워스(Ellingworth)의 견해이다.
7. 이것은 아트리즈(Attridge)의 견해이다.

뿐이다. 우리의 눈은 독재자의 총칼이나 아동 학대의 상처나 질병의 흔적밖에 볼 수 없다. 반면에 믿음은 모든 것을 본다. 믿음이 있다고 해서 바로 왕과 악과 질병이 별것 아닌 것으로 보이지는 않는다. 하지만 믿음은 동시에 하나님을 바라보도록 이끈다. 그 하나님은 해롭고 파괴적인 모든 것들을 끝내시겠다고 약속하신다. 그 하나님은 모든 일에 우리와 한결같이 시험을 받으셨기에 때를 따라 돕는 은혜를 주실 수 있는 큰 대제사장을 우리에게 보내 주셨다(4 : 15－16). 모세처럼 모든 시대와 장소를 불문하고 신실한 자들은 "보이지 아니하는 자"(11 : 27)를 알고, "보지 못하는 것들의 증거"(11 : 1)를 가지고 있다.

세 번째이자 마지막으로, 모세는 믿음으로 유월절과 피 뿌리는 예를 정하였다(11 : 28). 물론 유월절은 하나님이 애굽의 모든 사람과 가축의 첫 태생들을 죽이시던 날, 히브리인들은 한 명도 다치지 않고 모두 살아남은 사건을 기념하기 위해서 친히 세우신 절기이다(출 12 : 1－28). 두 가지 중요한 신학적 요소들이 여기에서 발견된다. 먼저 고통과 죽음의 와중에서도 모세는 믿음의 눈을 다른 곳에 고정시켰다. 즉, 유월절은 구원의 상징으로서 믿음 어린 비전을 나타낸다.

히브리서 설교자는 또한 그리스도를 통한 온전함(10 : 14)이 무슨 뜻인지도 모르는 죄인이 하나님의 거룩성에 접근하거나 접촉하는 것은 위험하다는 확신을 가지고 있다. 사실상 다음 장에서 히브리서 설교자는 하나님께로 자유로이 나아갈 수 있는 그리스도인들의 특권과 구약에서 나타난 거룩한 것과의 접촉이 주는 위험성을 서로 대조할 것이다(12 : 20). 믿음을 통해 우리는 예수의 피를 힘입어 성소에 들어갈 담력을 얻었다(10 : 19). 믿음이 없는 자들에게는 하나님의 거룩한 만지심도 "소멸하는 불"(12 : 29)처럼 느껴지고, 살아 계신 하나님의 손에 빠져 들어가는 것이 무서울 수밖에 없다(10 : 31). 믿음만 있으면 하나님이 허락하시는 시험도 결국에는 나에게 힘이 된다. 하지만 믿음이 없으면 하나님의 시험은 나를 파괴할 뿐이다. 모세는 유월절 사건을 통해 장자를 멸하는 자로 저희를 건드리지 않게 하려 하시는 하나님을 확인했다(11 : 28). 이를 통해 모세는 새로운 유월절을 바라보게 되었다. 첫 번째 유월절에서는 양의 피가 하나님으로 하여금 신실한 이들의 육체를 해하지 못하게 했다면, 새로운 유월절에서는 하나님이 아들을 통해 직접 인간의 육체가 되셨다. 그로 인해 우리는 그의 만지심이나 멸하심을 두려워할 필요가 없게 되었고, 도리어 긍휼하심을 받고 때를 따라 돕는 은혜를 얻게 되었다(4 : 16).

### 4. 허다한 증인들(11 : 29－38)

아프리카계 미국인 설교자들의 관점에서 보면, 히브리서 설교자는 믿음에 대한 정의를 내림으로써 낮게 출발을 했다(11 : 1－3). 그 후 아벨, 에녹, 노아, 믿음의 선조들, 그리고 모세에 대한 자세한 이야기를 통해 천천히 앞으로 나아갔다(11 : 4－28). 이제 속도를 높여서 더 높이 도달해야 할 때가 되었다. 번역본 성경으로 읽어도 다음 부분에서 히브리서 설교자가 속도를 높이고 있다는 것이 충분히 느껴진다. 우리는 이야기 형식 대신에 딱딱한 문장을 만나게 되고, 여유 있는 서술 대신에 힘있고 빠른 선언문 형식의 글을 만나게 된다. 히브리서 설교자는 그의 설교를 바첼 린지(Vachel Lindsay)의 시와 비슷한 리듬감 있는 언어로 시작한다.

> 오, 구원을 외치라!
> 어린양에 의해 자유를 되찾은 왕들과 왕자들을 보니 기쁘도다.
> 왕비의 손에서 밴조가 울려 퍼지고,
> 탬버린이 경쾌한 소리를 내는도다.[8]

히브리서 설교자는 회중을 의도적으로 열광의 도가니로 몰아넣으면서 그들과 대화를 시도한다. 비록 활자화된 글을 통해서지만, 우리는 대화를 요청하는 히브리서 설교자의 마음을 생생하게 읽을 수 있다.

---

8. Vachel Lindsay, "General William Booth Enters into Heaven," in *Masterpieces of Religious Verse*, ed. James Dalton Mirrison(New York : Harper & Brothers, 1948), p. 504.

부름 : "더 이상 내가 무엇을 더 말해야 하리요?"(11 : 32)
응답 : "말해 주시오, 형제여! 전부 말해 주시오!"
부름 : "오, 형제, 자매들이여! 다 말하려면 시간이 부족할 것이요."(11 : 32)
응답 : "아니오, 형제! 모두 말해 주시오!"
부름 : "그러면 기드온, 바락, 삼손, 입다, 다윗, 사무엘, 그리고 수많은 선지자들에 대해 말해야 할 것이요."(11 : 32)
응답 : "좋습니다. 모두 말해 주십시오, 형제! 그대의 설교를 듣고 싶소."
부름 : "그러면 좋소. 믿음으로 왕국을 정복하고, 사자의 입을 막은 그대들의 선조들이 있었소. 또한 고문을 당한 여인들과 전쟁에서 용감히 싸웠던 남자들과 채찍질을 당하고 돌을 맞아야 했던 아이들이 있었소. 오, 정말로 그렇소. 형제, 자매들이여! 내가 이 말만은 꼭 드리고 싶소. 이런 사람들은 세상이 결코 감당치 못했소이다. 절대로!"(11 : 33 – 38)

이 단락의 네 번째 부분인 여기에 나오는 이름들과 사건들은 첫 번째 부분에 나왔던 신앙의 덕목들을 두루 갖추고 있다.

a. 의로웠던 이들

이스라엘 백성은 아벨처럼 믿음 때문에 하나님께 인정받았다. 그래서 그들은 홍해를 육지같이 건널 수 있었다(11 : 29). 하지만 애굽 사람들은 가인처럼 하나님께 인정을 받지 못해서 모두 빠져 죽었다(11 : 29). 의로운 사람들은 여리고 성을 둘러쌌고, 결국 그 성을 무너뜨렸다. 기생 라합은 모든 면에서 이방인이요 외부인이었지만, 믿음을 통해 내부인이 되었고 순종하는 마음으로 히브리 정탐꾼들을 숨겨 주었다. 따라서 그녀는 순종치 아니한 자와 함께 멸망치 않았다(11 : 31). 뿐만 아니라 믿음으로 의인들은 나라들을 이기기도 하며, 의를 행하기도 하며, 약속을 받기도 했다(11 : 33).

b. 순종의 삶을 살았던 이들

믿음으로 그들은 약속의 땅으로 들어가는 관문인 홍해를 건넜고, 양과 염소의 가죽을 입고 유리했다(11 : 37). 그들은 이 땅에서 외국인과 나그네처럼 살았던 믿음의 선조들처럼 광야와 산중에서 떠돌아다녔다(11 : 38).

c. 고통에 의해 시험을 받았던 이들

히브리서 설교자는 믿음의 시험을 통해 정결함을 받은 이들, 즉 불의 세력을 멸하기도 하며 칼날을 피하기도 하며 연약한 가운데서 강하게 되기도 하며 전쟁에 용맹되어 이방 사람들의 진을 물리치기도 한 사람들에 대해 말한다(11 : 34). 히브리서 설교자는 아브라함과 같은 믿음으로, 시험의 순간에 하나님이 능히 죽은 자 가운데서 다시 살리실 줄로 믿은 여자들에 대해 말한다(11 : 19). 이 여인들은 자기의 죽은 자를 부활로 받기도 했다(11 : 35 ; 이는 분명히 왕상 17 : 17-24의 사르밧 과부와 왕하 4 : 8-37의 수넴 여인의 경우를 가리킨다). 또한 어떤 이들은 악형을 받되 구차히 면하지 않았다(11 : 35). 왜냐하면 그들은 일시적이고 무상한 자유의 기쁨보다 더 좋은 부활을 얻고자 했기 때문이다(11 : 35). 히브리서 설교자는 희롱과 채찍질뿐 아니라 결박과 옥에 갇히는 시험을 당한 이들도 있다고 말한다(11 : 36). 그들은 돌로 치는 것과 톱으로 켜는 것과 시험과 칼에 죽는 것을 당하고, 궁핍과 환난과 학대를 받았다(11 : 37).

## 믿음의 영웅들의 반열에 든 성도들(11 : 39-12 : 2)

웬델 베리(Wendell Berry)의 시 "다가오는 세대의 우리 아이들"(Our Children, Coming of Age)은 다음과 같이 시작된다.

> 큰 원을 그리며 시간을 잊은 채 춤을 추면서,
> 지금 너는 동료들에게로 나아가고 있다.
> 갑자기 들리기 시작한 노래에 화답하여,
> 전에 너를 인도했고,
> 앞으로도 인도할 그 노래에 화답하여…….[9]

9. Wendell Berry, *Collected Poems, 1957-82*(Berkeley, Calif. : North

설교의 분위기가 고조되는 단계에서 히브리서 설교자는 과거의 순례자들을 언급하며 분위기를 상승시켰다. 구약을 통해 앞으로 전진하면서 히브리서 설교자는 아벨, 에녹, 노아, 아브라함, 사라, 모세, 선지자들과 같은 신실한 믿음의 본보기들을 소개했다. 히브리서 설교자의 어조는 의인들의 명단이 점차 현대로 가까워 오면서 더욱 빨라진다.

하지만 믿음의 행진이 교회 문에 거의 도달했을 때, 북소리는 조용해지고 히브리서 설교자 역시 멈춰 선다. 설교자는 회중을 잠시 응시한 뒤 그의 부대를 뒤로 물리려는 듯 손짓을 한다. 히브리서 설교자는 '하나님의 약속을 신뢰했던 이들'이라고 소개한 모든 믿음의 남녀들을 일렬로 세운다. 갑자기 주변에는 긴장이 감돌기 시작한다. 이윽고 그는 작정하고 천천히 입을 연다 : "이 사람들이 다 믿음으로 말미암아 증거를 받았으나 약속을 받지 못했다"(11 : 39).

모든 믿음과 모든 의로움과 끝없이 걸어왔던 믿음의 여행에도 불구하고 그들은 약속을 받지 못했다. 회중은 앞서, 특히 족장들과 관련하여(11 : 13) 이러한 말을 들은 적이 있다. 그럼에도 불구하고 "하지만 왜?"라는 저항의 목소리가 목구멍까지 치솟아 올라온다. 하지만 히브리서 설교자는 저항의 여지를 주지 않고 곧바로 설명을 한다. 이것은 하나님이 우리를 위하여 더 좋은 것을 예비하셨기 때문이라는 것이다(11 : 40). 물론 회중은 히브리서 설교자가 지금 예수님을 의미하고 있다는 것을 안다. 예수님과 관련된 '더 좋은'이란 말은 지금까지 계속된 후렴구이다. 설교자는 예수님이 천사들보다 더 뛰어나다고 했고(1 : 4), "더 좋은 소망"(7 : 19)에 대해 이야기했으며, "더 좋은 제물"(9 : 23)에 의해 확정된 "더 좋은 약속"(8 : 6)과 "더 좋은 언약"(7 : 22)을 보증했다. 이 모든 것은 우리로 하여금 하나님으로부터 '더 좋은' 유산을 받게 해 준다(10 : 34). 이런 의미에서 예수님이 오시기 전에는 아무리 신실한 선조들이라도 약속을 받을 수 없는 것은 당연하다. 믿음의 사람들로서 그들은 소망에 기대어 이 땅의 본향이 아니라 "더 좋은

---

Point Press, 1985), p. 264.

부활"(11 : 35)을 기다리며 하나님이 지으신 도성(11 : 10)을 추구했다. 하지만 더 좋은 제사장, 즉 "영원히 온전케 되신 아들"(7 : 28)이 오시기 전에는 그들의 소망은 이루어질 수 없었고, 그들의 갈증은 해소될 수 없었으며, 그들의 부활에 대한 열망은 성취될 수 없었다.

하나님이 더 좋은 것, 곧 예수님을 주셨다는 히브리서 설교자의 발언에 대해 회중은 어쩌면 그리 놀라지 않았을 수도 있다. 하지만 그의 다음 발언, 즉 "……우리가 아니면 저희로 온전함을 이루지 못하게 하려 하심이니라"(11 : 40)는 말에 대해서는 분명히 깜짝 놀랐을 것이다. 회중은 분명히 믿음의 조상들이 우리를 필요로 하는 것보다, 우리가 훨씬 더 그들을 필요로 한다는 것을 절감하고 있었을 것이다. 왜냐하면 성경에 나타난 신실한 조상들이야말로 우리에게 믿음의 영웅이자 표본이기 때문이다. 정말이지 우리는 그들을 모범으로 삼고 살아간다. 하지만 회중은 그 신실한 조상들 역시 예수님을 얼마나 간절히 필요로 했는지 알고 있다. 그들은 일시적인 장막에 거하며 반복적인 제사로 예배를 드렸다. 그들은 예수께서 행하신 더 좋고 영원한 제사, 곧 "첫 언약 때에 범한"(9 : 15) 그들의 죄를 속하시기 위해 자신을 드렸던 예수님의 완전한 제사를 간절히 소망했다. 그런데 여전히 이해하기 힘든 것은 과거의 조상들이 어떤 식으로든 우리를 필요로 한다는 것과 우리가 없으면 온전해질 수 없다는 것이다.

히브리서 설교자는 물론 우리가 아브라함과 모세를 구원한다고 말하는 것이 아니다. 오직 그리스도만이 그들을 구속하시고 구원하실 수 있다. 설교자가 말하고 있는 것은 예수 그리스도의 제사장 사역으로 인해 견고한 믿음의 끈이 만들어졌고, 그 끈은 인류 역사의 시초로부터 하나님의 도성 안에 있는 하늘의 성소에까지 이어져 있으며, 하늘의 성소에서 그 끈이 예수님에 의해 단단히 고정되었다는 것이다(6 : 19－20). 이를 통해 우리는 본 설교의 근간을 이루고 있는 '믿음의 포물선'[10]이 단지 예수님이 거쳐 가신 길을 나타내는 것이 아니라 예수님이 직접 그 길을 만드셨고,

---

10. 히브리서 1 : 5~14의 주석을 참조하라.

모든 믿음의 사람들이 그 끈을 굳게 붙들고 있는 그림을 연상할 수 있다.

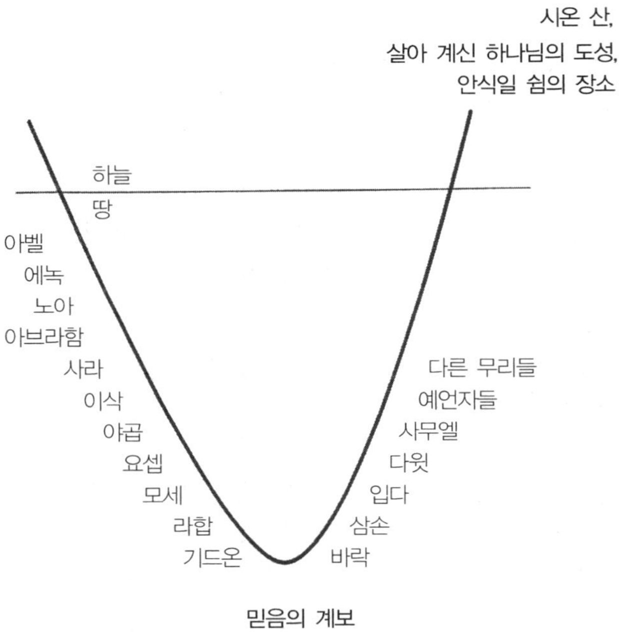


〈그림 6〉

믿음의 사람인 아벨은 두 손으로 구원의 끈을 굳게 잡음으로써 그 거대한 포물선에서 한자리를 차지했다. 이어서 에녹이 아벨의 손을 붙잡음으로써 역시 그 끈의 한 지점을 차지했다. 계속해서 노아, 아브라함, 사라, 모세, 그리고 나머지 모든 사람들도 그 끈에서 자기의 자리를 잡았다. 그 끈의 연결 고리들은 믿는 도리를 굳게 맞잡은(4 : 14) 모든 세대의 신실한 사람들에 의해 형성되었다. 예수께서 많은 아들을 이끌어 영광에 들어가게 하시고(2 : 10), 모든 성도들을 온전케 하시는 것은(10 : 14) 바로 이 믿음의 끈에 근거해서 하시는 일이다. 하지만 그 믿음의 끈에는 복음을 듣는 이들에 의해 채워져야 할 빈 공간이 존재한다. 바로 우리가 그 끈으로 뛰어올라, 먼저 그 끈을 형성한 믿음의 선배들과 합세해야 한다. 우리의 조상들이 "우리가 아니면 저희로 온전함을 이루지 못한다."(11 : 40)는 말의 의미는, 바로 이 끊어지지 않는 믿음의 공동체의 관점에서 이해될 수 있는 말이다.

이런 의미에서 이 견고한 믿음의 끈은 이제 히브리서 설교자의 회중이 있는 예배당 안으로 이어진다. "믿음의 주요 또 온전케 하시는 이"(12 : 2)인 예수님에 의해 완전해진 그 믿음의 끈은 이제 회중의 손에 넘어왔다. 이는 웬델 베리의 말과 일치한다 : "지금 너는 동료들에게로 나아가고 있다. 갑자기 들리기 시작한 노래에 화답하여……".

이제 때가 왔다. 히브리서 설교자는 회중의 영혼에 불을 질러 그들로 하여금 자리에서 일어나 시온으로의 행진에 동참하도록 독려해야 한다. 이를 위해 그는 독특한 비유를 사용하여 회중에게 다가간다. 설교자는 10 : 36에서와 마찬가지로 순례나 강한 믿음의 끈과 같은 이미지 대신 회중을 다시 경기장 안으로 인도한다. 그리고는 그들이 믿음의 계주에서 마지막 주자로 서 있다고 발표한다. 아벨에서 에녹으로, 에녹에서 노아로, 노아에서 아브라함으로…… 이렇게 각각의 주자는 다음 주자에게 배턴을 넘겨줘 왔다. 이제 회중의 차례가 되었다. 이전의 주자들은 모두 관중석에 앉아 우리가 얼마나 잘 달리는지 지켜보고 있다. "이러므로 우리에게 구름 같이 둘러싼 허다한 증인들이 있으니……"(12 : 1).

날은 이미 저물어 가고 있고, 우리는 벌써 몇 번의 단거리 경주를 마친 상태라는 것을 히브리서 설교자는 잘 알고 있다. 따라서 우리는 매우 지쳐 있는 상태다. 하지만 이 마지막 경기는 매우 중요한 경기라서 우리의 달리는 속도를 저해하는 모든 무거운 것과 얽매이기 쉬운 죄를 벗어 버리고(12 : 1), 인내로써 우리의 몫을 다해야 한다.

길은 이미 예수님에 의해 만들어졌다. 그분은 경주로를 만드신 분이자 선두주자로서 우리보다 앞서 달리셨기 때문에, 우리에게 갈 길을 일러주신다. 또한 그는 우리의 믿음을 "온전케 하시는 이"(12 : 2)로서 그 경주를 흠 없이 마치셨기 때문에, 우리에게 어떻게 달려야 할지를 보여 주신다. 실로 우리의 경주를 가능하게 해 주시는 분은 오직 예수님뿐이다.

더욱이 그는 우리에게 긴 언덕을 효과적으로 오르는 방법, 지쳤을 때 원기를 회복하는 방법, 인내하는 이들에게 주어지는 안식일 휴식[11]을 사모하는 방법에 대해 가르쳐 주신다. 예수님 자신도 그 상, 즉 "그 앞에 있는 즐거움"(12 : 2)에서 눈을 떼지 않으셨다. 예수님께 있어 경주의 목표는 "하나님 보좌 우편에"(12 : 2 ; 1 : 3) 앉는 것뿐만 아니라 다른 선수들을 함께 데리고 들어가는 기쁨, 즉 많은 아들을 이끌어 영광에 들어가게 하시는 일이다(2 : 10). 예수님은 결승선을 통과하시며 "……볼지어다 나와 및 하나님께서 내게 주신 자녀라"(2 : 13)고 말씀하고 싶으신 것이다.

이 기쁨을 위해 그는 십자가의 불명예와 고통을 참으셨고, 부끄러움을 개의치 않으셨다(12 : 2). 십자가의 부끄러움은 두 가지 측면에서 엄청난 수치스러움이다. 먼저, 십자가는 사형 집행에 사용되는 도구였다는 점에서 예수님께 엄청난 수치를 안겨 주었다. 예수님은 자연적인 질병이나 보트 사고로 돌아가신 것이 아니라 사회의 이단자이자 범죄자로 처형당하셨다. 세상적인 관점에서 볼 때 그것은 극도로 수치스런 죽음이었다.

두 번째로, 수치란 공적인 노출과 관련된 인간의 감정적인 경험이다. 다른 사람들의 비난하는 눈빛이 우리 쪽으로 향할 때, 사람들이 우리에게 "도대체 무슨 일이니? 난 네가 최소한 이 정도일 줄은 몰랐어!"라고 말하며 우리에게서 고개를 돌릴 때, 스스로의 존엄성을 방어할 최소한의 방패도 가지지 않은 채 벌거벗은 모습으로 남들 앞에 서게 될 때, 우리는 극도로 당황하게 되고 수치심을 느끼게 된다. 예수님이 십자가에 달리셨을 때, 그는 다른 사람들로부터 동정과 비난과 모욕의 눈빛을 받으셨다. 지나가던 사람들은 머리를 흔들며 욕을 퍼부었고, 종교 지도자들은 그를 조롱하며 그의 나약함을 비웃었다. 함께 달린 죄수들조차 그를 비아냥거렸다. 아무리 사형수라고 해도 인간으로서 최소한의 존엄성을 지켜 주는 것이

---

11. 4 : 1~11의 주석을 참고하라.

당시의 관례였다. 이를 위해 사형수는 집행인들의 경멸의 눈빛을 피할 수 있도록 머리에 두건을 쓴 채 죽음을 맞았다. 하지만 예수님은 어떤 가리개도, 어떤 도움도 받지 못한 채 공공 장소에서 수치를 당하셔야만 했다.

하지만 예수님은 앞에 놓인 기쁨을 위해 그러한 수치를 개의치 않으셨다. 인간은 십자가의 발치에서 예수님에게 수치심을 안겼지단, 그는 인간을 구원하시기 위해 그 수치를 참으셨다. 죄가 인간의 가슴을 휘감고 예수님을 쳤지만, 그는 죄의 값을 치르기 위해 부끄러움을 개의치 않으셨다. 관리들과 종교 지도자들은 예수님을 수치스런 죽음으로 몰아갔지만, 그는 만유의 주로서 자비의 통치를 하시기 위해, 참된 성소의 문을 여시기 위해 부끄러움을 개의치 않으셨다.

경주에 임하신 예수님의 절제되고, 사랑이 많으시고, 강력하시고, 자비로우시고, 신실한 자세를 바라볼 때, 우리는 다시 운동화 끈을 질끈 동여매고, 배턴을 힘있게 쥐고, 결승선을 향해 힘껏 달려나가게 된다. 우리로 하여금 뒤로 물러가게 하는(10 : 39) 유일한 문제는 우리의 옛 모습인 연약함이다. 경주는 거칠고, 근육은 피로하고, 선수는 겁에 질려 있다. 믿음의 경주가 목표하는 것은 분명히 기쁨인데, 왜 그 과정에서 이렇게 힘들어야만 하는지 우리는 의문을 제기하지 않을 수 없다. 히브리서 설교자는 이에 대해 다음 부분에서 다룬다.

# 믿음의 훈련장에서

## 히브리서 12 : 3~17

오래된 한 이야기에 따르면, 어떤 공중전화 부스 벽에 다음과 같은 내용의 스티커가 붙어 있었다. "당신이 만약 죄에 지쳤다면 요한복음 3 : 16을 읽으시오." 그런데 그 아래에 누군가가 다음과 같이 손으로 휘갈겨 써 놓았다. "당신이 만약 죄에 지치지 않았다면 555 - 1176으로 전화하시오."

히브리서 설교자의 회중은 지쳐 있다. 하지만 정확히 말해서 그들은 죄 때문에 지쳐 있는 것이 아니다. 물론 너무 거룩한 삶을 사느라 지쳐 있는 것도 아니다. 그들이 지쳐 있는 이유는 그 둘 사이에서의 투쟁, 즉 신실하게 살고자 하는 사람이라면 누구나 겪게 되는 끊임없는 싸움으로 인해 지쳐 있는 것이다. 우리는 그들이 치르고 있는 싸움의 종류를 정확히 알 수 없다. 하지만 앞서 보았듯이 이 젊은 기독교 공동체는 그들의 믿음과 소망과 인내에 대한 대가를 이미 상당히 치르고 있었고, 점점 더 그 양은 증가하고 있었다.[1]

왜 설교자는 그들의 투쟁과 고통을 구체적으로 명시하지 않는가? 아마

---

1. 10 : 26~39의 주석을 참조하라.

도 명시할 필요가 없었을지도 모른다. 회중이 이미 당하고 있는 일인데, 뭐 하러 재차 언급할 필요가 있었겠는가! 하지만 설교자의 침묵에는 또다른 이유가 있다. 히브리서 설교자는 이 지역적인 박해들이 더 광범위한 죄와의 싸움에 증거가 된다고 생각한다(12 : 4). 그는 이미 회중을 일컬어 핍박받는 다른 이들과 "사귀는 자"(10 : 33)라고 명명했다. 또한 무엇보다도 그 핍박의 성격이 어떻든 간에, 그들은 이미 때와 장소를 초월하여 모든 그리스도인들과 함께 고통에 동참해 있다.

기독교 믿음에 진정으로 참여하려면 반드시 대가를 감수해야 한다. 다양한 문화와 배경의 기독교인들을 조사해 보면, 대가의 종류는 다를지라도 그들은 반드시 값비싼 희생을 치르면서 신앙을 지켜 가고 있다는 사실을 발견하게 된다. 때때로 그 대가는 '금전적인' 것이다. 기독교인들에게는 갖지 말아야 할 직업이 있고, 하지 말아야 할 거래가 있고, 거절해야 할 승진이 있고, 가담하지 말아야 할 음모가 있다. 때때르 그 대가는 '사회적인' 것이다. 어떤 가정은 기독교로 개종한 가족을 가문에서 내치기도 하고, 어떤 종교 집단은 기독교로 개종한 회원을 안면 몰수하기도 한다. 또 어떤 흥분한 주석가가 말했듯이 "도시풍의 사교 파티에서는 누구나 원하는 주제로 대화를 나눌 수 있다. 설사 그 주제가 금기시되는 것이라도 상관없다. 하지만 당신이 하나님에 대해 두 번 이상 언급하면 당신은 다음 파티에 절대로 초대받지 못할 것이다."

또다른 문화에서는 그 대가가 '지적 또는 감정적인' 것이 될 수도 있다. 실제로 원수를 사랑하는 일은 매사에 중립적인 자세를 취하는 것보다 정신적인 면에서나 효과면에서 훨씬 더 어렵다. 진정한 기도는 너무나 힘든 것이어서 종종 레슬링이나 전쟁의 이미지로 사용되는 육체적 투쟁에 비유된다. 더욱이 기독교의 대표적 상징물인 십자가는 움직이기조차 힘들 정도로 무거운 짐이라고 우리에게 각인되어 있는데, 그 무거운 십자가를 그리스도인들은 매일 짊어지고 가야 하는 부담을 안고 있다. 대가는 또한 **정치적인** 것일 수도 있다. 그리스도인이라면 하지 말아야 할 약속이 있고, 사용하지 말아야 할 권세가 있고, 잠시라도 섬기지 말아야 할 주인이 있다.

그래서 그리스도인들의 헌신에는 항상 가격표가 붙어다닌다. 물론 대다수의 그리스도인들은 그 가격을 지불하기 꺼려한다. 그 이유는 가격이 너무 비싸 보이기 때문일 수도 있고, 출퇴근 때마다 통행료를 지불해야 하는 운전자처럼 매일 대가를 지불하는 것에 넌더리가 났기 때문일 수도 있다. 하지만 무엇보다도 가장 가슴을 아프게 하는 것은 소망을 잃어버렸기 때문에 믿음의 대가를 지불하려 하지 않는 모습이다. 어떤 것도 변하는 것은 없고, 문제는 해결의 기미를 보이지 않고, 감당해야 할 상대는 너무 강해 보이는 것이다. 그럼에도 불구하고 매일 대가를 지불해야 한다는 것은 헛된 일처럼 보이기 마련이다. 마치 밑 빠진 독에 물 붓는 격이다. 데이비드 버트릭(David Buttrick)은 어느 설교에서 다음과 같이 말했다. "당신이 만약 하나님을 위해 살고자 하는 20세기 사람이라면 당신은 전쟁을 각오해야 한다. 성경공부 모임은 월 스트리트(Wall Street)의 부요함과 맞서야 하고, 희생을 주제로 한 부드러운 설교는 모빌 석유회사(Mobil Oil Company)의 막대한 광고와 대항해야 한다. 아름다운 천국, 정말이지 그것은 딴 세상 이야기처럼 들린다!"[2)]

이러한 각종 이유들로 인해 그리스도인들은 약해지고 자신감을 잃게 된다. 그들은 내적인 투쟁 때문에 지치고, 도시의 문제들과 싸우느라 지치고, 고맙다는 말 한 마디 않고 돌아서는 이들을 섬기느라 지치고, 교회학교를 운영하느라 지치고, 쇼핑하듯이 교회를 둘러보러 온 이들을 심방하느라 지치고, 자신의 욕망과 죄로 인해 지치고, 다 때려치우고 싶은 유혹을 이겨 내느라 지친다. 어떨 때는 모든 것을 남들에게 다 떠넘기고 훌쩍 떠나 버리고 싶은 마음이 굴뚝같이 들기도 한다.

하지만 대부분의 연약한 그리스도인들은 티를 내면서 떠나지 않는다. 소위 돌출 행동을 하지 않는다는 말이다. 가령 마녀들의 집회(witches'

---

2. David G. Buttrick, "Up against the Power That Be," in *A Chorus of Witness : Model Sermons for Today's Preacher*, ed. Thomas G. Long and Cornelius Plantinga, Jr.(Grand Rapids : Eerdmans Publishing Co., 1994), pp. 220-221.

coven)에 참석한다거나, 무신론을 찬양하는 글을 써서 나눠 준다거나, 새롭고 덜 힘든 종교를 창시한다거나 하지 않는다. 그들은 소리 소문 없이 조용히 사라진다. 본문에서 히브리서 설교자는 교회 문을 박차고 나가면서 요란을 떠는 이들에 대해 걱정하고 있지 않다. 그들은 애초부터 우리와 함께할 수 있는 부류의 사람들이 아니었다. 그는 지금 조용히 교회 문을 빠져나가 다시는 돌아오지 않는 이들을 걱정하고 있다. 평생의 삶을 연보궤에 쏟아부었지만 정작 아무 복도 받지 못한 이들, 온통 상처투성이일 뿐 아무 소망도 갖고 있지 못한 이들에 대해 히브리서 설교자는 염려하고 있는 것이다. 히브리서 설교자의 회중이 매일 아침 일어나서 제일 먼저 발견하게 되는 것은 고통의 세상이 간밤에 없어지지 않았다는 사실이다. 그들은 새날을 살아갈 힘을 잃은 채, 그저 맥 빠진 손목과 연약한 무릎으로 또다시 떠오른 태양을 애써 맞이할 뿐이다.

## 왜 그리스도인의 삶은 그렇게 힘이 들까?(12 : 3-11)

기독교인으로서의 삶이 주는 어려움과 고통으로 인해 지쳐 있는 회중을 향해 히브리서 설교자는 두 가지 방안을 내놓는다.

먼저, 그는 회중에게 다시 한번 예수님의 모범을 기억하라고 부탁한다. 앞 단락을 장식했던 육상 경기의 이미지에서 예수님은 가장 앞선 주자로 묘사되었고, 회중은 예수님의 인내하시는 모습으로부터 영감을 얻도록 요구되었다(12 : 2 참조). 하지만 지금 히브리서 설교자가 비유로 말하고 있는 상황은 더 이상 경기가 아니라 전투이다. 그럼에도 불구하고 제자들은 다시 한번 스승의 뒤를 따르도록 요청받고 있다. 히브리서 설교자는 다음과 같이 말한다. "나는 너희들이 수많은 저항 세력에 의해 사방으로 우겨 쌈을 당하고 있다는 것을 잘 알고 있다. 하지만 최후의 승리를 거두기까지 예수께서 얼마나 많은 적들의 공격을 받으셔야 했는지 기억하라. 그리고 용기를 잃지 말라"(12 : 3 참조). 사실 회중이 아무리 혹독한 박해를 받았어도 아직 예수님처럼 피 흘리기까지 고통받지는 않았다(12 : 4 ; 9 :

14, 22).

사무엘 슈메이커(Samuel Shoemaker)는 뉴욕 시의 빈민가에 삶과 사역을 헌신하게 된 계기에 대해 질문을 받은 적이 있다. 당시 슈메이커의 건강은 매우 쇠약해져 있었던 반면에, 그 도시의 필요는 너무나 엄청나서 기가 질릴 정도였다. "자네가 짊어진 그 엄청난 부담감으로 인해 쓰러지기 전에 거기서 빠져나오는 게 어떤가?"라고 한 친구가 걱정스럽게 물었다. 이에 대해 슈메이커는 다음과 같이 대답했다고 전해진다. "나 역시 당장에라도 도망가고 싶네. 하지만 십자가에 달리신 그 신기한 분이 허락하지 않으시네."[3)]

두 번째로, 히브리서 설교자는 그들이 당하는 고통에 대한 의미를 해석해 준다. 모든 고통은 육체(body)를 괴롭게 하고, 영혼(spirit)을 위태하게 할 수 있다. 하지만 정신(soul)에 가해지는 고통에는 언제나 뜻이 있기 마련이다. 사람들은 그 고통이 무의미한 것이 아니라는 사실을 알게 되면 아무리 힘들어도 참아 낼 수 있다.

수술에서 회복 중인 환자가 너무나 고통스러운 나머지 간호사를 긴급 호출하여 왜 그렇게 고통이 심한지 물었을 때, 간호사가 해 줄 수 있는 가장 적절한 대답은 그 고통이 바로 치유가 이루어지고 있는 증거라고 말하는 것이다. 마찬가지로 히브리서 설교자는 지금 야간 근무하는 간호사가 되어 고통받고 있는 그의 회중에게 다가가 그 고통은 절대로 파괴적인 결과를 내지 않고, 도리어 치유의 효과를 내게 될 것이라고 설득한다. 또한 히브리서 설교자는 본문의 이미지를 살려 마치 자상한 이웃집 아저씨처럼 아이들을 타이른다. 그는 아이들의 불평, 즉 부모가 자기들에게 너무 가혹하게 대하고, 너무 성급하게 벌하며, 너무 잡일을 많이 시킨다는 불만에 대해, 부모가 그렇게 하는 것은 결국 사랑과 관심이 있기 때문이라고 아이들을 달랜다.

---

3. Leonard I. Sweet, *Strong in the Broken Places : A Theological Reverie on the Ministry of George Everett Ross*(Akron, Ohio : University of Akron Press, 1995), p. 15.

히브리서 설교자가 회중에게 준 격려의 말의 핵심은 잠언 3 : 11~12에서 따온 것이다(12 : 5 – 6). 그 말씀은 아버지이신 하나님의 훈육에 관한 내용으로, 히브리서 설교자는 이 말씀을 통해 불평과 불만에 젖어 아버지의 마음을 잊어버린 회중을 깨우치려 한다(12 : 5). 인용된 부분과 히브리서 설교자의 해석(12 : 7 – 11)을 합쳐 보면, 결국 회중이 경험하는 고통은 세상의 적으로부터 무분별하게 온 것이 아니라 아버지 하나님의 훈육의 표현으로서 선한 것이라는 이야기가 된다.

왜 우리는 하나님의 회초리를 선한 것으로 받아들여야 하는가? 히브리서 설교자는 세 가지의 이유를 제시한다. 먼저, 고통은 우리가 하나님의 진정한 자녀라는 증거가 된다. 훈육을 받지 못하는 아이들은 사랑받지 못하는 자녀들이거나 버려진 아이들이다(12 : 8). 두 번째로, 우리는 가족의 양육 방식을 통해 하나님의 성품을 깨닫게 된다. 우리의 어릴 적 모습을 돌아보면, 부모의 질책이나 훈육에 그다지 순종적으로 반응하지 않았다는 사실을 떠올리게 된다. 하지만 그 질책과 훈육은 모두 우리의 유익을 위한 것이었다는 것을 나중에는 깨닫게 된다(12 : 9 – 10). 세 번째로, 하나님의 훈육의 결과를 놓고 보면, 고통의 값어치는 충분히 있다는 것을 알 수 있다. 하나님의 징계를 잘 참아 낸 이들은 결국 그의 거룩하심에 참예하게 되고(12 : 10), 의의 평강한 열매를 맺게 된다(12 : 11).

'거룩하심에 참예'나 '의의 평강한 열매'와 같은 말들은 깊은 신학적 의미를 지닌 용어들이다. 하지만 여기에서는 너무 확대 해석하기보다는 다소 가정적인 느낌의 표현으로 이해하는 것이 바람직하다. 본 설교에서 이 단락은 매우 실질적인 내용을 다루고 있는 부분으로서, 다음과 같은 질문이 나올 법하다. "(하나님을 포함하여) 좋은 부모는 왜 그들의 아이를 훈육하는가?" 이에 대한 대답은 좋은 부모라면 자식들이 자기들처럼 자라 주고, 그들의 가치관과 노력과 삶의 방식을 공유하기를 바라는 마음에서 훈육한다고 할 수 있다. 스승에게 있어 그의 제자가 스승의 발자취를 따르고, 그의 가르침을 삶으로 받아들이는 것만큼 영광스러운 일은 없다. 정원 가꾸기를 좋아하는 엄마에게 있어 그녀의 아들이 뒷마당에서 '엄마와 똑같이' 땅을 파고 있는 모습을 바라보는 것만큼 감동적인 장면은 없다.

부모이신 하나님 역시 마찬가지시다. 우리가 훈육을 받는 이유는 하나님을 닮기 위함이고, 하나님이 사랑하시는 것을 사랑하기 위함이며, '하나님의 형상'으로 성숙되기 위함이고, '그의 거룩하심에 참예'하기 위함이다. 물론 하나님께서는 전 우주를 가꾸시는 분이다. 그분은 세상이라는 넓은 땅을 갈아 씨를 심으시고 물을 주시며 가꾸신다. 우리는 작은 땅과 작은 삽을 가지고 있지만, 넓은 땅을 가꾸시는 하나님의 모습을 본받아 우리의 작은 땅을 가꿔 갈 수 있다. 히브리서 설교자는 하나님의 훈육 목적이 우리의 실수를 바로잡고 우리에게 땅 가꾸는 법을 가르치시기 위함이라고 말한다.

좋은 부모가 자녀를 훈육하는 이유는 자녀가 의미 있고 기쁨이 넘치는 삶을 살도록 하기 위함이다. 부모는 자식들이 만족스럽고 좋은 것들로 가득한 곳에 설 수 있기를 원한다. 지혜로운 부모는 아이의 눈에 좋게 보이는 것이 사실은 매우 해로울 수도 있다는 것을 잘 안다. 반대로 아이의 눈에 별로 매력적이지 않은 것이 실상은 그 아이에게 꼭 필요한 것일 수도 있다는 것도 잘 안다. 따라서 규율과 규칙과 훈계와 징계는 억압적인 수단이 아니라, 어린 나무의 성장을 도와주기 위해 가지를 받쳐 주는 지지대와 같은 역할을 한다.

이번에도 하나님은 육신의 부모와 마찬가지로 믿는 우리들이 의미 있고 기쁨이 넘치는 삶을 살게 되기를 원하신다. 무엇보다 하나님은 우리가 '의의 평강한 열매' 맺기를 원하신다. 다시 말해 우리가 덕스럽고 유익을 끼치는 삶, 인생의 목적과 확신을 겸비한 삶을 살기를 원하신다.

우리는 히브리서 설교자가 지금 목회적인 문제에 대해 설교를 하고 있는 것이지, 신정론에 대해 글을 쓰고 있는 것이 아니라는 점을 기억할 필요가 있다. 히브리서 설교자의 논리를 절대적으로 받아들여서, 모든 고통은 하나님이 우리를 교훈하시기 위해 주신 도구라고 주장하는 것은 문제가 있다. 가령 포로수용소의 가스실에서 죽어 가는 이들이나, 불치병에 걸려 있는 유아에게 이런 논리를 펴는 것은 너무나 가혹한 행위이다.

히브리서 설교자는 지금 모든 고통에 대해 말하고 있는 것이 아니라, 믿음에서 떨어지지 않으려고 부단히 애쓰는 회중의 영적 싸움을 일컫고 있는 것이다. 그가 말하는 고통의 의미는 다른 모든 고통들에 적용될 수 있는 것이 아니다. 하지만 분명히 일부의 고통에는 적용됨에 틀림이 없다. 우리는 종종 큰 슬픔을 겪은 뒤에 그 고통이 우리 안에 무언가 선하고 강하고 진실된 것을 심어 주었음을 발견하게 된다. 히브리서 설교자는 고통을 통과해 가는 우리들이 고작 "슬픔은 유익이 된다."는 정도의 교훈을 얻기보다, 어떤 상황 속에서도 "살아 계신 우리 하나님을 찬양하라."는 고백을 할 수 있기를 바란다.

## 지친 몸으로 결승점을 향해(12 : 12-17)

이 장 초반에서 히브리서 설교자는 회중에게 육상 경기의 흥미진진한 이미지를 그려 주었다. 오색 깃발이 휘날리고 경기장은 관중들로 가득 메워져 있는 가운데, 회중은 잘 훈련된 선수처럼 무거운 것을 벗어 버리고, 마치 목표물을 향해 달려가는 사냥개처럼 최선을 다해 경주하기를 요청받았다(12 : 1). 하지만 고통과 아픔의 문제가(12 : 3-11) 다시 한번 심각하게 대두된 후 히브리서 설교자는 이제 다소 다른 이미지, 즉 절룩거리는 경주자로서의 이미지를 그리스도인들에게 투영한다.

주요 도시들에서는 매년 수천 명의 선수들이 참가하는 마라톤 경주가 개최된다. 선두권에는 주로 세계적으로 뛰어난 선수들이 포진하는데, 홀쭉한 몸과 빠르게 질주하는 그들은 놀라운 속도로 마라톤 코스를 내달린다. 하지만 뒤에 처진 사람들의 모습은 사뭇 다르게 펼쳐진다. 거기에는 뻣뻣한 다리에 배가 나온 보통 사람들이 틈만 나면 물을 들이켜고, 중간중간 멈춰 서서 숨을 가쁘게 몰아쉬는 장면이 펼쳐진다. 또한 간간이 목발과 휠체어를 의지하여 경기를 치르는 용기 있는 사람들도 보인다. 때때로 후방에서 달리는 어떤 사람은 더위에 지쳐서 기진하기도 하고, 심지어 녹초가 되어 실신하는 사람들도 나온다. 이런 경우가 발생하면 주위에서 달리던 사람들이 다가와서 도와준다. 후방에 있는 사람들에게는 경쟁보다는 인간애가 더 중요한 법이다.

히브리서 설교자는 지금 회중으로 하여금 기독교인들은 종종 믿음의 마라톤에서 앞서 달리는 이들이 아니라 후방에 있는 이들이라는 점을 알게 하려 한다. 약하고, 주눅들어 있고, 몸이 불편한 기독교인들은 그리스도의 능력으로 인해 피곤한 손과 연약한 무릎을 일으켜 세우도록(12 : 12, 사 35 : 3에서 따온 표현임.) 격려를 받는다. 하나님의 경주는 올림픽 경주가 아니다. 그것은 특별한 경주로서 절룩거리는 경주자들, 곧 여러모로 힘들어 하는 이들도 정규 코스에서 빠져나와, 별도로 저희 발을 위하여 곧은 길을 만들 수 있도록[4] 배려를 받는 경주이다.

만약 회중 가운데 누가 "난 너무 지쳐서 더 이상 달릴 수 없습니다. 다리에 문제가 생겼어요. 다른 사람을 찾아보세요."라고 말한다면, 히브리서 설교자는 "얼른 일어나서 계속 달리십시오."라고 대답할 것이다. 기독교 믿음의 관점에서 볼 때, 만약 당신이 다쳤더라도 계속 달리기만 한다면 당신은 결국 치유된 상태로 경주를 마치게 될 것이다. 하지만 길옆에서 머무르게 되면 상처는 더욱 심해질 뿐이다(12 : 13).

만약 실제 경기에서 절룩거리며 달리게 되면 어떤 상황이 벌어질까? 꼴찌 그룹에서 달리면서 다리도 어그러진 사람이 어떻게 발을 위하여 곧은길을 만들 수 있다는 말인가? 히브리서 설교자는 그리스도인의 경주란 본질적인 면에서 주변의 동료 주자들에게 따뜻한 관심을 기울이는 것이라고 말한다. 우리는 우리의 모든 역량을 발휘하여 공동체 내의 모든 이들과 평화의 관계를 만들어 가야 하고, 매일의 삶 속에서 예수님이 보여주셨던 사랑과 정의로 타인과의 관계를 풀어 가야 한다(12 : 14). 그러면 다른 사람들에게 사랑과 격려와 은혜를 끼칠 수 있는 기회들이 생길 것이다. 그럴 때마다 우리는 그냥 지나쳐서는 안 된다. "하나님의 은혜에 이르지 못하는 자가 있는지 두려워하면서 살펴보아야 한다(12 : 15). 모든 인간

4. 12 : 13, 잠 4 : 26에서 따온 표현임.

공동체의 저변에 깔려 있을 수 있는 미움과 질시의 세력이 독을 뿜기 시작할 때, 우리는 상황이 악화되는 쪽으로 일조해서는 안 된다(12 : 16 ; 신 29 : 17 참조).

우리는 이쯤에서 히브리서 설교자가 머릿속으로 어떤 생각을 하고 있는지 대략 간파할 수 있다. 초반에 그리스도인들을 다리를 저는 경주자들로 묘사했던 히브리서 설교자는(12 : 13), 이제 다리를 저는 것에 관한 한 누구보다도 유명한 야곱을 마음속에 그리게 된다. 그는 하나님과 밤새 씨름한 뒤 위골된 환도뼈로 인하여 다리를 절게 되었지만 귀한 축복을 받았다(창 32 : 22 – 32). 야곱에 대한 생각은 히브리서 설교자로 하여금 계속해서 그의 쌍둥이 형 에서를 떠올리게 했다. 그는 믿음의 사람들로 장식된 앞장에서 잠시 언급되긴 했지만, 불명예스럽게도 믿음을 쉽게 저버린 자로 묘사되었다(11 : 20 참조). 이제 그 이유에 대해 알아볼 차례가 되었다.

회중은 에서처럼 되지 않도록 주의해야 한다. 구약에서 에서는 별로 좋지 않은 인상을 내내 풍긴다. 하지만 이런 안 좋은 인상은 후대에 와서 훨씬 더 심해진다. 그는 인간에게 일어날 수 있는 모든 나쁜 일들을 대표하는 사람처럼 취급되었다. 히브리서 설교자의 말대로 그는 "망령된 자"(12 : 16)가 된 것이다. 하지만 히브리서 설교자가 굳이 여기에서 에서를 언급한 이유는 그의 근시안적인 행동, 즉 한 그릇 식물을 위하여 장자의 명분을 판 행위 때문이다(12 : 16 ; 창 25 : 29 – 34 참조). 다시 말해 남들은 경주를 앞두고 티셔츠를 받고 있는데, 에서는 식당에서 식판을 들고 줄을 서 있다가 그만 경주를 놓쳐 버린 것이다. 다른 사람들이 축복을 받고 있을 때, 에서는 너무 피곤하고 배가 고파서 축복에 신경을 쓰지 못했다. 그래서 결과적으로 유산을 걷어찬 꼴이 되었다. 히브리서 설교자는 바로 이러한 일이 회중 가운데 벌어질까 봐 걱정하고 있다. 에서처럼 그들은 순간적인 것에 사로잡혀 있고, 엉뚱한 것에 굶주려 있다. 이러한 유혹으로 인해 회중은 그들의 믿음을 헌신짝처럼 버릴 위험에 처해 있다.

만약 그들이 경주로에서 벗어나 맥줏집으로 향한다면 그들은 결승선에 준비된 것, 즉 "그 앞에 있는 즐거움"(12 : 2)을 놓치게 될 것이다. 히브리서 설교자는 그들로 하여금 놓치게 될 것이 얼마나 엄청난 것인지를 알게 하기 위해, 다음 단락에서 그 엄청난 것에 대한 보다 구체적인 모습을 제시한다.

# 두 산봉우리

## 히브리서 12 : 18~29

로버트 프로스트(Robert Frost)의 유명한 시 "가지 않은 길"(The Road Not Taken)은 "노란 숲 속에 길이 두 갈래로 났었습니다"라는 시구로 시작한다. 히브리서 설교자의 회중은 노란 숲에 있지 않다. 그들은 뜨겁고 숨이 콱콱 막히는 영적 광야에 있다. 하지만 어느덧 그들은 길이 두 갈래로 갈라지는 지점에 도달했다. 그리고 프로스트의 시 속에 등장하는 여행자처럼 그들은 이제 한 길을 택해야 하고, 어느 길을 택하느냐에 따라 장차 큰 차이가 발생하게 될 것이다.

두 개의 표지판 중 하나에는 '시내 산 방향'이라고 적혀 있고, 다른 하나에는 '시온 산 방향'이라고 적혀 있다. 어느 광고의 카피처럼 "당신은 오늘 어느 쪽으로 가시겠습니까?" '시내 산'과 '시온 산'은 각각 옛 언약과 새 언약을 나타내는 비유이다(8 : 1-10 : 39 참조). 히브리서 설교자는 설교 내내 우리를 시온 산으로 데려가려고 노력해 왔다. 하지만 그는 우리가 다른 길을 택할까 봐 매우 걱정했다. 시내 산으로 가는 길은 매우 잘 닦여져 있는 내리막길이고, 게다가 각종 편의점까지 늘어서 있어서 상대적으로 거칠고 좁고 오르막길인 시온 산으로 가는 길보다 훨씬 수월해 보인다.

## 시온으로의 현장 학습(12 : 18-24)

히브리서 설교자는 회중이 시온 산으로 향하는 오르막길을 선택하도록 과거의 여행사 직원이 사용하곤 했던 방법을 쓴다. 그들로 하여금 이미 목적지에 도달한 것처럼 상상하도록 유도한다. 여행지를 소개하는 비디오가 상영되고 있다고 생각해 보라. 화면은 출근 시간의 정체로 인해 짜증이 나 있는 운전자의 얼굴로 시작된다. 그러다가 갑자기 화면은 오색 빛이 찬란한 해안가로 넘어가고, 거기에는 그림 같은 보트들이 나란히 정박해 있다. 이어서 내레이터의 목소리가 다음과 같이 흘러나온다. "끔찍한 교통 체증은 이제 잊으십시오. 전화와 팩스도 잊어버리십시오. 당신은 더 이상 사무실에 갇혀 있지 않습니다. 당신은 환상적인 세인트 루시아(St. Lucia) 섬에 와 있습니다." 물론 우리는 실제로 멋진 세인트 루시아 섬에 와 있지 않고 그저 좁은 공간에서 비디오를 보고 있을 뿐이다. 하지만 상상 속에서 당신은 이미 따뜻한 캐리비안 바다에 발을 담그고 있다. 이러한 생각은 우리로 하여금 그곳에 가고 싶어서 안달하게 만든다.

이런 전략을 가지고 히브리서 설교자는 이제 "당신은 더 이상 사무실에 갇혀 있지 않습니다."라는 말보다 훨씬 더 극적인 연설을 한다. 그가 말하기를 "너희의 이른 곳은 만질 만한 불붙는 산과 흑운과 흑암과 폭풍과 나팔 소리와 말하는 소리가 아니라"(12 : 18-19a), "너희가 이른 곳은 시온 산과 살아 계신 하나님의 도성인 하늘의 예루살렘"(12 : 22)이다. 구약에서 시내 산은 율법이 주어진 뜻깊은 산이었다. 그러나 히브리서 설교자는 시내 산을 부정적인 이미지로 묘사한다. 그리스도의 대제사장 사역(7 : 1-10 : 39)으로 인해 이전의 모든 제사가 무의미한 것으로 판명났음에도 불구하고, 여전히 잘못 행해지고 있는 모든 종교적인 행위의 대명사로서 시내 산을 내세운 것이다.

그렇다면 시내 산은 무슨 문제가 있는가? 그곳은 두려움의 장소이다. 인간은 영원히 정결해질 수 없는 죄인의 모습으로 시내 산에 나아온다. 따라서 시내 산에서 보여진 하나님의 거룩하심은 공포 그 자체이다. 시내 산을 만지는 것만으로도 치명적인 결과가 발생되고, 그 거룩한 산 근처에 오는 어떤 동물도 공격을 받게 된다(출 19 : 12-13 참조). 시내 산은 가슴을 철렁하게 하는 두려운 광경들과 소리들로 가득하다. 비록 그곳은 타오르는 불이 있지만 늘 어둡고 캄캄하다(12 : 18 ; 신 4 : 11-12 참조 ; 5 : 22-23). 쉼 없이 번개가 하늘을 가르고, 천둥이 울리고, 나팔 소리가 천지를 진동하여 사람들의 간담을 서늘하게 한다(12 : 19 ; 출 19 : 16 참조). 하지만 나팔 소리와 천재지변은 하나님의 쩌렁쩌렁한 음성에 비하면 아무것도 아니다(12 : 19). 출애굽기에서 사람들은 모세에게 청하여 하나님이 그들에게 직접 말씀하지 않으시기를 간절히 부탁한다(12 : 19). 왜냐하면 그들이 죽을 것 같았기 때문이다. 심지어 모세도 시내 산에서 두려움 때문에 몸을 심하게 떨었다(12 : 21 ; 신 9 : 19 참조).

하지만 히브리서 설교자는 여기에서 좋은 소식을 들려준다. 우리는 더 이상 시내 산에 있지 않고 시온 산에 와 있다는 것이다. '오다'(come)라고 번역된 원문의 단어는 결코 가볍게 선택된 용어가 아니다. 그 단어는 차라리 '접근하다'(approach)라는 말로 번역하는 것이 더 나은데, 이 용어는 히브리서 설교자가 그리스도 안에서 누구나 하나님께 담대히 나아갈 수 있는 가능성에 대해 이야기할 때 즐겨 사용하는 단어이다 : "……은혜의 보좌 앞에 담대히 나아갈 것이니라"(4 : 16) ; "그러므로 (그리스도는) 자기를 힘입어 하나님께 나아가는 자들을 온전히 구원하실 수 있으니……"(7 : 25) ; "……참마음과 온전한 믿음으로 하나님께 나아가자"(10 : 22).

우리가 시온 산에 도달하게 되면 우리는 무엇을 발견하게 되는가? 히브리서 설교자는 네 쌍의 단어들을 통하여 이 목적지를 그려 낸다.

### 1. 산과 하나님의 도성(12 : 22a)

다윗 왕의 통치 기간은 이스라엘의 최고 전성기로 여겨진다. 따라서 예루살렘과 시온 산은 장소 개념을 초월하여 모든 정부의 모델이자 예배와 번영과 평화의 상징으로 비쳐졌다. 하지만 이제 새 언약 하에서는 한 걸음 더 나아가, 그 두 곳은 다윗의 통치와 지상의 도시 개념을 훨씬 뛰어넘어 하나님의 통치와 하늘의 예루살렘을 나타낸다. 시내 산에서는 앞서 살펴보았듯이,' 사람들이 하나님의 말씀과 임재가 죽음을 불러온다는 두려움을 가지고 있었다. 하지만 시온 산에서는 어느 누구도 두려움으로 인해 떨 필요가 없다. 왜냐하면 이곳은 사랑이 많으신 하나님의 도성이기 때문이다.

### 2. 천사와 장자들(12 : 22b－23a)

이 하늘 도성의 시민들은 천사들로서, 그 숫자가 그저 몇몇이 아니라 수도 없이 많다. 또한 그들은 그림이나 영화에서처럼 근엄한 표정을 한 메신저가 아니라 무척이나 밝고 쾌활한 천사들이다. 더 이상 과거의 시내 산의 어두컴컴함은 보이지 않는다. 천사들과 더불어 '하늘에 기록한 장자들의 총회'가 있다. 이는 그리스도인들에 대한 히브리서 설교자의 명칭으로서 그들은 상급에 도달한 이들이고, 세례받은 하나님의 자녀로서 세례를 통해 진정한 장자(1 : 6 참조)이신 그리스도 예수께 속하게 된 이들이며, 생명책에 기록된 이들이다.

기독교 예배에 대해 기술한 몇몇 이들의 글을 보면, 시온에 대한 히브리서 설교자의 관점과 매우 흡사한 점들이 많음을 발견하게 된다. 그들은 기뻐 노래하는 천사들과 신나게 춤추는 성도들로 이루어진 파티와 축제들이 지금 하늘에서 끊이지 않고 열리고 있다고 말한다. 종종 천국의 바닥은 아래로 활짝 열려서 그 흥겨운 분위기가 인간의 시간과 공간 속으로 이어져 내려온다. 이것이 바로 기독교 예배이다.

### 3. 심판자와 의인의 영들(12 : 23b)

시온의 법정에서는 오직 한 가지 판결, 즉 무죄밖에 없다. 이 도성에 들어온 사람들은 모두 중간 관문인 대제사장 예수님, 즉 거룩하게 된 자들을 영원히 온전케 하신 분(10 : 14) 거쳐서 왔다. 시내 산에서의 율법과 판결은 매우 엄격하고 가혹했다. 어느 누구도 그 율법 아래에서 당당할 수 없었기 때문에 모두가 각자의 형을 살아야 했다. 하지만 여기 시온에서는 아들을 보내신 하나님이 재판장이시고, "천사들보다 잠깐 동안 못하게 하심을 입은"(2 : 9) 아들이 우리를 위해 이미 모든 형을 사셨다.

4. 예수님의 뿌린 피(12 : 24)

시내 산에도 피가 있었고, 시온 산에도 피가 있었다. 하지만 그 두 피는 똑같지 않다. 시내 산에는 폭력과 비극과 영원한 죄의 피가 있고, 복수를 요구하는 아벨의 피가 있다. 그 양심상으로 온전케 할 수 없는(9 : 9) 제물의 피가 끊임없이 흐른다. 반대로 시온 산에는 "단번에"(10 : 10) 영원히 드려진 예수님의 피가 뿌려져 있다(9 : 11-14). 그 피는 흠 없는 자기를 하나님께 드린 그리스도의 피로서 모든 양심으로 죽은 행실에서 깨끗하게 할 수 있다(9 : 14). 그 피로써 예수님은 새 언약의 중재자가 되셨다(9 : 15-22 참조). 그 언약은 용서의 언약으로서, 그 안에서 부르심을 입은 자는 영원한 기업의 약속을 얻게 된다(9 : 15).

시온 산에서는 매일 그리고 온종일 예배가 드려지지만, 헌금 작정 카드나 죄책감으로부터 자유로울 수 있다. 또한 한 번의 완벽한 제사가 이미 드려졌기에 매일의 제사가 강요되지 않는다. 시내 산에서는 아론의 피가 여전히 이룩되지 못한 정의에 대해 호소를 한다. 하지만 시온 산에서 흘려진 유일한 피는 다음과 같이 말한다. "이것은 죄사함을 얻게 하려고 많은 사람을 위하여 흘리는 바 나의 피 곧 언약의 피니라"(마 26 : 28 참조 ; 12 : 24).

## 다시 찾은 시온(12 : 25-29)

히브리서 설교자가 시내 산과 시온 산에 대한 이미지를 회중의 상상력에 그려 넣자, 시온으로의 여행 결정이 드디어 이루어진다. 그들은 이제 티켓을 구입할 준비가 되었다. 시온으로 가는 길이 수많은 천사들의 노래와 즐거운 일들로 가득한 길이라는 것을 안 이상, 그 누가 화염과 소음으로 들끓는 시내 산으로의 길을 선택하겠는가?

하지만 설교자는 서두르지 않는다. 그는 깜짝 놀랄 만한 여행 정보를 한 가지 더 남겨 두고 있다. 그는 우리를 다시금 시온 산으로 인도한다. 그런데 매우 당황스러운 일이 벌어진다. 시온 산 역시 화염과 소음, 엄중한 경고와 지진이 난무하는 것이 아닌가! 히브리서 설교자는 도대체 무슨 속셈이 있는 것일까? 시온 산은 겨우 겉만 번지르르한 또다른 시내 산에 불과한가? 시온 산에도 시내 산에서와 동일한 옛 심판과 옛 공포가 도사리고 있는 것인가?

그렇지 않다. 시온 산과 시내 산은 완전히 다른 산이다. 하나는 새 언약의 산이고, 다른 하나는 옛 언약의 산이다. 시온 산에도 시내 산에서처럼 화염과 소음이 있는 것이 사실이다. 하지만 어디까지나 그것들은 새 언약 하에서 변형된 것들이다. 옛 언약 하에서 화염과 지진은 앞에 있는 모든 것들을 파괴하고 불살랐고, 이전에 온전했던 것들을 모두 부숴 버렸다. 하지만 새 언약 하에서 하나님은 마치 골동품 수집가가 골동품에서 먼지를 털어 내듯이 하늘과 땅을 흔드신다. 골동품 수집가가 원형을 제대로 보존하기 위해 조각품을 흔들어 불순물을 제거하듯이, 하나님은 파괴하시려는 의도가 아니라 "진동치 아니하는 것을 영존케 하기 위하여"(12 : 27) 흔드신다. 시온에서 하나님은 소멸하는 불이시다. 하지만 그 불은 제멋대로 살라 버리는 산불이 아니라 제련업자의 불로서 의인들을 순결하게 보존하며(말 3 : 2-4), 마지막 때에 모든 죄의 원인들과 죄인들을 소멸하게 될 것이다(마 13 : 40-43 참조).

여기에서 우리가 신학적으로 점검해 봐야 할 것이 있는데, 그것은 우리가 두 하나님을 섬기고 있지 않다는 점이다. 한 분은 시내 산에서 연기를 휘감고 계시고, 다른 한 분은 마음씨 좋은 할아버지처럼 시온 산 주변을 돌아다니며 아이들에게 사탕을 나눠 주시는 엉뚱한 상상을 해서는 안 된다. 시내 산의 하나님과 시온 산의 하나님은 동일한 분이고, 거룩하신 동시에 두려움을 자아내는 분이며, 정결케 하는 불로 완벽한 심판을 하시는 분이다.

이것은 우리에게 좋은 소식인가, 아니면 나쁜 소식인가? 이것은 우리가 정금이냐 불순물이냐, 또는 털어 버려야 할 먼지냐 털어 버릴 수 없는 귀한 물건이냐에 달려 있다. 그런데 만약 그것이 전적으로 우리에게 달려 있다면 우리는 불행하지 않을 수 없다. 하지만 다행스럽게도 우리는 홀로 그 산에 올라가지 않는다. 우리의 형제이자 장자(1 : 6)인 그분께서 우리와 함께 가신다. 그분은 대제사장이시고, 자기를 힘입어 하나님께 나아가는 자들을 온전히 구원하실 수 있다(7 : 25). 그는 우리의 불순물을 취하셔서 정금으로 만들어 주시고, 먼지인 우리를 취하셔서 하나님이 보시기에 귀하고 거룩하게 변화시켜 주신다.

이러한 사실로부터 우리는 또다른 신학적 통찰력을 얻게 된다. 우리의 하나님은 한 분이신 하나님이실 뿐만 아니라, 산 역시 실제로는 하나밖에 존재하지 않는다. 시내 산과 시온 산은 하나님이 거하시는 한 장소이다. 오르는 길은 두 갈래이지만, 그 두 길은 같은 정상에서 만난다. 차이는 목적지가 아니라 과정이다. 우리가 예수님과 함께 가기만 하면 시내 산도 시온 산으로 변한다. 예수님은 왕의 아들로서 시온 산에 계신다. 그는 '잠시' 골짜기에 계시면서 '잠시' 천사보다 못한 모습을 하시고, 우리처럼 모든 면에서 고초를 겪으셨다. 그 이유는 천사를 돕기 위함이 아니라 아브라함의 자손들, 즉 "땅에서는 외국인과 나그네"(11 : 13)로서 "하나님의 경영하시고 지으실 터가 있는 성"(11 : 10)을 바라는 우리 모두에게 긍휼을 베푸시기 위함이었다(2 : 16). 그분은 때가 찼을 때 시온으로의 새로운 길을 뚫으시고 우리를 데리고 올라가셨다. 그는 지금은 시온이라고 불리는 옛 성소로 들어가셨고, 휘장을 내리셔서 우리도 담대히 들어갈 수 있도록 만드셨다. 그리고는 만유의 하나님께 "제가 집으로 돌아왔습니다. 그리고 나와 함께한 자녀들도 데리고 왔습니다."라고 말씀하셨다(2 : 10).

따라서 우리가 정말 해야 할 질문은 "당신은 오늘 어느 쪽으로 가기를 원하십니까?"가 아니라 "누구와 함께 가시겠습니까?"이다. 시내 산으로의 길은 당신 혼자 가야 하는 길이다. 혼자 정상에 올라가게 되면 심판을 피할 수가 없다(12 : 25). 하지만 우리에게 말씀하시는 음성(12 : 25), 즉 여러 부분과 여러 모양으로 이 모든 날 마지막에 아들로 우리에게 하시는 말씀(1 : 1–2)에 귀를 기울이면, 우리는 그리스도를 따라 하늘의 장막으로 들어가게 되고, 경건함과 두려움으로 하나님을 기쁘시게 섬길 것이다(12 : 28).

이 장은 매우 강력한 문장, 즉 "우리 하나님은 소멸하는 불이심이니라."로 끝난다. 이 말은 상당히 모호하다. 이 문장을 대하며 우리는 하나님을 찬양해야 할까, 아니면 무서워서 숨어야 할까? 히브리서 설교자는 더 이상의 설명을 삼간다. 왜냐하면 하나님의 불은 정결케 하는 동시에 삼켜 버리고, 깨끗케 하는 동시에 살라 버리기 때문이다. 하나님의 말씀은 양날을 가지고 있다(4 : 12). 그 양날은 베어 버리기도 하고 구원하기도 한다. 어느 쪽인지는 우리가 "우리를 위하여 휘장 가운데로 열어 놓으신 새롭고 산 길"(10 : 20)을 통해 성소로 들어가느냐 못 들어가느냐에 달려 있다. 히브리서 설교자의 회중뿐만 아니라 우리 모두는 다음의 결정을 해야 한다. 뒤로 물러가 침륜에 빠질 것인지 아니면 믿음을 가질 것인지(10 : 39), 거룩한 산의 연기와 소음에 질려 두렵고 힘없이 후퇴할 것인지, 아니면 우리가 믿는 도리를 굳게 잡아(4 : 14) 긍휼하심을 받고 때를 따라 돕는 은혜를 얻기 위하여 은혜의 보좌 앞에 담대히 나아갈 것인지를(4 : 16) 결정해야 한다.

성소에는 다음과 같은 말이 울려 퍼진다. "우리 하나님은 소멸하는 불이심이니라." 이 소리는 하나님의 자비하심과 거리가 먼, 우리를 기죽게 하고 두렵게 만드는 소리로 들린다. 하지만 우리는 하나님의 자비하심과 먼 거리에 있지 않다. 따라서 이 소리는 희망의 소리요, 거룩함과 정결함을 원하시는 하나님의 구원의 약속이다. 히브리서 설교자는 여기에서 설교 원고를 접는다. 이어지는 말이 있기는 하지만 그것은 광고와 축도 정도이다. 만약 이쯤에서 회중이 찬송을 부른다면, 다음과 같은 찬송이 어울릴 것이다.

> 저 멀리 목적지가 보이네.
> 오 주여, 나를 인도하소서.

나의 힘은 연약하오니,
늘 곁에 계시옵소서.

분명한 비전과
두려움을 이기는 사랑과

영원한 은혜를
오 주님, 내게 부어 주소서.

– Robert R. Roberts –

# 알리는 말과 강복 선언

## 히브리서 13 : 1~21

주석가는 늘 13장에서 글의 스타일이 변한다는 점을 언급해 왔다. 심지어 어떤 이들은 12장까지의 저자와 13장의 저자가 다르다고까지 말한다. 하지만 언어적인 면에서, 주제면에서, 그리고 신학적인 면에서 매우 많은 유사점들이 발견되기 때문에, 동일인이 히브리서 전체를 썼다고 보아야 옳다.[1)]

하지만 스타일의 변화에 대한 인식은 설교의 정규 부분이 끝났음을 알게 해 준다. 설교는 지난 장에서 시온 산 등반과 "우리 하나님은 소멸하는 불이심이니라."는 준엄한 선포로 마무리되었다(12 : 18－29). 히브리서 설교자는 이제 회중의 삶에서 보다 일상적인 부분으로 넘어가서 대접하는 사역, 감옥 방문 프로그램, 청지기직 강조 등과 같은 실질적인 문제들을 다룬다. 다시 말해 설교에 이어서 이제 광고와 회중의 동정을 나누는 시간으로 넘어간 것이다. 하지만 유능한 설교자들이 늘 그렇듯이 아직 설교는 계속된다. 설교 원고가 이미 접혔을지라도 설교는 멈추지 않는다. 사역에

1. Attridge, *The Epistle to the Hebrews*, p. 384.

대한 구체적인 이야기가 시작되어도 기독론 강의는 끝나지 않는다.

## 알리는 말(13 : 1-19)

1. 대접(13 : 1-2)

첫 번째 광고는 일상적인 대접의 문제에 관한 것이다. 사실 성경 중에서 가장 까다로운 기독론을 다루고 있는 히브리서가, 마지막에 가서는 별안간 가정의 저녁 식탁과 같은 일상으로 돌아오는 것이 독자들에게는 큰 위안이 아닐 수 없다. 히브리서 설교자는 마치 다음과 같이 달하고 있는 듯하다. "모든 만물의 첫 열매이시고 만유의 후사이신 예수 그리스도께서는 완전하고 영원한 제사를 드리신 후 지금 하나님의 우편에 앉아 계신 큰 대제사장이시기 때문에, 여러분은 이제 남을 대접하기 위해 접시를 닦고 음식을 마련해야 합니다."

교회가 음식이나 삶의 다른 부분을 나누는 대상이 누구이든 간에, 그것은 "형제 사랑하기"(13 : 1)를 실천하는 행위이다. 공동체에 속한 사람들은 모두 같은 길을 걷는 동료 그리스도인들로서 형제들과 자매들이다(2 : 11). 하지만 이러한 사랑이 너무 내부로만 향해 있어서 교회가 외인들에게 베푸는 것에 인색해서는 안 된다. 왜냐하면 부지중에 천사들을 대접할 수도 있기 때문이다(13 : 2).

"부지중에 천사를 접대할 수도 있다."라는 히브리서 설교자의 말은 구약의 아브라함과 사라, 그리고 마므레의 세 낯선 사람들의 이야기를 연상시킨다(창 18 : 1-15). 하지만 그 이야기는 시온 산과도 연결된다. 우리는 더 이상 실로 감리교회(Shiloh Methodist Church), 제일조합교회(First Congregational Church), 새크리드 하트 대성당(Sacred Heart Cathedral)과 같은 곳에서 저녁 식사를 하지 않는다. 우리는 하늘의 도성에 모여 예배하고, 수많은 천사들과 함께 잔치에 참여한다(12 : 22). 우리가 대접하는 이들이 겉보기에는 굶주린 노숙자들처럼 보일 수도 있지만, 우리의 마음속에 "보지 못하는 것들의 증거"(11 : 1)가 있다면, 우리는 그들을 하나님의 존전으로 이끌게 된다.

3세기 교회의 가르침이었던 「디다스칼리아」(*Didascalia*)에 의하면, 교회의 감독들은 낯선 사람이 공동체에 예상치 못하게 나타났을 때 다음과 같은 성의를 보여야만 했다.

> 가난한 남자나 여자, 특히 연로한 이가 예상치 못한 때에 찾아와서 묵을 곳을 구하면, 그 사람이 이웃 사람이든 나그네든 상관없이, 감독인 당신은 온 맘을 다해 쉴 곳을 마련해 주시오. 설사 당신의 방을 내어 주고 당신은 바닥에 앉아 밤을 새워야 할 형편일지라도 그렇게 하도록 하시오. 그것이 바로 모든 인간을 공평하게 대하는 일이요, 하나님을 기쁘시게 하는 사역입니다.

### 2. 고난 중에 있는 이들을 위한 사역(13 : 3)

두 번째 광고는 갇힌 자와 아픈 자들을 돌아보는 사역과 관계된 것이다. 교회는 물질적인 구제를 생각하기 전에 가슴 깊이 공감해 주는 사역을 먼저 해야 한다. "자기도 함께 갇힌 것같이 갇힌 자를 생각하고 자기도 몸을 가졌은즉 학대받는 자를 생각하라"(12 : 3). 사실 우리는 이런 사역을 감당할 정도로 긍휼한 마음이 저절로 샘솟는 이들이 아니다. 이 사역은 예수님의 마음을 품을 때만 가능하다. 예수님은 자신을 인간의 상황으로 완전히 낮추셨기에 우리 연약함을 체휼하셨고(4 : 15), 때를 따라 돕는 은혜를 베푸실 수 있다(4 : 16).

### 3. 성과 돈(13 : 4-5)

이 세 번째 광고에서 히브리서 설교자는 설교라기보다 간섭에 가까운 투로 말을 한다. 설교자는 이 예민하지만 실질적인 두 주제를 다소 전통적인 방식으로 다룬다. 즉, 그는 회중이 미움뿐만 아니라 사랑에 의해서도, 다시 말해 잘못된 사람을 사랑하는 것(음행과 간음)과 잘못된 물질(돈)을 사랑하는 것에 의해서도 망할 수 있다고 말한다.

이 윤리적인 교훈들은 깊은 기독론을 토대로 깔고 있다. "침상을 더럽히

다."라는 말은 정결의 문제를 의미하는데, 이는 앞서 다루었던 내용, 즉 우리의 가슴과 몸을 정결케 하시는 대제사장 예수님과 연결지을 수 있다(10 : 22). 간단히 말해 음행과 간음은 단지 결혼 제도와 윤리에 반하는 행위로 그치지 않고, 그리스도의 성결케 하시는 사역을 부인하는 행위가 된다.

돈에 대해서 히브리서 설교자는 다음의 두 구절을 구약에서 인용한다. "내가 과연 너희를 버리지 아니하고 과연 너희를 떠나지 아니하리라"(신 31 : 6을 알기 쉽게 바꾸어 인용한 것임). "여호와는 내 편이시라 내게 두려움이 없나니 사람이 내게 어찌할꼬"(시 118 : 6). 설교자는 가진 것에 만족하고 욕심을 부리지 말라는 자신의 입장에 힘을 싣기 위해 이 두 구절을 인용한 것이다. 이 구절들을 찬찬히 묵상해 보면, 다음과 같은 통찰력을 얻을 수 있다. 먼저, 첫 번째 구절에서 알 수 있는 사실은 돈에 대한 사랑이 탐욕에서 비롯된다기보다는 거절과 유기에 대한 두려움에서 기인한다는 점이다. 또한 두 번째 절로부터 우리는 예수 그리스도가 우리의 한 손을 사랑으로 잡아 주실 때, 우리는 꽉 움켜쥔 나머지 한 손을 풀고 돈을 내줄 수 있게 된다는 통찰을 얻을 수 있다.

### 4. 예배와 섬김(12 : 7－17)

이 단락은 매우 이해하기 어려운 부분으로서, 시작과 끝을 지도자에게 순종하라는 말로 구분짓고 있다. 우리는 당시 회중들 사이에 어떤 일이 벌어지고 있었는지 정확히 알 수는 없지만, 분명히 회중 가운데 어떤 이들은 '인도하는 자들'의 질책을 들어야 할 상황이었다. 이러한 상황으로 인해 히브리서 설교자는 하던 광고를 잠시 접고, 다시 설교하는 억양으로 말을 하기 시작한다.

우리는 그 문제의 두 가지 주요 특징들을 발견할 수 있다.

a. 먼저, 회중 가운에 일부는 은혜를 규율과 혼동하고 있었다. 그들의 경우에는 음식에 관한 규율이 문제가 되었는데, 히브리서 설교자는 그들에게 음식은 그저 먹기 위한 것이지 마음을 부요하게 할 수 없다고 훈계한

다. 오직 기독교인들은 규율이 아니라 은혜로써만 부요해질 수 있다는 것이다(13 : 9).

기독교를 규율 중심의 의식적 종교로 바꾸려는 시도는 히브리서 설교자의 시각에서 볼 때 완전히 신경 마비와 다를 바 없다. 그리스도로 인해 하늘 성소로 담대히 나아가는 것이 가능해졌음에도 불구하고, 다시금 의식적인 종교로 후퇴한다는 것은 도무지 용납될 수 없는 일이기 때문이다(10 : 29). 그것은 제사장이 아무 소용도 없는 제사를 반복해서 드렸던 옛 장막으로 되돌아가는 행위이다(13 : 9 ; 9 : 6-10 참조, 특히 9 : 9).

이에 대한 해결책은 두말할 나위 없이 소용도 없는 옛 장막을 버리고, 영원하고 진정한 제사가 드려지는 새로운 성소로 나아가는 일이다. 이것이 바로 히브리서 설교자가 말하고 있는 바이다. 그는 '우리'라는 말을 강조하며, "우리에게 제단이 있는데"(13 : 10)로 말을 시작한다. 그 말을 하면서 히브리서 설교자는 분명히 손가락으로 십자가를 가리켰을 것이다. 그 십자가는 옛 언약과 옛 율법, 규율과 반복되는 제사로 대표되는 종교로는 절대로 도달할 수도 없고, 그곳에서 "먹을 권"(13 : 10)[2]도 없는 거룩한 성소이다. 만약 당신이 진정한 제사가 단번에 영원히 드려진 그 장소에 도달하고 싶다면, 당신은 '영문(camp) 밖으로' 나가야 한다. 그 말의 의미는 이어지는 단락에서 구체화될 것이다.

b. 회중은 바깥세상, 즉 신앙의 '영문 밖으로' 나갔을 때 어려움을 겪는다. 몇몇은 아예 예배를 드리러 오지도 않고(10 : 25), 예배드리러 오는 사람들도 세상에서 자신의 신앙을 드러내기를 꺼려한다. 하지만 어느 누구도 감히 그들을 비난할 수 없다. 왜냐하면 그들이 성소의 문 밖으로 머리를 내밀기만 하면 모욕과 박해에 쉽사리 노출되기 때문이다.[3] 이러한 연유로 일부의 사람들은 그들의 신앙을 삶 자체가 아니라 음식과 관련된 규율의 실천으로 변질시킨 것이다.

---

2. 어떤 이는 이 구절을 성만찬과 연관시키기도 하는데, 근거가 부족하고 논지를 벗어난 말이라고 할 수 있겠다.
3. 10 : 32~39의 주석을 참조하라.

그러나 "히브리서 설교자는 우리에게 제단이 있다."고 말한다(13 : 10). 그는 그 제단으로 나아가는 유일한 방법은 안전한 진영을 떠나 성 밖으로 나가는 것이라고 말한다. 여기에서 설교자는 두 개의 전통을 혼합하여 제시한다. 하나는 레위기 16 : 27에서 따온 것으로, 제물의 피는 옛 성소 안에서 사용되고, 그 몸은 영문 밖에서 불살라진다는 것이다. 다른 하나는 초대교회의 전통에서 따온 것으로, 예수님도 성문 밖에서 십자가에 달리셨다는 것이다(요 19 : 17-20 참조). 하지만 중요한 것은 두 전통의 복잡하고 난해한 비유적 의미가 아니라 분명한 선교 강령에 있다. 예수께서 온전한 희생제를 드리기 위해 공공 장소에서 고난을 받으셨다면, 우리 역시 그의 뒤를 따라 나름대로의 희생제를 드려야 한다.

이 단락은 "하나님의 말씀을 너희에게 이르고 너희를 인도하던 자들을 생각하며……"라는 말로 시작했다. 우리에게 말씀하시고 우리를 인도하신 진정한 리더는 바로 예수님이시다. 우리는 "……저희 행실의 종말을 주의하여 보고 저희 믿음을 본받으라."는 요청을 받는다. 이 말씀을 예수님과의 관계에서 적용해 보면, 우리의 진정한 리더이신 예수님은 어제도 오늘도 영원히 동일하신 분이기에(13 : 8), 오늘을 사는 우리 역시 그분을 따라 영문 밖으로 나가서 그분이 겪으신 동일한 고초를 겪음으로써 우리 자신의 희생제사를 드려야 한다(13 : 13).

물론 우리는 예수님이 드리신 것과 동일한 희생제를 드릴 수 없다. 왜냐하면 그분의 희생제사는 "단번에"(10 : 10) 영원히 드려진 제사이기 때문이다. 우리의 제사는 하나님을 찬양하는 것이고, 하나님의 이름을 만방에 전하는 것이며, 선을 행하는 것이고, 우리의 소유를 다른 사람들과 나누는 것이다(13 : 15-16). 다시 말해 우리는 세상 속으로 나아가 예배하고, 전도하며, 긍휼히 여기는 마음으로 어려운 이들을 돕고, 타인에게 관용을 베풀어야 한다. 이러한 제사는 하나님이 기뻐하시는 제사인 동시에(13 : 16) 우리의 믿음의 단면을 잘 나타내 주는 증거이다(11 : 6).

'영문 안에서' 나름대로 만족하며 살고자 하는 이들에게 히브리서 설교자는 그들이 잘못된 도성에서 정착하려 한다고 질책한다. "우리가 여기는 영구한 도성이 없고 오직 장차 올 것을 찾나니"(13 : 14 ; 11 : 10 참조). 이 말은 다소 두렵게 느껴지기도 하지만 실제로는 우리를 자유케 하고, 재차 확신을 주는 말이다. 우리는 흔들림이 없는 본향으로 가서 아무도 빼앗아 갈 수 없는 유산을 받게 될 것이다. 이 말은 믿음의 사람이라면 근심과 걱정이 아니라 담대함과 기쁨으로 영문을 나서야 한다는 말이다(13 : 17). 히브리서 설교자가 돈에 관해 했던 말이 그리스도인의 삶과 선교 전반에 그대로 적용된다 : "주는 나를 돕는 자시니 내가 무서워 아니하겠노라 사람이 내게 어찌하리요"(13 : 6). 진실로 지금은 선교할 때이다.

5. 기도 제목(13 : 18-19)

예배는 이제 거의 끝 부분에 이르렀다. 사람들은 벗어 놓은 코트를 다시 입을 채비를 한다. 히브리서 설교자는 헤어지기 전에 인사하는 것처럼 자기를 위해 기도해 달라고 회중에게 부탁한다 : "우리를 위하여 기도하라 우리가 모든 일에 선하게 행하려 하므로 우리에게 선한 양심이 있는 줄을 확신하노니"(13 : 18). 히브리서 설교자는 특히 가능한 한 빨리 그들에게로 돌아가기를 원했기 때문에, 순조로운 여행 일정을 위해 기도를 부탁한다(13 : 19). 이 구절은 히브리서 설교자가 외부 사람이 아니라, 그 회중의 일원으로서 잠시 동안 그들로부터 떨어져 있음을 증명하는 결정적인 증거이다. 아마 설교자는 초대교회 당시 이곳저곳을 돌아다니며 설교 사역을 한 순회 설교자들 중 한 명이었을 가능성이 높다. 정확한 것은 알 수 없지만, 어쨌든 그는 13 : 23에서 그 회중을 다시 방문할 계획을 밝힌다.

## 강복 선언(13 : 20-21)

히브리서 설교자는 이제 마치 자신의 설교를 들은 회중이 앞에 있는 것처럼 축도를 한다. 이 축도문은 나중에 갖다 붙인 의례적인 말이 아니라, 그의 설교를 핵심적으로 담아낸 신학적 문구이다. 참으로 각각의 소절은 그의 설교 요점을 잘 담아내고 있다.

평강의 하나님(13 : 20)

하나님은 좁은 의미의 평강과 넓은 의미의 평강을 모두 포괄하시는 하나님이시다. 즉, 하나님은 서로 간의 지속적인 사랑 속에서 발견되는 보다 작은 형태의 평강을 만드신 분이다. 하지만 이 작은 평강은 큰 대제사장의 사역에 의해 성취된 하나님과 인간 사이의 보다 넓은 평강으로 이어진다(7 : 1－10 : 39 참조).

우리 주 예수를 영원한 언약의 피로 죽은 자 가운데서 이끌어 내신(13 : 20)

히브리서 설교자는 부활에 관한 말을 하면서 독특한 헬라어를 사용한다. 보통 사용하는 '올려진'(raised)이란 단어 대신에 '이끌어 내진'(led out) 또는 '이끌어 올려진'(led up)이란 단어를 사용한다. 따라서 히브리서 설교자의 축도는 실제로 '죽은 자 가운데서 이끌어 내신' 하나님에 대해 말한다. 이는 매우 중요한 의미를 담고 있는데, 그 이유는 이 독특한 헬라어가 히브리서에서 계속 반복되어 온 '구원의 포물선'[4]을 상기시키기 때문이다. 예수님은 하늘로부터 시공의 세계로 하강하셔서 고통의 자리까지 낮아지셨다. 그 후 예수님은 하나님에 의해 이끌어 올려지셨는데, 올라가시면서도 그의 형제들과 자매들의 손을 놓지 않으셨고, 마침내 그들을 하늘의 성소로 데리고 들어가셨다.

양의 큰 목자(13 : 20)

앞서 예수님을 죽은 자 가운데서 이끌어 올리신 하나님의 이미지는 이제 따르는 자들을 인도하시는 예수님의 이미지로 이어진다. 히브리서 설교자가 이전에 거의 사용하지 않았던 목자라는 유비는 믿음의 사람들을 안전하고 먹을 것이 풍부한 목초지로 인도하시는 예수님의 모습을 잘 묘사한 말이다.

4. 1 : 5~14의 주석을 참조하라.

**영원한 언약의 피로(13 : 20)**

이 표현은 예수님의 큰 대제사장 사역과 그분의 희생으로 세워진 새 언약을 압축적으로 나타낸 말이다. 이 주제에 대해서는 히브리서 설교자가 그의 설교에서 매우 심도 있게 다루었다(8 : 1-9 : 28의 주석을 참조하라).

**모든 선한 일에 너희를 온전케 하사 자기 뜻을 행하게 하시고(13 : 21)**

이 구절 역시 예수님의 대제사장 사역을 표현한 말로서, 그분은 우리를 위한 완벽한 희생 제물이 되셔서 우리를 온전하고 흠 없게 하셨다. 우리는 하나님의 형상으로 지음받았다. 하지만 그 창조의 뜻을 온전히 이루신 분은 바로 예수님이시다. 그분은 자신의 생명을 드리셨고, 시험을 받으셨으나 죄는 짓지 않으셨다. "저가 한 제물로 거룩하게 된 자들을 영원히 온전케 하셨느니라"(10 : 14). 믿음으로 그분에게 연합된 자는 그에게 찬양의 제사를 드리고 타인에게 애정어린 섬김의 도를 보임으로써 그분의 뜻을 행하게 된다(13 : 15-16, 21 참조).

**그 앞에 즐거운 것을…… 우리 속에 이루시기를(13 : 21)**

다른 많은 축도들에서처럼 이 축도 역시 쉼표로 끊어지는 부분들이 워낙 많아서 종종 동사의 주어가 누구인지 혼동될 때가 있다. 이 경우에 '그 앞에 즐거운 것을…… 우리 속에 이루시기를'의 주어는 '하나님'이시다. 이 점은 하나님이 인간의 삶 속에서 자신을 즐겁게 하는 일들을 행하신다는 흥미로운 사실을 보여 준다. 문법적으로는 이 말이 이상해 보일지 몰라도, 신학적인 면에서는 매우 탁월한 표현이 아닐 수 없다. 태초에 하나님은 다른 모든 피조물과 더불어 첫 인간을 창조하시고는 "보시기에 매우 좋았다."라고 말씀하셨다. 이제 하나님은 예수 그리스도 안에서 인간을 '새로운 피조물'로 만드신다. 그리고 그 피조물은 하나님이 보시기에 매우 좋아 보인다.

그럼 도대체 하나님 앞에 즐거운 것이 무엇일까? 앞서 히브리서 설교자는 우리에게 "믿음이 없이는 하나님을 기쁘시게 할 수 없다."고 말했다

(11 : 6). 이제 분명해졌다. 우리가 행하는 모든 긍휼과 정의와 소망과 사랑의 행동들, 즉 믿음에서 연유된 모든 것들과 믿음 그 자체는 다 하나님께로부터 온 선물이자, 하나님이 우리 안에서 역사하시는 증거이다.

**영광이 그에게 세세 무궁토록 있을지어다 아멘(13 : 21)**

이 멋진 축도는 설교의 시작 부분과 유사하게 끝을 맺는다. 즉, 지극히 크신 이의 우편에 계신(1 : 3) 영광스런 예수님을 찬양하는 것으로 마무리된다.

# 마지막 당부의 말

## 히브리서 13 : 22~25

우리가 이제까지 살펴본 바대로 히브리서는 한 편의 설교이다. 하지만 그 설교는 부재중에 행해진 설교로서, 그것이 회중에게 보내질 때에는 마치 끝 부분이 편지처럼 꾸며졌다. 히브리서 설교자는 이 "마지막 당부의 말" 초반에 자신의 '권면'[1]이 짤막하니까 조금만 참고 들어 달라고 회중에게 부탁한다. 다른 신약의 서신서들과 비교해서 히브리서는 결코 짧지 않다.[2] 그러나 고대 사회에서는 길이에 상관없이 자신의 서신을 짧다고 표현하는 것이 배운 사람으로서의 예의였다. 이를 통해 우리는 히브리서 설교자의 문화적 배경과 교양의 수준을 엿볼 수 있다.

회중은 디모데에 대해서 알고 있었는데, 그는 아마도 바울과 친한 그 디모데일 가능성이 높다(행 16 : 1－3 ; 고후 1 : 1, 19 참조). 그들은 그의 사정에 대해 알고 있었던 것 같지만 우리는 모른다. 따라서 '디모데가 놓인 것'이 감옥에서 놓였다는 것인지(아마도), 아니면 다른 상황으로부터

---

1. 이 단어는 때로 '설교'를 가리키기도 한다.
2. 실제로 로마서와 고린도전서를 제외하면 히브리서는 신약에서 가장 긴 서신서이다.

놓였다는 것인지(어쩌면) 알 길이 없다. 어떤 상황이든 간에, 히브리서 설교자는 디모데와 함께 회중에게로 가고 싶어했다. 히브리서 설교자가 '디모데'라는 명칭을 쓴 것만으로도 우리는 최소한 그가 바울의 활동 범위 안에 있었던 인물이라는 것을 추측할 수 있다.

문안 인사가 나누어지는 마지막 당부의 말은 히브리서의 지리적 배경에 대한 고찰의 기회를 제공한다. 하지만 그 정확한 의미는 매우 모호하다. 모든 회중에게 안부를 전한 후("너희를 인도하는 자와 및 모든 성도에게 문안하라" 13 : 24), 히브리서 설교자는 "이달리야에서 온 자들"(13 : 24)에 관해 언급한다. 그들 역시 회중에게 안부를 전한다고 히브리서 설교자는 말한다. 그런데 그들의 존재로 인해 우리는 히브리서 설교자가 지금 이탈리아에 있다고 추정할 수 있는가? 히브리서 설교자는 지금 이탈리아에 있기 때문에 "여기 이탈리아에 있는 모든 그리스도인들이 너희에게 안부를 전한다."라고 말하고 있는 것인가? 아니면 그는 지금 이탈리아 밖에서 고국 이탈리아를 그리며 "여기에 나와 함께 있는 모든 이탈리아인들은 지금 향수병에 젖어서 너희에게 안부를 전하고 있다. 이들은 모두 빨리 고국으로 돌아가고 싶어한다."라고 말하고 있는 것인가? 이것도 아니면 혹시 히브리서 설교자는 지금 미지의 장소에서 미지의 지역에 있는 회중을 향해 단순히 "나는 여기에서 몇몇 이탈리아인들과 함께 있는데, 그들이 너희들에게 인사를 전하고 싶어한다."라고 말하고 있는 것인가? 선택은 당신 몫이다.

히브리서의 지정학적인 위치는 모호하지만, 신학적인 위치는 그렇지 않다. 우리는 히브리서 설교자가 지구의 어느 지점에 있는지 알지 못한다. 하지만 그가 믿음의 지도에서 어디에 서 있는지는 안다. 히브리서의 마지막 구절이 모든 것을 말해 준다. "은혜가 너희 모든 사람에게 있을지어다"(13 : 25).

물론 이 말은 일상적인 작별 인사라고 볼 수도 있다. 하지만 또다른 시각에서 보면, 이 문장 안에는 히브리서 설교자가 이제까지 회중에게 전한 모든 메시지가 압축적으로 들어 있다. 그들이 지금 이탈리아에 있든지 그리스에 있든지, 안디옥에 있든지 알렉산드리아에 있든지, 시카고에 있든지 방콕에 있든지 간에, 은혜는 그들을 찾아낼 것이고 그들과 함께할 것이다. 이것이 바로 히브리서의 궁극적인 메시지이자 복음의 정수이다. 큰 대제사장이시요 양들의 큰 목자이신 그분의 사역으로 인해, 은혜는 여러분이 어디 있든지 여러분 모두와 함께 있을 것이다.

# 참고문헌

## 계속적인 연구를 위한 문헌

Attridge, Harold W, *The Epistle to the Hebrews*, Philadelphia : Fortress Press, 1989.

Ellingworth, Paul, *The Epistle to the Hebrews*, London : Epworth Press, 1991.

Ellingworth, Paul and Eugene Nida, *A Translator's Handbook on the Letter to the Hebrews*, London : United Bible Societies, 1983.

Hay, David M., *Glory at the Right Hand : Psalm 110 in Early Christianity*, Nashville : Abingdon Press, 1990.

Hurst, L. D., *The Epistle to the Hebrews : Its Background of Thought*, Cambridge : Cambridge University Press, 1990.

Jewtt, Robert, *Letter to Pilgrims : A Commentary on the Epistle to the Hebrews*, New York : Pilgrim Press, 1981.

Lane, William L., *Hebrews 1-8*, Dallas : Word Books, 1991.

________, *Hebrews 9-13*, Dallas : Word Books, 1991.

Lindars, Barnabas, *The Theology of the Letter to the Hebrews*. New York : Cambridge University Press, 1991.

Wilson, R. McL, *Hebrews*, Grand Rapids : Wm. B. Eerdmans Publishing Co., 1987.

## 인용한 문헌들

Allen, Woody, *Without Feathers*, New York : Random House, 1975.

Attridge, Harold W., *The Epistle to the Hebrews*, Philadelphia : Fortress Press, 1989.

Auden, W. H., *Collected Poems*, New York : Random House, 1976.

Bellow, Saul, *Mr. Sammler's Planet*, New York : Viking Press, 1970.

Berry, Wendell, *Collected Poems, 1957-82*, Berkeley, Calif. : North Point Press, 1985.

Bondi, Roberta C., *Memories of God : Theological Reflections on a Life*, Nashville : Abingdon Press, 1995.

Buecher, Frederick, *Wishful Thinking : A Theological ABC*, New York : Haper & Row, 1973.

Buttrick, David G., "Up against the Power That Be," in *A Chorus of Witness, Model Sermons for Today's Preacher*, edited by Thomas G. Long and Cornelius Plantinga, Jr., Grand Rapids : Wm. B. Eerdmans Publishing Co., 1994.

Ellingworth, Paul, *The Epistle to the Hebrews*, London : Epworth Press, 1991.

Ellingworth, Paul and Eugene Nida, *A Translator's Handbook on the Letter to the Hebrews*, London : United Bible Societies, 1983.

Garrow, David J., *Bearing the Cross : Martin Luther King, Jr. and the Southern Christian Leadership Conference*, New York : Viking Penguin, 1986.

Hall, Douglas John, *Professing the Faith : Christian Theology in a North American Context*, Minneapolis : Fortress Press, 1993.

Hay, David M., *Glory at the Right Hand : Psalm 110 in Early Christianity*, Nashvill : Abingdon Press, 1973.

Hurst, L. D., *The Epistle to the Hebrews : Its Background of Thought*, Cambridge : Cambridge University Press, 1990.

Jewtt, Robert, *Letter to Pilgrims : A Commentary on the Epistle to the Hebrews*, New York : Pilgrim Press, 1981.

Johnson, Luke T., *The Writings of the New Testament : An Interpretation*, Philadelphia : Fortress Press, 1986.

Keizer, Garret, *A Dresser of Sycamore Trees : The Finding of a Ministry*, New York : Viking Penguin, 1991.

Konzol, Jonathan, *Amazing Grace : The Lives of Children and the Conscience of a Nation*, New York : HarperCollins, 1996.

Küng, Hans, *On Being a Christian,* Garden City, N. Y. : Doubleday & Co., 1976.

Lane, William L., *Hebrews 1–8*, Dallas : Word Books, 1991.

__________, *Hebrews 9–13*, Dallas : Word Books, 1991.

Lewis, C. S., *The Screwtape Letters*, New York : Macmillan Co., 1962.

Lindars, Barnabas, *The Theology of the Letter to the Hebrews*,

New York : Cambridge University Press, 1991.

Lindsay, Vachel, "General William Booth Enters into Heaven," In *Masterpieces of Religious Verse*, ed. James Dalton Mirrison, New York : Harper & Brothers, 1948.

Michener, James A., *Iberia : Spanish Travels and Reflections*, New York : Random House, 1968.

Migliore, Daniel, *Faith Seeking Understanding : An Introduction to Christian Theology*, Grand Rapids : Wm. B. Eerdmans Publishing Co.,1991.

Morse, Christopher, *Not Every Spirit : A Dogmatics of Christian Unbelief*, Valley Forge, Pa. : Trinity Press, 1994.

Ong, Walter J., *Orality and Literacy : The Technologizing of the Word*, London : Methuen, 1982.

Placher, William C., "The Acts of God : What Do We Mean by Revelation?" *Christian Century*(March 20-27, 1996).

Simon, Ernst, "Martin Buber : His Way Between Thought and Deed," *Jewish Frontier 15*(1948).

Stoppard, Tom, *The Real Thing*, Boston : Faber & Faber, 1984.

Sweet, Leonard I., *Strong in the Broken Places : A Theological Reverie on the Ministry of George Everett Ross,* Akron, Ohio : University of Akron Press, 1995.

Taylor, Barbara Brown, *The Preaching Life*, Cambridge, Mass. : Cowley Publications, 1993.

Wilson, R. McL, *Hebrews*, Grand Rapids : Wm. B. Eerdmans Publishing Co., 1987.